卓越教师
教学主张丛书

厦门市卓越教师培育项目成果
西南大学教育学"双一流"学科建设实践成果
总主编 陈 珍 朱德全

2023年度全国教育科学规划教育部重点课题
"重大主题教育融入小学跨学科主题学习的长效机制研究"成果
（课题批准号：DHA230382）

"问·达"课堂

儿童数学教学的行与思

杜紫红 著

西南大学出版社
国家一级出版社 全国百佳图书出版单位

· 重庆 ·

图书在版编目(CIP)数据

"问·达"课堂:儿童数学教学的行与思 / 杜紫红
著. -- 重庆:西南大学出版社, 2024.8. -- (卓越教
师教学主张丛书). -- ISBN 978-7-5697-2652-7

Ⅰ. G623.502

中国国家版本馆CIP数据核字第2024KF8576号

"问·达" 课堂：儿童数学教学的行与思
"WEN·DA" KETANG:ERTONG SHUXUE JIAOXUE DE XING YU SI

杜紫红　著

责任编辑:杜珍辉

责任校对:秦　俭

封面设计:闰江文化

版式设计:散点设计

排　　版:江礼群

出版发行:西南大学出版社(原西南师范大学出版社)

　　　　　地址:重庆市北碚区天生路2号

　　　　　邮编:400715

　　　　　市场营销部电话:023-68868624

印　　刷:重庆亘鑫印务有限公司

成品尺寸:170 mm×240 mm

印　　张:16.75

字　　数:300千字

版　　次:2024年8月　第1版

印　　次:2024年8月　第1次印刷

书　　号:ISBN 978-7-5697-2652-7

定　　价:49.00元

编委会

总序

习近平总书记在2024年全国教育大会上指出,要实施教育家精神铸魂强师行动,加强师德师风建设,提高教师培养培训质量,培养造就新时代高水平教师队伍。《中共中央 国务院关于弘扬教育家精神加强新时代高素质专业化教师队伍建设的意见》指出,要加强中小学学科领军教师培训,培育一批引领基础教育学科教学改革的骨干。强化中小学名师名校长培养。

厦门市历来重视名师队伍的培育培养工作,根据教师专业成长规律,经二十年探索,逐步形成了"骨干教师—学科带头人—专家型教师—卓越教师"的金字塔式名师阶梯成长体系。自2021年起,厦门市教育局与西南大学开展战略合作,共同推进厦门教育高质量发展和教师队伍建设。"厦门市首期卓越教师培育项目"是由厦门市教育局与西南大学教育学部联合倾力打造的精品培训项目,也是厦门市迄今为止最高层次的教师培训项目。该项目旨在打造一支具有教育情怀、高尚师德,富有创新精神,具有鲜明教育教学思想和教学主张,在教育教学和教育科研上发挥领军作用的高层次教育人才队伍。项目以产出导向为理念,坚持任务驱动,通过个人自学、高端访学、课题研究、讲学辐射、挂钩帮扶、发表论文、出版专著、提炼教育思想、推广教学主张等方式优化培育过程。

三年琢磨,美玉渐成。通过三年的探索,围绕成为"有实践的思想者"这一核心目标,每一位卓越教师培育对象形成了特色鲜明、理念前沿的教学主张，并以教学主张为中心形成了一本专著，从而汇集成目前呈现在大家面前的"卓越教师教学主张丛书"。本丛书，既是"厦门市首期卓越教师培育项目"三年实施成果的沉淀，是每一位卓越教师培育对象思想的结晶，也是西南大学教育学"双一流"学科建设的实践成果。

仔细阅读本丛书，可以欣喜地看到，卓越教师培育对象们不仅能敏锐地捕捉到教育教学领域的难点、热点问题，揭示其中的本质规律，还能结合本地教学实际智慧地提出解决方案。总体来说，本丛书有以下三个方面的特点。

一是有较浓厚的学术气息。29位培育对象中有获得国家、省级基础教育教学成果奖的教师，有正高级教师，有省特级教师，但他们还在不断突破，追寻对教育教学本质的理解，追寻从实践到思想的蝶变，追寻高水平的专业表达。他们从实践中提炼出主张，再用主张引领实践，他们在书稿中融入了理论的阐释，学会了建构模型，并借助模型简洁地表述自己的教育教学思想，读起来不生涩也不单调。

二是有较强的系列探索味道。《义务教育课程方案（2022年版）》提出，应做好学段间的教育教学衔接。29位培育对象中，既有教育科研专职人员和学校的管理者，也有班主任、一线教师等，研究成果覆盖了小学、初中和高中的大部分学科，最终形成了29本培育对象教学主张的专著和1本全景式呈现卓越教师培育的经验和初步成效的论著。因此，本丛书既有基于教育者几十年教学实践的思想提炼，又有深入课堂的案例剖析，可以"用眼睛来读"，作为教师专业发展的自读文选；也可以"用行动去做"，作为教学范例直接进入课堂实践，在行动研究中孵化、创生；也适合专门研究者或管理人员参阅，从中窥探从小学到高中的教育教学重点与发展脉络。

三是有鲜明的课程育人特色。本丛书的撰写以学科课程为载体,以学科课程核心素养为目标,积极探索新时代背景下的育人方式变革,寻求育人最佳路径,以德施教,立德树人。因此,单看每本专著,已能感受到其中鲜明的课程育人特色,综合丛书来看,这一特色更加明显。

期盼厦门市首批卓越教师培育对象大力弘扬践行教育家精神,追求卓越的步伐永不停留,不断完善、应用和推广自己的教学主张和教学成果,为厦门教育做出更多更大的贡献。也期盼本丛书能为广大中小学教师深化教学改革提供参考,为教育学"双一流"学科服务教育实践提供借鉴。

是为序。

陈　珍

(中共厦门市委教育工委书记、厦门市教育局局长)

朱德全

(西南大学教育学部部长、西南大学教育学一流
学科建设"首席责任专家"、国家重大人才工程
特聘教授、国务院学位委员会学科评议组成员)

序

教学主张是名师的教学思想、教学信念,更是其"个人理论"。优秀教师在教学实践活动中会形成和积累一些行之有效的教学方式、方法、策略等教学经验,而教学主张就是把这些经验要素转化为具有智慧含量的、普适的、有启发性的"个人理论",并不断提炼、完善。"小学数学'问·达'课堂"是杜老师扎根教育二十多年,在教育教学实践土壤中逐渐生长起来的数学教学主张和实践路径。

自改革开放以来,我国的基础教育大体经历了从应试教育到素质教育再到核心素养教育的发展历程。以核心素养为导向的新课标对教学提出了新要求,新挑战。这种要求和挑战需要在育人方式上进行深刻的变革和创新。这就要求我们要把"知识为本"的教学转变为"核心素养为本"的教学,把讲授为中心的课堂转变为学习为中心的课堂。学习不再只是"外部世界的知识的单纯记忆",而更应该是在持续地发现问题、提出问题、分析问题和解决问题。杜老师的"小学数学'问·达'课堂"回应了这一要求,基于儿童立场,构建以学习为中心,以问题为导向,以儿童数学思维发展为目标的数学课堂。

《"问·达"课堂:儿童数学教学的行与思》这本书是杜老师对其"问·达"课堂教学主张的系统阐释和践行。全书阐释了"问·达"课堂的相关理论。"问·达"课堂中的"问",可理解为"提问""问题"。那么,谁提问? 问什么? 怎么问呢?"问·达"课堂之问在儿童,也在教师。"问·达"课堂之"达",可理解为"问答""表达""达到"。以问为路径,以学为核心,以达为目标,小学数学"问·达"课堂追求有情感温度的学、有思维深度的学、有生长力度的学。在理论阐释的基础上本书提出了小学数学"问·达"课堂的具体实践路径及策略，包括问题生成策略、问题探索策略、问题延展策略。书中还呈现了杜老师实践过、指导过的大量翔实课例，从课前审思、课堂实录、课后反思三个方面将理论与实践结合，论述学生学习的历程及教学反思。这些教学案例是杜老师二十多年教学实践经验的精华，是对"问·达"课堂教学主张的最好阐释，相信会对读者有所启迪和借鉴。

杜老师是我在厦门卓越教师培养对象培训班指导的最年轻的一名学员。三年来，我和她一起经历了教学主张凝练的迷茫到逐渐清晰的过程，她自身也在不断践行"问"和"达"，不断提出研究中的疑惑，不断达成自己的目标。书中的思考、体会对杜老师而言，都是一则故事，一段难忘的经历！我欣慰于她的认真、执着和进步，在她的专著即将出版之际，欣然为之作序。

陈婷

2024年9月15日

（陈婷，西南大学教授、博导，教育部西南基础教育课程研究中心、西南大学基础教育研究中心常务副主任，中国少数民族教育学会数学教育专业委员会常务副理事长兼秘书长）

前言

　　陶行知先生说"先生的责任不在教,而在教学,而在教学生学",即让学生自己学会学习,并享受学习。新课改对教师提出:应从关注自身的"传授力"转向关注学生的"学习力"。《中共中央国务院关于深化教育教学改革全面提高义务教育质量的意见》于2019年印发,其也明确指出,要"优化教学方式""引导学生主动思考、积极提问、自主探究"。这就需要改进教学,即从"教"转向"学"。那么,如何才能更好促进学生的"学"呢?

　　人类社会中,无论是思想的发展、社会的进步,还是科学的发现、技术的革新,可以说,都是在不断发现问题中解决问题,又在解决问题中发现新的问题。每个孩子都是天生的学习者,他们对世界的好奇心和探索欲是推动他们学习的强大动力。因此,教学不能仅仅停留在知识的传授上,而应更多地关注如何激发和保持学生的学习兴趣,培养他们的批判性思维和创新能力。以问题引领学生的学习,就是通过教师的问题提出及学生的问题提出,让学生去思考、探索、解决问题,可以也应成为学生学习的样态。对于教师而言,教师可以是儿童问题解决的设计者、引领者;对于儿童而言,儿童既是问题的解决者,也是问题的生成者。

　　但是,问题从何而来呢?在课堂中,不缺乏问题,但是缺乏好问题,缺乏能够引领学生真实学习的问题。而能真正引领学生展开数学学习的问题又应该是怎样的呢?小学数学"问·达"课堂以问题为逻辑起点、为设计方法、为学习支点、为解决过程,引导学生经历充分探究、深刻自我建构的过程,以实现数学学科的教学价值和育人价值。这样的问题,是基于数学核心知识和学生认知水平、关注学生核心素养培育、引领学生展开真实学习的问题;是能让不同思维水平的学生都能参与其中、独立思考、自主探究,形成多维互动交流引领学习的问题。在这样的问题的引领下,学生能够不断"研究(发现)问题—批判质疑—解决问题—反思拓展",获得数学知识技能、感悟数学思想方法、体验积极的学习情感;同时,一个问题的解决也可能继续伴随着一个新问题的生成,问题在循环中提升。但这样的问题的生成又是极具挑战的。问题的提出,可以源于教师,也可以源于儿童,而不管是基于哪个主体提出的问题,我们都期待这样的问题能引领儿童的学习过程,引领儿童的好奇与自信、探索与交流、发现与创造。问题的提出源于教师,需要教师深入研读课标、充分运用教材、耐心引导学生,把握数学知识本质,精心设计问题……问题的提出源于学生,更需要教师在问题提出的基础上,把握学生认知心理,精心创设问题情境,设计适切学习任务,机智面对课堂生成,有效建设学习团队……可以说,目前的数学教学,问题的提出多数源于教师,学生发现和提出问题的机会是比较少的,大部分学生缺乏提问的意识和能力。因此,以问题引领的数学课堂,在强调教师精心设计问题的基础上,积极创造儿童发现和提出问题的机会和提升其这方面的能力,并让儿童针对自己提出的问题展开数学学习。本书从小学数学"问·达"课堂的基本概述入手,详细阐述了小学数学"问·达"课堂的理论基础、内涵解读、价值取向和实践取向,并通过具体的教学案例展示了小学数学"问·达"课堂的理论模型和教学流程。书中阐述:小学数学"问·达"课堂如何通过问题提出模型,引导学生发现问题、提出问题,并在问题解决过程中实现学生对知识的建构和思维的发展;小学数学"问·达"课堂如何创设真实情境、提炼真实问题、开展真实探究,促进学生主动学习和深入思考,实现从"知识本位"向"素养本位"的转变、从"教为中心"向"学为中心"的转变,以及从"知识授受"到"立体学习"的转变;小学数学"问·达"课堂如何在实践中不断探索和完善,通过具体的教学策略和评价机制,促进学生核心素养的全面发展。

本书的阐述,试图告诉大家的是我从教二十多年来对于教育教学的理解,以及对于"小学数学'问·达'课堂"的理解与实践,也希望读者带着这样的视角,审视、评判本书中的思考与感悟!

目录

第一章　小学数学"问·达"课堂之基本概述

　　第一节　小学数学"问·达"课堂的探索历程……………………003

　　第二节　小学数学"问·达"课堂的形成背景……………………012

　　第三节　小学数学"问·达"课堂的理论基础……………………021

第二章　小学数学"问·达"课堂之理论阐释

　　第一节　小学数学"问·达"课堂的基本内涵……………………035

　　第二节　小学数学"问·达"课堂的价值意义……………………047

　　第三节　小学数学"问·达"课堂的模型构建……………………059

第三章　小学数学"问·达"课堂之问题生成策略

　　第一节　制定学习目标…………………………………………079

　　第二节　创设学习情境…………………………………………092

　　第三节　提炼学习问题…………………………………………102

第四章　小学数学"问·达"课堂之问题探索策略

第一节　学习任务设计及实施策略 ·······················125
第二节　学习共同体构建及对话策略 ·····················135
第三节　基于学科实践的学习与体验 ·····················145

第五章　小学数学"问·达"课堂之问题延展策略

第一节　注重应用迁移 ·································153
第二节　开展学习评价 ·································156
第三节　创造适宜环境 ·································175

第六章　小学数学"问·达"课堂之课堂教学实践

一　探联结之路　拓宽学生思维空间 ·····················183
二　聚焦本质　关注数学经验的生长 ·····················195
三　凸显本质　促进统计意义的理解 ·····················209
四　项目赋能　以真实问题研究促进素养多元发展 ···········222
五　融合与延展　于真实情境中建构知识结构 ···············235

参考文献 ··249

第一章

小学数学"问·达"课堂之基本概述

第一节

小学数学"问·达"课堂的探索历程

学源于思,思源于疑。数学课堂应该是引发学生思考、追求数学思维发展的课堂。但是,如何引发学生思考,发展学生的数学思维呢? 以问题引领儿童学习无疑是数学课堂教学有效的方式之一。参加厦门市首期卓越教师培育对象的培育,其中一项任务就是要凝练自己的教学主张。因此,我不断审视自己的教育教学,梳理自己二十多年的教育教学经验,阅览相关书籍,努力探寻自己的教学特色,总结实践经验,希望能从中找寻到相关路径。最终,在西南大学教授们的指导下,我尝试提出了我的教学主张——小学数学"问·达"课堂。仔细回顾二十多年的教学经历,我的教学主张在实践与思考中逐渐清晰。

一　主张的朦胧期

二十多年教育教学实践中,我深知"问题"在学生数学学习中的重要性:良好的问题不仅能够引起学生的注意,引发学生积极思考,营造活跃的课堂气氛,提高教学效果,而且能够激发学生学习动机,激活学生思维,引导学生的思考方向,扩大思维广度,提高思维层次。因此,设计问题,以问题引发学生思考,是我一直以来的教学方式。但是,这样的感悟并不是一开始就有的。

从教的第二年(2000年),我在学区内的一次比赛中上了自己的第一次公开课。当时的我初出茅庐,满怀冲劲,每天认真备课、认真上课、认真地批改作业、辅导学生。可是,公开课比赛,该怎么办? 除了认真的态度,应该还需要对课堂的理解,对教学设计的把握,更需要一些创新。记得当时上的公开课是三年级"分的认识",扛上大时钟去上课是必不可少的,可是课的创新该如何突破呢? 凭借着一股热情,总想琢磨出一些不一样的东西来,认真地思考、备课、请教,还真让我找到了课的突破口:聚焦1分钟的时间感悟,清楚了1分有多长,也就认识了分。但如何让学生理解1分有多长? 当时的信息技术还比较落后,上课用上幻灯片已是锦上添花,电脑自是不用说的,那是高级的存在,估计会使用的人还不多。于是,跑书店查阅了一堆资料,未果,辗转多处,最终才在表姐学校选定了一个录像片段,通过录像展示1分与60秒的关系,这让我欣喜若狂。于是,设计教案,搬录像机,播录像带、精准剪辑到秒备用、制作学具钟面……折腾下来,竟然让我获得了学区比赛一等奖,而1分有多长这个问题恰到好处的设计,也让我获得了全场评委和与会教师的一致好评。现在想来,那次比赛,对自己来说是一次极大的肯定。第一节公开课的成功,让我窃喜不已,恰到好处的问题的设计引领了教师的教与学生的学,这让自己确定了前行的方向,以至于在往后很长的一段时间里,我总是热情十足,在研究教材、备课、思考的教学日子里,努力找寻每节课应该突破的重点问题,如鱼得水。而新点子的思考、寻找到践行后的成功,也使得我在之后的教学中,有了不断尝试新的教学方式方法的勇气。这次的比赛让我对课堂有了那么一点点体会,关注到问题的重要性,这应该可以算是我对小学数学教学的一点感悟。

学区赛课的小打小闹让我获得了成功的体验,但是毕竟是在农村学校,相应的展示平台和机会并不多。接下来的日子,我几乎都是在常规的教学生活中度过,直到2004年,我代表海沧区参加了厦门市农村小学课程改革课堂教学创新大赛。比赛采用自选课题的方式进行,参赛教师自己选定一节课,备课后参赛。条件很是宽泛的,可是,缺少公开课研讨经历的我,手头根本没有合适的课题。于是,我只能在自己任教的学段选择一节课出来比赛。记得当时我选的课题是三年级"倍的认识",我感觉这样的课,可以设计学生动手操作活动,实现从直观到抽象的过程,可以引导学生在摆小棒、画线段图、列算式的过程中,一步步认识"倍"。可是,在农村学校任教,缺乏团队合作,自己备出来的参赛课与另外一个老师相比,"惨不忍睹"。试上后,被指导老师们批判得"体无完肤":教材解读、课堂组织、教学语言、教态、情感都存在问题和缺陷,更为重要的是,这一课题不具备上课的可操作性,因为,学生的学习进度还不到那儿……我低头记录,记下一句句指导老师们的否定、批评与建议。茫然无措,是当时的自己唯一的感受,还年轻的我不由自主地红了眼眶。当时在几位指导老师的否定与指导下,我换了课题,改为二年级"有趣的搭配"。这时,离比赛只有3天时间,时间短,再加上平时并没有注意课堂教学的师生互动,上课语言生硬,亲和力不足,不能和低龄儿童在语言上实现有效沟通,明显的弱势及不足令我不由得都想放弃了。也许是一贯的既然做了就要做好的观念让我坚持了下来,在一次次的解读教材、整理教学思路中,在一步步的反思、调整、改进中,我抓住了"搭配"的关键问题:怎样才能不重复不遗漏地进行搭配? 聚焦这一问题,引导孩子们将思维以操作的方式外显,最终获得了厦门市农村小学课程改革课堂教学创新大赛一等奖的成绩。这次的成功,给予了我自信,同时也给了我启发:教无定法,贵在得法。找寻一节课中的重点问题,用合适的方式进行突破,便能引导学生较好地掌握相应的知识。作为新教师,我们具备突破思维的优势,在从教的过程中,发挥这样的优势,不断去思考、创新,从而不断提升个人教育教学和处理教材的能力。

2006年2月,原有的学校与其他四所农村学校整合,成为一所直属学校,我接触的与教育有关的平台一下子宽广起来。我有了一次次站在台前执教,与一大批优秀的老师共同交流、探讨的机会,这时我的眼界开阔了不少。记得在一次海峡两岸的教学研讨课上,执教小学数学四年级上册的"平行与垂直",试课多次,总是无法突破。以往教学中,一般是以一个长方体不同的面来呈现"在不同的面,存在不相交的两条直线也不平行的情况",反向让学生理解"同一平面"的含义,但是学生存在被动接受和不直观的困顿。那么,到底该如何让学生理解什么是同一平面呢? 几经思索后豁然开朗,"两根小棒,从高处落下来,猜猜它们会落在哪里?"。一个看似简单的实验,直观地解释了"同一平面"的概念。素材简单,却可以让学生轻松地理解比较抽象的数学概念。执教六年级数学"负数",则让我对教材的理解与解读更为丰实,"-1层和-6℃是什么意思? 你能用写一写、画一画的方式表示出它们的意思吗?",一次次围绕着问题展开的精彩课堂更让我感受到了数学教学的魅力与本质……

"成功的花,人们只惊慕她现时的明艳! 然而当初她的芽儿,浸透了奋斗的泪泉,洒遍了牺牲的血雨。"这样的话,强调了其艰辛的过程,但一次次的公开课教学,的确让我感受到:失败与成功有时仅一线之隔。有付出,才有收获。尽管这期间,有太多深夜难眠的苦苦思索,有太多面对艰难的不安焦虑,有太多辛苦中的挣扎苦闷,但更有砥砺中百折不回的锐意进取。而回顾这一路的跌跌撞撞,收益最大的其实还是自己。因为困顿,才有思考;因为曾经迷惘难过,才有挑战的快乐。而一次次公开课的磨炼,使得我对教材的研读更为深入,对课堂的把握更为自如,对孩子的引导更为到位。教学之后的收获与肯定,也让我深深感受到问题引领孩子学习带来的教学魅力。

二 主张的萌芽期

一次次赛课，其实也是对课堂一次次的深入思考与解读，在这过程中，我慢慢有了"问题导学"这样的意识，并在以后的课堂教学中不断地实践，问题导学的思想慢慢萌芽。

2011年，参加海沧区首届中小学幼儿园教师教学技能大赛，当时片段教学作为教师基本功的一个比赛项目刚刚起步，老师们还很懵懂。适逢导师王珍老师参加省特级教师评选获得现场片段教学第一名归来，因此片段教学的备赛便在王珍老师的督促下拉开帷幕：整整一个多月，坚持每天抽空练，白天，在王老师的指导下，从上台的站姿、提问学生的问题设计到精彩环节的模拟、教师互动环节的展现，一个个细节，反复磨炼；到了晚上，就是梳理当天片段的理解与感悟，静坐在电脑前，搜索教学设计，准备第二天的片段模拟。那段日子，我就像一个辛勤耕耘的农者，默默耕耘在属于自己的教学田园——繁星点点，万籁俱寂。一个贪婪的求学者躬身于灯下拾豆，凡是发现教学设计中可圈可点之处，都会细细琢磨，在第二天片段模拟的时候小试一把，再根据效果进行梳理、提升，力争将每个片段设计成为个人"专利"。在这一个月的磨炼中，我再次深刻体验到：有效问题的设计，能引领我清晰地进行教学，围绕问题展开可以清晰有层次地进行片段教学。于是，从原来战战兢兢上台，弄不清自己的角色定位，到后来随便一个教材内容也能八九不离十地讲下来，再到后来，参加海沧区首届教师教学技能大赛获得一等奖……扎实的训练历程，让我读懂了教学中问题设计的重要性，也为后来参加福建省教学技能大赛打下了基础。

时间如水，总在不经意间，悄悄地从指缝溜走。夏季的炎热已经被秋天的凉爽所取代，绿意盎然的枝头，也开始掺杂上了点点枯黄。2012年，是我最为艰辛也是最为充实的一年，这一年，我参加了福建省第二届中小学教师教学技能大赛的选拔。在经历全市选拔进入前八，随后八进四、四进二的过程中，说实话，自己是轻松且自在的，总认为：这么一只丑小鸭，在高手林立的市数学团队中，我不过就是去潇洒走一回。仍记得每次比赛完，总是很率性而轻松地和师长们报备：辜负您的期望了，这次比赛完，我就回工作岗位好好地"潜心教学"。是的，在那样"零期待"的日子里，比赛对我而言只是去见见世面。以至于最后确定的两位参加省赛的人选中竟然有我的名字的时候，我瞠目结舌，欣喜原来自己也能走在厦门市数学团队的前列，但无形的压力也一股脑儿迎面而来。紧接而来的就是一个月的集训,包括教学技能大赛的四个项目:教学设计、片段教学、评课、试卷设计。每天学习不同的内容、轮换着项目进行训练,每天面对不同的指导老师,一次又一次地模拟、演练……大量资料的冲击、教材的深入研读,一方面把我带入繁花似锦、绚丽多彩的文字丛林;另一方面,也让我深深体会到难以选择的尴尬,以及对如何有效、巧妙呈现教与学的困惑。但是,在一场场不同项目的演练中,我更为深刻地意识到:不管是教学设计、片段教学、评课还是试卷设计,其实都与"问题"密切相关。一节课的"重要问题"确定下来了,围绕问题进行教学设计、片段教学、评课,都能有的放矢,思路清晰而深入,事半功倍;而围绕着每节课"重要问题"的解决进行试卷命制,也总是能够取得出其不意的精彩。回首这段日子,百般滋味涌上心头,以至于在福州参加教学技能大赛时,听到我与另外一位老师包揽了小学数学组一等奖的时候,我们两人相拥而泣,是喜极,更是感觉不负众望的如释重负。而在那么多的滋味中,我竟是那么深刻地感受到"问题导学"带给我的诸多收获……

回想竞赛成长历程,在区级、市级、省级教学技能比赛的备课过程中,对教材的熟悉、理解到提炼突破每一节课的主要问题的模拟片段,我的"以问导学"课堂教学模式初见端倪。应该说,在一次次的解读教材及课堂教育教学实践中,问题导学逐渐成为自己教学的风格,但这时的问题导学只是源于更好促进学生学的一种思考,或者说,是对于如何更好帮助学生学习并思考的问题设计,缺乏整体的思考与实践,也缺乏相应的理论支撑。怎样的问题算好问题? 怎样的问题才能引发孩子的思考? 一节课设计几个问题合适? ……对于这些问题的思考与研究并不深入。随着对教育教学理解的逐渐深入,会发现一种奇怪的现象:有时候课堂充满许许多多的问题,比如一节课中,教师可能提上百个问题,有些是无意识的口头问题,有些是大部分学生根本还来不及思考便在少数踊跃的学生发言中一带而过的问题,真正需要留给孩子们深入思考的问题,往往又因为时间的原因,将解决问题的思考过程以教师"引导"的方式替代了学生的思考……这些教学现象与我对于课堂的理解与追求产生冲突,于是我开始更为深入地思考:怎样的数学课堂,才能真正让孩子的学发生? 怎样的问题才能在数学学习的过程中,使学生主动思考,让其探索力、创造力等同步得到提升? 我更为清晰地意识到:问题的设计很重要!"问题导学"如果只是聚焦在教材的深入解读上,那么只是围绕着让孩子学会一节课的知识进行设计罢了,这样"问题"很多时候会过分规划了孩子的思考,挑战性不够。课堂不仅要让孩子学会知识技能,还要让孩子真正能学习、会学习、爱学习,那么,挑战性问题的设计就尤为重要!

2017年6月,在福建省小学数学教学研究基地学校总结交流研讨活动中,我执教复习课"线段和角的复习",尝试以大问题情境方式展开课堂教学,围绕三个主问题展开,学生经历了独立思考、小组合作、辩论交流的过程。学生对复习课没有新课那么好奇,复习课也没有练习课的多样题型。复习课既要注重基础知识的复习,又要关注到易错点、难点的突破,那怎样让学生爱上复习课呢?怎样让复习有趣又有效呢?基于对课标、教材及学生学情的解读,我在课前提炼出"如何改变传统复习模式,以问题情境为线索,梳理线段和角的相关知识?""如何通过复习引导学生感知线、面、体的关系?""如何在复习'线段和角'的内容中,发展学生初步的空间观念?"这三个问题,课中围绕着课前思考的三个问题设计展开课堂对话,"关于线段和角,你了解哪些知识?""为什么判定一个角是什么角有时候需要用三角板的直角帮助判断,有时候不需要?""两个锐角可以拼成什么角?"。课始,孩子们从七巧板中找到线段及角,初步感知平面图形中藏着线段和角;以问题情境为线索,借助一个简单的问题"关于线段和角,你了解哪些知识?"线段和角相关知识的梳理自然成篇;以问题情境为线索,活动为载体,学生经历观察、操作、辩论等活动,进一步明确线段和角的易错点及难点,同时加强了初步的空间观念;课堂总结提升,让学生进一步形成了关于角与线段的知识网络,感知了线、面、体的关系。这一实践,取得不错的效果,也促使我对"问题导学"继续进行思考与尝试。

三 主张的形成期

2018年8月,围绕着如何以问题导学,我主持了福建省教育科学规划领导小组办公室立项的"基于深度学习的问题导学式数学课堂教学策略研究"。在两年的课题研究中,对于问题导学的思路更为清晰:基于深度学习的问题导学以"问题"为载体、以教师"导"为线索、以学生"学"为标准。问题不是简单的"问话",而是包括了问题情境的创设、问题的设计、提出、解决,以及教学的组织、实施等系列丰富而有序的过程,通过问题把学生引向"独立思考、积极探索、合作学习"的深度学习之路。那么,如何基于深度学习的理念,展开问题导学式数学课堂教学策略研究呢?两年的时间中,课题团队从三个维度进行研究:课前问题导教,以体现教学本质的三个问题为导向,促进教师深入思考及解读文本;课中问题导学,设计出体现师生对话、生生对话的三个问题,以提升师生的问题意识、数学表达能力、数学思考能力;课后问题导向改进评价,从问题入手设计课堂观测量表,以评价改进课堂,促进教师、学生和文本三者的交互发展,通过这样的问题导学,促进学生深度学习。同时,围绕着这三个维度的研究,提出其实施策略及路径:首先,课前思考三个问题促使教师对话教材。好的教学设计是一堂好课的关键。如何才能引导教师在课前精心研究教材、研究学生,设计出推动学生数学思考的数学问题呢? 这就可以让教师们在备课时,围绕着知识的重难点、疑惑点、关联点思考三个问题,明白一节课的知识内容是什么、为什么、有什么用,从而促进教师深入解读文本,创造性地使用教材。其次,课中设置三个话题激活学生探究活动。课中问题的提炼,关注激活学习起点、指向学习路径、扣紧知识本质、联结知识结构。再者,课后问题导向改进评价。从课堂问题设置、课堂交互对话、课堂互动空间三个维度进行课堂观察,并运用课堂观测量表及数据频次统计表的数据分析教师课堂。

　　两年聚焦"基于深度学习的问题导学式数学课堂教学策略研究"这一课题展开研究,之后又以核心成员的身份参加福建省教育科学规划领导小组办公室立项的"基于问题导向教学提升学生学习力的研究"的探索。在这一段时间里,课题团队探索出基于问题导向教学提升学生学习力的课中导学、课后导用的问题设计类型与策略;对问题导向教学中致力于学生学习力提升的数学问题设计有了方向:设计关联性问题,提升数学观察力;设计思辨性问题,提升数学思考力;设计叙理性问题,提升数学表达力;设计实践性问题,提升数学综合能力。通过问题引发学生认知冲突,组织深度探究的学习活动,进而促进学生的数学思考,提升学习能力。可以发现,在这一时期的研究中,对于数学教学,课题团队从问题的研究,转向问题促进学生学习力提升的研究上,从关注"教"转向关注"学"。

　　不同阶段的研究,体现的是不同时期对于教育的不同理解,我聚焦学习的方式和学习的目的不断思考:学生成长的秘密就是不断学习,但是如何学习? 以什么样的方式进行能更好引导学生数学学习? 数学学习又是为了什么……在一步步的追问中,我逐渐清晰:问题导学,可以促进学生的数学思维发展,教师为思维而教,学生为思维而学;同时,学生不应只是根据教学问题设计进行数学学习,教师要不断让其参与发现问题、提出问题、分析问题、解决问题的过程。

因此,数学教学,要鼓励学生提出基于思考和好奇心的真问题,基于问题引领学习。

2022年,适逢厦门市首期卓越教师培育,结合关于问题导学的思考,我提出的教学主张是:构建小学数学"学·思"课堂。提出"学·思"是缘于对学习目的和学习方式的再次思考:"学与思"指向培养学生"想学""会学""乐学"的意识和能力,发展学生"独立思考""善于思考""乐于思考"的品质和能力。对"学·思"的思考与阐述指向教师的教与学生的学。但是,在专家教师的指导中,我又有了新的困惑:"学·思"不仅仅是数学课堂的追求,更是所有课程教育的追求,那么如何表达自身教学主张的同时,体现数学学科教学的本质?

2022年7月,卓越教师培育对象赴重庆西南大学培训。这期间,我对教学主张进行再次思考与梳理,明确了关于数学问题的思考:将问题导学的研究,深化到学生问题提出的研究,从关注以问题引发学生思考,转换到关注核心问题推动学生学习,再转换到关注学生问题提出,关于问题引领学生学习的思考与研究不断深化。而后,基于对数学课堂的追求的理解,在西南大学教授们的建议下,将教学过程中,引发学生思考的三个问题的设置提炼作为教学主张:"三问"教学。"三问"教学是指让儿童在问题中学数学,它是基于儿童真实问题展开的学习。其中教师提供良好的学习情境和材料,引导学生发现和提出问题,学生在问题解决中经历知识的形成过程,自觉建构知识体系,推动数学思维发展,从而形成良好的数学素养。"三问"是哪三问呢? 引问、展问、拓问,问的主体既指向"教师",也指向"学生"。但是,在"三问"教学主张的内涵阐释过程中,也产生了种种困惑:"三问"教学,问题是核心,那么在问题提出与问题解决的过程中,是怎样的思维逻辑呢? 教师如何问? 学生如何问? 什么样的学习情境才能促使学生产生相应的认知冲突,形成学习问题?

在课题研究与对主张的尝试提炼中,我对于教学主张的内涵理解逐渐清晰,对数学课堂教学的追求也逐渐明朗。可以说,教学主张的提炼,有一个长期不断思考、尝试、否定的循环提升的过程,虽然主张的表达在这一过程中,尝试用不同的文字加以阐释,仍然未能体现数学学科教学的本质及自己对课堂追求的思考与实践,但是追求的最终方向仍然指向"问题导学"。问题呈现的方式不仅关注"教师问题提出",更关注"学生问题提出",或者说教师问题提出的目标就是为了促进学生问题提出,而学生的问题提出则为了问题的解决,通过以问导学,使学生成为优秀的问题提出者、优秀的问题解决者。

四　主张的建构期

教学主张从字面的理解,"主"即观点和思想,"张"即传播和影响。教学主张一方面要寻找属于自己的表达方式,另一方面还要注意能通俗易懂地表述出来,以便被同行理解和接受。因此,提炼出教学主张之后,还需要从理论层面完成对教学主张的阐述和证明,同时还要尝试构建相关模式和操作策略,以保证教学主张的达成,这可以说是教学主张的凝练过程中一个"破茧挣扎"的阶段:必须以教学主张大概念为核心,对教学主张进行理论阐述;基于教学大概念形成的理论内核,勾勒出教学主张的基本轮廓,同时在操作层面进行相关完善。

2023年2月,在西南大学培训中心的组织下,学习小组对教学主张及专著框架进行一次次的修改深化,教学主张修改为:构建小学数学"问·达"课堂。并对主张的内涵进行再次定义:基于儿童立场,构建以学为中心,以问题为导向,以儿童数学思维发展为目标的数学课堂。即教师设计良好的学习情境和材料提出问题,或引导儿童通过学习情境和材料发现、提出问题,并基于问题展开学习,儿童在问题解决中获得充分的探究体验、深刻的知识建构及有效的知识运用,从而推动儿童发展数学思维,形成良好的数学素养,成为优秀的问题解决者。

小学数学"问·达"课堂的提出有其现实的依据,研究的方向与国际教育研究趋势、课程标准理念及核心素养培育目标一致。在建构主义理论、人本主义理论指导下,聚焦小学数学教师观念转变困难、课堂文化建设不佳、教师及学生问题提出能力不足的困境,旨在通过"以问启学、因问展学、立问达学",追求有情感温度的学、有思维深度的学、有生长力度的学。小学数学"问·达"课堂的操作策略中,教师观念的引领、课程目标的统领、课程内容的统整是创设小学数学"问·达"课堂的基石,构建真实情境、提炼真实问题、开展真实探究是小学数学"问·达"课堂的开展条件,创设提问的环境、提供合适的资源、实现真实评价则是小学数学"问·达"课堂的运作保障。应注意的是:鼓励学生提出问题并不排斥教师的提问。在学生学习过程中,教师也需要根据学习目标提出问题。实际上,数学课堂中学生问题和教师问题互相作用,共同推进课堂学习的进程。小学数学"问·达"课堂的"问",是教师提问与学生提问共同推进的,更加突出学生的视角。教师的问题要促进学生问题的提出;教师的问题要基于学生的经验、疑问和好奇;教师的问题需要转化为学生愿意研究的问题,学科问题、学生问题、教师问题统一聚焦于学生的学。

第二节

小学数学"问·达"课堂的形成背景

一 数学教育研究的诉求

随着科学技术的加速发展,各国对数学日益重视,纷纷加大了对数学科研及教育的投入,基础教育阶段的数学教育也因此受到不同程度重视。几乎所有的国家,先后开启了新世纪的数学课程改革,为面向未来的国家战略发展的人才储备打好基础。国际数学课程研究的热点议题一直在不断演变和扩展,近年来主要聚焦在以下四个方面:(1)对学生数学素养、能力的培养;(2)关注学生的学习,特别是强调学生合作交流、问题解决能力的形成和发展;(3)强调创新和应用的能力,重视跨学科和整合课程的教学,重视探究学习;(4)评价方式的多元化等。这些表明,数学教育正从关注教师的"教"转向学生的"学",从关注知识技能的教学转向学生素养的培养。但在实际的教学中,还是存在不少问题,如教师讲得多,提的问题多,学生自主学习的时空不足;教师更多关注的是自己的教,而较少关注学生的学;等等。如何改变这样的教与学现状? 如何发现或设计一种面向集体教学与个别化教学效果尽可能接近的教学方式方法,从而为儿童提供更多的学习机会呢? 以问题引领儿童的数学学习应该可以视为一种有效的课堂教学方法。小学数学"问·达"课堂提倡以问题为中心引领儿童的数学学习,在这样的课堂中,以学生为主体,以主动、合作学习为特征,以学习共同体的建立与有效开展为追求,通过教师问题的提出与学生问题的提出,引导儿童经历问题的发现与提出、分析与解决的过程,发展学生数学学习的能力。应该说,以问题引领教学、问题提出融入中小学数学课程的教学受到数学教育领域研究者的着重关注和探讨。

1.与国际教育研究趋势一致

当前,国际竞争愈发激烈,世界各国的竞争形式已逐步从科技上的竞争转向创新式教育和创新型人才的竞争。在教育领域,各国研究者都将中小学生的问题解决能力作为一种数学核心素养。研究者认为相对于传统的基本数学能力如运算能力、逻辑思维能力、空间想象能力而言,数学问题解决能力具有更强的实践意义,学生掌握数学知识一般都要经历了解知识—掌握知识—解决问题这一基本过程。研究者还指出,相较于一般的数学学习活动,在问题解决的过程中学习者在思维层面上表现得更为积极主动,问题解决更能够培养学生的高阶思维。①近年来,对问题提出的研究逐渐成为数学教育研究领域的新热点,那么问题提出具有怎样的具体内涵和教育价值呢?这个问题引发了国际数学教育研究者进一步的深入探究。

20世纪80年代左右,问题提出才受到更多研究者的关注。波利亚"回溯"解决问题的步骤,提出解决问题需要问题解决者提出问题,但这时候"提出问题"仅仅作为问题解决过程中的一个环节。基尔帕特里克(1987)指出,问题提出不仅仅是一种教学目标,还是一种教学方法或手段。问题提出是数学课程的重要部分,也是学生数学创造能力的重要体现。数学情境是问题提出的出发点和生长点,贵州师范大学的吕传汉、汪秉彝团队注重的是数学情境,提出了"数学情境与提出问题"教学模式(简称"情境—问题"教学)。美国特拉华大学的蔡金法团队在数学情境的基础上增加现实情境,突显现实情境的重要性;对数学问题提出教学的自身构成分析,在教学模式、教学策略、教学价值等方面的研究有着较为丰硕的研究成果,引起数学教育者的探讨和深思。②有研究者提出,问题提出代表着真实情景下数学探究的一种形式,并通过实验证明,在课堂中开展问题提出的教学活动,对于激发学生的批判性和创造性思维具有潜在的作用,可以说,培养学生的问题提出意识和能力具有重要的数学教育价值。同时,问题提出和问题解决之间存在着潜在的相关性,学生的问题提出和问题解决能力具有显著的一致性。这些研究表明了问题提出的重要性,问题提出既是每个学生数学经验中不可或缺的环节,也是高水平数学活动的重要方面。

---

① 转引自:孔企平,许自强,陈志辉,等.近十年来国际数学教育研究趋势[J].全球教育展望,2015,44(12):96-97.

② 转引自:李诗悦.我国近二十年数学问题提出教学研究综述——基于CiteSpace知识图谱分析[J].佳木斯职业学院学报,2022,38(11):113.

不管是问题解决还是问题提出，研究者都不约而同关注到"问题"在儿童学习中的重要性。问题解决关注儿童经历问题解决的过程并展开数学学习，而问题提出则更多指向学生提出问题，发展学生发现和提出问题的意愿和能力，并使其根据提出的问题开展学习。但是，应该承认，从意识到学生问题提出的重要性，到通过问题提出让学生展开学习，还有很长的一段路要走。因此，结合教与学的实际，小学数学"问·达"课堂将问题引领儿童的数学学习聚焦在教师问题提出与学生问题提出两个方面，教师需要成为课程材料的再设计者，为学生的问题提出创造机会，帮助学生积累问题提出的经验；同时，在学生能力尚不具备的时候，让其借助教师提出的问题展开数学学习。也就是说，在小学数学"问·达"课堂中，不管是教师提出的问题还是学生提出的问题，都应尽可能使儿童基于该问题开展学习，学生问题与教师问题相互作用，共同推进课堂学习的进程，而这与国际教育研究趋势一致。

2.与我国课程标准理念一致

许多国家的课程标准都明确强调数学问题在数学教学中的重要性。问题解决不仅是学生学习数学的目标，也是学习数学的主要方式。近年来，更是逐渐将数学问题提出作为数学课程的重要组成部分。

20世纪80年代初，全美数学教师理事会（NCTM）在美国乃至世界范围内掀起了以"问题解决"为核心的数学教育改革运动，其中，"问题提出"被看作是辅助"问题解决"的一种重要手段，此时人们更看重问题解决的研究；1989年，NCTM在《学校数学课程与评价标准》中强调教师应重视学生提出数学问题的活动，为学生提供从给定情境中提出问题的机会。人们开始认识到问题提出的重要性，意识到问题提出对于培养学生的思维变通性、创造力和想象力具有重要作用，如学生的问题提出能力，不仅能够帮助其高效地解决问题，而且能够让其在认知过程中监控、反思自身的思维合理性，极大程度地提升学生的创新性。[1]因此，问题提出逐渐成为全世界范围内教育家和数学家关注的焦点。日本文部科学省2008年颁布的《中学校学习指导要领解说》"数学篇"中谈到：要让学生在数学活动中提出问题、解决问题，并在解决问题的基础上进一步提出新的问题。

---

① 梅易,杨思帆.新课改背景下小学数学"问题提出"教学的必要性及路径分析[J].湖南第一师范学院学报,2022,22(2):41.

作为课程建设的纲领性文件,我国的数学课程标准对"问题解决""问题提出"高度关注,并随着课程标准的细化与更新,教学要求更加完善。《义务教育数学课程标准(2011年版)》中,问题解决是其重要内容,关注学生经历发现问题、提出问题、分析问题以及解决问题的完整过程,强调培养学生问题解决的综合能力。《义务教育数学课程标准(2011年版)》中首次强调了"结合实际情境,体验发现和提出问题、分析和解决问题的过程",在综合与实践部分出现了2次,但这仅对发现问题和提出问题作为教学目标进行阐述,关于如何培养学生发现问题和提出问题的能力以及如何将其作为教学的手段进行应用的阐述较少。新版课标将"解决问题"改为"问题解决",强调对学生解决问题的综合能力的培养。①《义务教育数学课程标准(2022年版)》重视问题解决的同时,也重视问题提出,指出"重视设计合理问题。在真实情境中提出能引发学生思考的数学问题,也可以引导学生提出合理问题",并强调"问题提出应引发学生认知冲突,激发学生学习动机,促进学生积极探究,让学生经历数学观察、数学思考、数学表达、概括归纳、迁移运用等学习过程"。新课标强调对学生"问题提出"能力的培养,在课程理念和学业质量方面都作了相关论述。

这些表明,问题提出、问题解决的重要性得到了一致的认可,问题提出、问题解决既是每个学生数学经验中不可或缺的环节,也是高水平数学活动的重要环节。因此,小学数学"问·达"课堂强调问题的重要性,反映的以问题引领儿童数学学习的思想,与我国课程标准理念一致。

3.与核心素养培育目标一致

无论是培养学生核心素养,还是培育创新人格,都与学习者能力的发展和品格的形成密切相关。疑是最容易引起探索反射的,思维也就应运而生。②有了问题,儿童才有可能积极主动地进行思考。儿童能在以问题引领学习的过程中,自然而然展开数学学习,在问题提出与问题解决的过程中,探索答案、分析信息和解决问题,从而培养他们的批判性思维、创造力、沟通能力和合作精神。通过这种方式,孩子们不仅能够获得知识和技能,还能够发展出适应快速变化

---

① 史宁中,马云鹏,刘晓玫.义务教育数学课程标准修订过程与主要内容[J].课程·教材·教法,2012,32(3):53.

② 吴正宪,张丹.让儿童在问题中学数学[M].北京:教育科学出版社,2017:3.

的社会所需的关键能力,如自主学习能力、信息素养和全球视野等。此外,问题引领的学习还有助于孩子们形成积极的学习态度,增强他们对知识的好奇心和探索欲,这些都是核心素养的重要组成部分。小学数学"问·达"课堂,提倡用问题引领儿童的好奇与自信,用问题引领儿童的探索与交流,用问题引领儿童的思考与实践,从而引导儿童用数学的眼光观察现实世界、用数学的思维思考现实世界、用数学的语言表达现实世界。

二 国家层面的政策导向

随着国际竞争的日益激烈,人才已成为国家发展的关键因素。在一定程度上来说,国际竞争说到底是人才的竞争。我们只有培养创新人才,建设创新强国,才能立于不败之地。

1.国家政策前沿导向

《中华人民共和国国民经济和社会发展第十四个五年规划和2035年远景目标纲要》提出建设高质量教育体系,为我国发展教育事业指明了发展方向和提供了根本遵循。课堂是教育的细胞,是教学的主渠道,提高课堂质量是提高教育教学质量的前提和根本。[①]那么,如何打造高质量课堂?这值得我们认真思考和深入探讨。《中共中央 国务院关于深化教育教学改革全面提高义务教育质量的意见》中明确提出:"坚持教学相长,注重启发式、互动式、探究式教学""引导学生主动思考、积极提问、自主探究"。这就需要改进教学方法,从关注教师的"教"转变为关注学生的"学"。小学数学"问·达"课堂注重培养学生的创新思维和实践能力,让学生在问题中学习数学。这样的教学方式,在推动学生学习的同时,也引领了教师的发展。

2."双减"挑战传统课堂

"双减"的目的是什么呢?"双减"政策的制定目的是保证学生的学业质量,同时减轻义务教育阶段学生过重的作业负担和校外培训负担。那么如何实现呢?"双减"要求"减负",同时"提质",实现"双减"目标的核心路径就是提高课堂

---

① 樊晓东."问学 AI"翻转课堂:实现高质量课堂的有效途径[J].新课程评论,2023(6):27.

的教学质量。传统的教学为什么往往需要延长校内课时和大量刷题,学生需要校外培训补习和重复训练? 在一定程度上,我们需要反思课堂,反思课堂教学的弊端:传统课堂上往往是老师单向灌输、学生被动接受,这样使得课堂效率低下,学生只是简单习得知识,缺乏对知识进行迁移应用的能力。因此,"双减"既是传统课堂的一个严峻挑战,也是重构课堂的一次难得机遇。小学数学"问·达"课堂作为一种以"问题"为导向的数学教育模式,可以促进"双减"政策更好地落地,提高教育质量和公平性。一方面,在小学数学"问·达"课堂中,学生可以通过教师设计的核心问题或任务展开学习,也可以自己提出问题,通过探究自己提出的问题,感受自我学习的力量,激发学习兴趣和创造力,同时,更加深入地理解数学知识。这样,有助于学生在一定的时间内掌握更为深入的知识,加强对知识的理解的同时也促进知识应用及迁移,在一定程度上减轻了课业负担。另一方面,小学数学"问·达"课堂可以培养学生的自主学习和创新思维能力,从而减轻学生的校外培训负担。小学数学"问·达"课堂以问题为中心展开学习,不管是教师的问题提出还是学生的问题提出,都鼓励学生围绕问题自主学习和探索,聚焦少而精的问题的思考与解决,有助于学生深入理解所学知识,触类旁通。

3.课程改革带来变革

　　课程是国家意志的体现,是教育工作的核心。教育部印发的普通高中课程方案和课程标准(2017年版)明确了学生学习学科课程后应形成的正确价值观念、必备品格和关键能力,强调以核心素养为纲,全面优化课程内容。一方面,坚持课程内容少而精,降低难度,减轻学生课业负担;另一方面,重视以学科大概念为核心,使课程内容结构化,促进学科核心素养的落实。[1]《义务教育数学课程标准(2022年版)》的"课程实施"教学建议中指出,"改变单一讲授式教学方式,注重启发式、探究式、参与式、互动式等","强化情境设计与问题提出","注重发挥情境设计与问题提出对学生主动参与教学活动的促进作用,使学生在活动中逐步发展核心素养"。可以说,基础教育课程教与学的变革,聚焦点在于基于学习方式变革实现课堂转型。小学数学"问·达"课堂注重学生的自主学习和创新能力的培养,让学生在探究中学习、在思考中成长。这种教学方式与课程

---

[1] 樊晓东."问学AI"翻转课堂:实现高质量课堂的有效途径[J].新课程评论,2023(6):28.

改革的目标相符,即培养学生的综合素养和创新精神,使学生能够适应未来社会的发展需求;采用以"问题"为导向的教学方法,使学生通过提出问题、探究问题、解决问题的方式来深入理解数学知识。这种教学方式更加注重学生的主动性和创造性,能够激发学生的学习兴趣和动力,优化学生的学习效果。这与课程改革中强调的"以学生为中心"的教学理念相符,即让学生成为学习的主体,发挥自己的主观能动性。当然,小学数学"问·达"课堂的实践需要加强对教师的培训和指导,提高教师的教学水平和素质,为课程改革提供更好的支持和保障。

三 小学数学教学的困境

从2001年《基础教育课程改革纲要(试行)》颁布开始,我国便开始了课程改革,小学数学在教学内容、教学形式、教学模式上也发生了相应的变化,但实际教学中依然存在不少问题。

1.教师观念转变困难

课程改革强调对数学本质的学习,重视基础知识教学、基本技能训练和能力培养,力争提高学习者的数学素质;强调学习数学的方式与方法,重视数学教育形式,试图让学生学会如何学习。但受到长期应试教育模式的影响,不少小学数学教师教学水平和教育观念滞后、更新困难,不能满足当前小学数学教学的要求。如不少小学数学教师依旧保持着传统老旧的教育理念,在教学过程中使用灌输式教学模式以及题海战术提升学生的数学成绩;有些教师错误解读新课程理念,过于强调形式多样、内容丰富,以及片段新颖,而忽视了学生的认知规律;有些教师错误认识"最近发展区"的理论,在一堂课上用了近三分之一的时间帮助学生复习,或刻意将数学问题分成若干步,让学生轻易完成;部分教师甚至认为,课堂中教师与学生的交流会造成时间的浪费,拖延教学计划,影响教师的教学效果和学生的学习效果,应该充分利用课堂时间讲解教学内容,教授学生知识,使学生尽早掌握所学内容;而有些教师为了体现课堂互动,教学中或满堂问,或设置形式上的讨论、"廉价"的发现探究,课堂上看起来很热闹,实际上是虚假的活跃与表演……这些观念的停滞与落后,在一定程度上延缓了课堂教学改革的进程。小学数学"问·达"课堂聚焦真实情境中教师问题、学生问题的提出、探究、解决,这在一定程度上确定了"学为中心"的方向与课堂教学的主方向,有助于教师在还未形成与新课改相适应的教育教学理念时,有一个实践的抓手。

2.课堂文化建设不佳

教学是教师的"教"与学生的"学"双边交流的过程,课堂上应有师生间默契的情感交流,学生间充分的思维碰撞。但是传统的教学思想常常过度地关注教师的"教",而忽视学生的"学",导致课堂文化建设不佳。如学生在课堂中参与度低,缺乏积极参与和表达意愿,更多时候只是被动地接受知识,没有主动思考和提问的习惯;师生互动不够平等,教师在课堂上仍然处于权威地位,学生不能充分发挥自身的主观能动性,对教师仍具有畏惧心理,担心回答不对问题受到教师的批评,从而不敢表达自己的观点和想法;缺乏合作学习的氛围,学生在课堂上往往是独立完成学习任务,学生之间的互动和合作机会较少;评价和竞争导向不佳,课堂文化偏重于结果和分数,过多强调竞争和排名;等等。这样的课堂文化在一定程度上限制了学生的思维发展和创新能力培养。

3.问题提出能力不足

问题引领学习是课堂教学中常用的师生互动交流学习方式,课堂上巧妙设疑,可以激发学生的学习兴趣、集中学生的注意力、启发学生的思考、获取学生的反馈……然而在小学数学课堂教学中,由于教师、学生问题提出能力不足常常出现各种问题导学的误区,课堂教学效率大打折扣。一方面,教师问题提出能力不足。教师需要设计一定的核心问题引领学生的学习,精心设计的问题能诱发孩子们探究的欲望,点燃孩子们智慧的火花,但核心问题的设计对于老师来说是个挑战,有些教师自身问题提出能力表现一般。根据李欣莲等学者对小学数学教师"问题提出"的表现研究可知,大多数教师虽能提出合理恰当的数学问题,但是提出难度值较高的问题比例不高,以非拓展性问题和简单的拓展性问题为主,且存在低水平重复,常提出与实际情况不符的结构不良的问题。[①]老

---

① 李欣莲,宋乃庆,陈婷,等.小学数学教师"问题提出"表现研究[J].数学教育学报,2019,28(2):1-6.

师们有时设计的问题缺少思维含量，纯属"口头禅"，类似"想不想""好不好"之类的问题充斥着全课，孩子们如提线木偶般习惯性附和，久而久之，孩子们对老师的问题逐渐失去兴趣；有时设计的问题指向模糊不清，即指向不明、表达不清，使得孩子们答不到"点"上，探求新知的道路弯弯绕绕，孩子们费时费神，毫无所获；有时设置的问题难度过大，超出学生的接受水平，使课堂陷入"冷场"状态，或难度过小，使问题探究流于形式。另一方面，学生问题提出能力不足。虽然新课程标准将发现和提出问题作为重要目标提出，但由于缺乏此方面的具体要求，学生一般只能根据课堂中给出的信息提出常规问题，因而限制了思考的广度和深度。并且，在实际教学中，学生发现和提出问题的机会是比较少的，教师在课堂上并没有给学生展示好奇心、提出问题的机会，仍是以教师提问、学生回答为主要教学形式。即便是教师启发学生提出问题，这些问题往往也是作为教师教学的一种补充，大多数学生缺乏提问的意识和方法，所提的问题"程式化"较多，体现"思维变通性与可逆性"的较少。因此，学生问题提出的能力得不到锻炼。

总之，数学教育应让学生经历数学探究的过程，课堂上应充分提供让学生探究、猜想和提出问题的机会，满足以问题引领学生的学习需求，引领学生的思维、引领学生探究和发现问题。问题作为学习目标、动力和途径，引领着学习的发展和深入。如果教育的目的是培养学生未来生活学习所需要的思考和创造能力，那么有理由相信，小学数学"问·达"课堂提倡的以问题引领学习将是课堂教学的重要方式。

第三节

小学数学"问·达"课堂的
理论基础

一　儿童哲学理论

广义的"儿童学"是一门研究与儿童的生存、成长及其内外世界相关的各种因素的学科。由于"儿童""童年""成长"等概念的内涵在历史变迁中不断演变和重构,儿童学的研究领域也经历了显著的变化和扩展。

1.儿童哲学理论的概述

根据我国学者刘晓东的观点,儿童哲学包含了三个方面的内容:

第一,儿童的哲学。"儿童的哲学"可以界定为儿童关于世界(即常说的宇宙人生)的观念,既包括儿童的好奇、困惑、探究,也包括他们对世界的理解与阐释。[1]这一界定指向了一个特定的主体,即"儿童"。由于儿童在生理和心理上的不成熟性,他们在认识世界的过程中所产生的观念虽然与成人的哲学观念有着千丝万缕的联系,但具有自己的特殊性。

第二,儿童哲学教育计划。这是一项自20世纪六七十年代起在全球范围内广受欢迎的教育改革项目,由哲学家李普曼创立,又可称为"儿童哲学探究计划"或"儿童哲学思维训练"。它专注于关注和促进儿童的思维发展,以师生平等的"对话"作为主要的教学活动方式,根据儿童心理发展的规律和各阶段的认知能力,引导他们在集体探索中发现身边的哲学。通过这种方式,对儿童进行思维能力的训练,旨在培养他们的批判性思维、创新性思维和关怀性思维,并提升他们的逻辑推理能力。

第三,童年哲学。童年哲学被视为哲学的一个分支,主要研究童年概念、童

---

[1] 刘晓东.儿童哲学:外延和内涵[J].浙江师范大学学报(社会科学版),2008,33(3):48.

年的历史、童年的比较文化研究、儿童观、儿童的权利、儿童的艺术、儿童的社会地位、儿童认知和道德发展的理论流派等问题。①从对这一内涵的描述可以看出，儿童哲学可以作为对儿童学各领域进行哲学研究的学科，是对儿童研究结果的反思与批判，因此具有不可忽视的作用。②

儿童哲学的这三种含义"三位一体"，相互联系，渐次递进，难以隔离。儿童哲学的提出，显著地挑战了传统教育观念。首先，其观念理论超越了对儿童能力的表层理解，转而深入探索儿童的内在潜力及其在学习过程中的主体性。在儿童哲学的视角中，儿童不再被视作被动的知识接收者，而是具备独立思考与创造力的学习行动者。其次，儿童哲学重视儿童的自主思维能力，鼓励儿童大胆提问、对既定权威质疑，并让儿童通过主动探索与深思来获得知识和真理。这一教育理念有助于培育儿童的批判性思维与创新精神，使其能在多变的社会环境中独立进行思考和作出明智判断。最后，儿童哲学倡导通过集体探究来实现教育目标，提出了一种师生平等协作、多维互动的教学模式，打破了传统教育中知识传递的单向性和权威结构。在这一模式下，师生共同参与学习活动，相互启发、相互促进，营造了一个开放、共享、互助的学习环境。这能够有效增强儿童的学习兴趣和主动性，优化学习成果。

总之，儿童哲学为我国传统教育中偏重知识传授而忽视智慧培养的现象提供了深刻的反思。它提示我们，教育不仅是知识的传输，更是智慧的培育。智慧的内涵不仅包括知识和技能，还涵盖批判性思维、创新能力、合作精神等综合素养。因此，我们应当更新教育观念，注重培养儿童的智慧与全面素质，以适应未来社会的发展需求。

2.儿童哲学与小学数学"问·达"课堂

随着教育改革的加速发展，儿童哲学在我国也迅速兴起。我国的基础教育正经历一场重大变革，从传统的"知识导向"逐渐转向"素养导向"。这种转变要求我们对教学模式进行创新和改革，以适应新的教育需求。儿童哲学强调培养儿童的四项关键能力：批判性思维、关怀性思维、协作性思维和创造性思维。这些能力与21世纪技能中的4C（批判性思维、沟通能力、团队协作、创造与创新）

① 刘晓东.儿童哲学：外延和内涵[J].浙江师范大学学报（社会科学版），2008,33(3):51.
② 孟昊博.论儿童哲学及其教育启示[J].现代教育科学，2013(8):16.

相契合。将儿童哲学的理念和方法融入学科教学中,有助于促进学生学科核心素养的有效发展,是一条值得探索的道路。结合儿童哲学的相关研究,我们可以得出这样的结论:基于儿童生命的视角,尊重儿童,只有在这种教育氛围中,思考才有可能发生,提问才会受到欢迎,教育的成功才有可能实现。因此,儿童哲学为构建小学数学"问·达"课堂提供了基于儿童生命视角的理论基础。

(1)尊重儿童天性

教育应该承认儿童天生就拥有哲学家的特质,需要训练他们的思维能力,激发他们的求知欲望,增进他们对世界的理解和认识。应该说,儿童哲学教育的理念已经从最初逻辑思维能力的训练演变为更加注重儿童本身对生活世界的诠释,更多地关注儿童自身从课堂探究中产生新的思想与观念,然后反馈到生活,以面对并理解生活的复杂性。因此,教师应把自身置于儿童的生命状态中,和儿童一起生活,尊重儿童特有的认知模式,给予他们充分的聆听与重视,以进一步激励他们的探究兴趣。

弗洛姆曾言:"人生的主要使命,是使自我生长,成为与他潜能相符的人。"[①] 教育需要兼顾社会目的,同样需要顾及个体对意义世界的追寻。"问题不是我们能帮助智力以多快的速度发展,而是我们能够帮助它走多远。"[②]"教育的方式,等于协助儿童认清他们的潜能。"[③]潜能具有广度和深度,而不是速度,也就是说,学习不在于学得有多快,而在于其广度与深度。尊重儿童,应给予儿童足够的信心,倾听儿童内在声音与呼唤。小学数学"问·达"课堂提倡尊重儿童,意味着教育者需要认识到每个孩子都是独特的个体,他们拥有自己的思考方式、学习节奏和兴趣点,教学过程应给予儿童机会表达自己的观念,让儿童在此基础上产生新观念,体验获得新观念的兴奋以及将思考不断深入下去的信心,以形成自我对知识的建构,最终获得智力的自然生长。"学习伊始,孩子就应该感受到发现世界的喜悦,他会发现,他所学到的东西,能够帮助他理解在他的生命中所发生的一系列事情。"[④]小学数学"问·达"课堂追求课堂中引导学生进行一次次的对话与思维探究,不断激发儿童自己思考、理解、建构自身的意义世界的潜力。

① 弗洛姆.自我的追寻[M].孙石,译.上海:上海译文出版社,2013:204.
② 杨钦芬.教学的超越:教学意义的深度达成[M].福州:福建教育出版社,2019:138.
③ 弗洛姆.自我的追寻[M].孙石,译.上海:上海译文出版社,2013:179.
④ 怀特海.教育的目的[M].庄莲平,王立中,译.上海:文汇出版社,2012:3.

（2）注重思维发展

儿童哲学理论为我们提供了一个独特视角，让我们重新审视对儿童的认知与教育方法。儿童天生具备哲学家的特质：他们好奇、好问、喜欢探索，并对周遭世界充满惊奇。可以说，儿童对世界的认知始于不断地"追问"。他们展现出了追根究底的坚定意志，以及不达目的不罢休的勇气和毅力。因此，在教学过程中，我们应该为儿童的疑惑与好奇心提供丰富的"土壤"，尽可能创造条件，引导儿童思考、探究，促进思维发展。

小学数学"问·达"课堂，力求创造一个鼓励探究的学习环境，让学生积极参与到数学知识的发现和构建过程中。例如，在遇到新的数学问题时，教师可以鼓励学生提出假设，设计实验或活动来验证这些假设，并通过小组讨论分享彼此的发现。批判性思维在学习过程中是不可或缺的能力，它使学生能够评估信息的真实性和有效性，并区分事实与观点。在数学课上培养批判性思维可以帮助学生学会怀疑，不轻易接受未经证实的数学陈述，并能找出论证中的逻辑漏洞。逻辑推理能力的提升进一步使学生能够在解决问题时运用严密的思考，从已知信息中推导出未知的结论。此外，注重思维发展的数学教育还强调学思并重。学生在解决数学问题的过程中，还需要学会如何思考问题、提出问题，如何将复杂问题分解为更小、更易管理的问题，以及如何应用不同策略寻找解决方案。这种教育方式有助于学生建立对数学的深刻理解和持久兴趣。

（3）创建学习组织

儿童哲学与合作学习几乎同步涌现，并共享诸多教育理念。儿童哲学进一步推动了这些理念的发展，它不仅深化了合作学习的机制，还创新地融合了合作学习与认知训练，实现了两者的相互加强：一方面，通过协作学习促进了儿童的认知发展；另一方面，利用认知探索加深了协作的复杂性。在将儿童哲学应用于学科教学时，应特别强调两个方面：一方面，着眼于学生思维与教学内容之间的密切关联，并通过教师与学生的互动对话，将知识的逻辑框架与学生的思维模式相联结，从而促进学生自主的知识构建过程。另一方面，注重不同学生观点之间的联系，鼓励教师有策略地引导学生进行交流对话，通过师生互动来促进学生间的沟通。

小学数学"问·达"课堂高度重视学生的集体学习体验，并积极推广建立学习共同体的理念。在这样的教学环境中，为了进一步激发学生之间的有效互动和沟通，教师和学生们共同制定了一系列旨在促进建设性讨论的规则。这些规则的核心在于培养学生的相互尊重和倾听能力,例如,当一位学生在发言时,其他学生需保持安静,以表示对发言者的尊重。同时,要求学生们紧扣讨论的主题,避免偏题,确保讨论的效率和针对性。此外,为了鼓励批判性思维的同时维护讨论的和谐,规定学生在反驳他人观点之前,必须先准确无误地重述对方的观点及其理由,这样既保证了理解的准确性,也给予了对方充分的尊重。除了口头交流的规范,还可以引入一套手势语言来丰富学生的表达方式,借助非言语的交流方式可以帮助学生在不打断他人的情况下即时表达自己的思考,同时活跃课堂氛围。在学习共同体的建设中,学生们不仅学会了如何在集体中遵守共同的行为准则,更重要的是,他们在实际应用这些规则的过程中增强了自己的合作与交流技能。

总之,"儿童不同于成人,但儿童又是成人的开端,这即是作为'儿童'的伟大与可畏之处:儿童身上先天地拥有人类漫长进化史与文明史的精神遗产,他们有着不同于成人的内外两面的生活"。[①]儿童哲学不仅对儿童个体的发展具有重要意义,而且对于整个社会的教育体系和未来人才培养都具有深远的影响。基于对儿童哲学深层意蕴的理解,我们需要转向儿童哲学教育的背后,加深对儿童的进一步研究,通过深入了解儿童的内在世界,更好地支持儿童的成长,以此促进儿童哲学与现行教育体系的不断融合。

二 建构主义理论

从哲学上看,建构主义的教育理论是一种认识论。它是认知心理学的新发展,在教与学领域具有方法论上的意义。该理论指出:知识是通过认识主体的反省抽象过程主动建构的;学习者带着个人的经验和已有的知识进入新的学习情境;学习是一个自我适应(同化与顺应)的过程。学习者在与周围环境相互作用的过程中,逐步建构关于外部世界的认知,并发展自身的认知结构。

1.建构主义理论的概述
(1)建构主义的知识观
建构主义的知识观提供了一种更加动态、主观和多元的知识理解框架,它

---

① 孙蓉鑫.儿童哲学课与儿童之显现[J].上海教育科研,2023(5):20.

鼓励我们积极参与知识的创造和应用,不断追求更深层次的真理。首先,建构主义认为,知识不是简单地从外部世界直接映射到我们的大脑中,而是通过个体与环境的互动,通过猜想、推理、实验和反思等过程逐渐构建起来的。这种观点强调知识的动态性、主观性和相对性,认为知识是在特定社会文化背景下,通过个体的认知活动和社会互动共同创造的。其次,建构主义认为,知识是认知主体对客体进行意义构建的过程。在这个过程中,个体不是被动地接收信息,而是主动地参与其中,通过自己的思考和实践活动赋予信息以意义。这种意义构建的过程使得知识具有一定的真实性,因为它是基于个体的经验和认知框架建立的。然而,这种真实性并不是绝对的,因为每个人的经验和认知框架都是独特的,所以知识的"真实性"也是多元的、相对的。在实际应用中,建构主义强调知识的情境化和个体化特性。这意味着知识不是一成不变的,而是需要根据不同的情境和问题进行调整和应用。每个人根据自己的经验、信念和价值观来解读信息,形成个人化的知识体系。因此,即使是相同的信息,不同的人可能会有不同的理解和应用方式。最后,建构主义认为,知识的发展是一个不断演变的过程。随着时间的推移,新的信息、新的发现和新的理解会不断地被整合到现有的知识体系中,推动知识向前发展。这个过程是开放的,没有终点的,因为随着人类认知能力的提升和技术的进步,我们对现实世界的理解会不断深化,接近真理的过程永无止境。

(2)建构主义的学习观

建构主义的学习观强调学习是一个主动的、动态的过程,个体学习不是对外界信息简单被动地接收,而是主动地、有选择地建构外部信息,形成个体知识、意义的过程。知识或意义不是简单地由外部信息决定的,而是学习者以自己原有的经验系统为基础,在新旧知识经验间反复、双向的相互作用的过程中建构,并因新经验的进入而发生调整和改变。个体是通过自己的经验、感知和思考来理解和认识外部世界的。因此,学生需要在特定的情境中,借助老师、家长、同学等的帮助,对外部的认知客体进行加工和内化,从而形成自己的见解和理解。建构主义理论认为,学习环境由四个核心要素构成:情境、协作、会话和意义构建。情境用于帮助学生构建知识。协作是学生必不可少的,会话同协作一样重要,它们是达到学习效果的两大重要武器,而意义建构是学习的理想目的。[1]总的来说,建构主义强调学习是一个主动的、社会性的和情境相关的过

① 张亚娟.建构主义教学理论综述[J].教育现代化,2018,5(12):172.

程,它要求教育者设计富有挑战性的学习环境,鼓励学生通过实践、探索和反思来构建个人意义。

（3）建构主义的教学观

建构主义强调学生是教学活动的参与者和知识的积极建构者,教师是学生学习的促进者和引导者。为了实现知识的有意义建构,教师必须采取以学生为中心的教学方法,这要求教师对学生的先前知识水平、学习风格和兴趣进行细致的评估,以便实施个性化的教学策略。这种因材施教的方法有助于激发学生的潜能,同时增强他们的学习自主性和创新能力。建构主义教学观强调了学生在学习过程中的主体地位,以及教师在促进学生知识建构中的重要作用。

2.建构主义与小学数学"问·达"课堂

建构主义理论告诉我们,有效的教学应该统筹考虑学习者、教育者、教学内容和环境等各个要素,将学生的学习与发展置于开放性的、不断变化的生态系统中。该理论揭示了教学与认知发展之间的关系,对教学产生了重要而深远的影响,也为小学数学"问·达"课堂的构建提供了相应的理论基础。

（1）学为中心

学习是学习者以自身已有知识与经验为基础的主动建构活动,学生是信息加工的主体,是意义的主动建构者。也就是说,要把学生放在课堂的中心,把提高学生的学习能力放在教学的首位。小学数学"问·达"课堂应注意打造"学为中心"的课堂,强调学生的主体地位,以学生的学为中心,引导学生主动探索、质疑、发现,在主动的建构中习得知识、获得能力、提升素养。

（2）关注情境

情境在认知发展中具有重要作用。认知并不是简单地发生在每个人的头脑中,而是发生于个体与环境的交互作用中。小学数学"问·达"课堂应充分利用真实性情境对学生数学学习的影响,通过创设有意义的数学情境,引导学生在特定的情境脉络中建立意义与学生经验的联系,促进知识、技能和体验的连接,使学生的学习在丰富的数学情境中有效地进行。

（3）关注问题

儿童与环境的相互作用涉及两个基本过程——"同化"与"顺应",儿童的认知结构就是通过同化与顺应过程逐步建构起来的。当儿童能用现有图式去同化新信息时,他处于一种平衡的认知状态;而当现有图式不能同化新信息时,平衡即被破坏,而修改或创造新图式(顺应)的过程就是寻找新的平衡的过程,儿童认知在"平衡-不平衡-新的平衡"循环中不断丰富、提高和发展。而打破认知平衡的关键就是"问题",问题生成过程就是个体与知识建立联系的过程。学生通过问题的发现与提出、问题的分析与解决,基于个人与环境相互作用的独特经验去积极主动地建构自己的知识。小学数学"问·达"课堂通过问题引领儿童的学习,应关注学科问题、学生问题、教师问题三者关系的处理及问题的设计。特别应重视学生的问题提出,在学生提出数学问题、解决数学问题以及数学应用的过程中提供教学的支持。

(4)注重合作

建构主义学习理论认为,课堂就是一个社会单位,学生以个体已有的知识经验为基础,在学习同伴的协助下,对新信息进行意义建构,这个过程是一种社会化的活动。因此,可以将小学数学"问·达"课堂中的学生学习活动看成一种社会活动,以"学生为中心"的教育模式,通过互动、合作、探究等方式,激发学生的学习兴趣和创造力,提高他们的综合素质。儿童在学习中展开相互交流、辩论和批判的社会建构过程,积极参与到教育活动中,与老师和其他同学一起相互沟通和交流,相互争辩和讨论,合作完成一定的任务,共同解决问题,从而实现自我发展和社会参与的双重目标。

总之,基于建构主义理论构建小学数学"问·达"课堂,期待在这样的课堂中,数学学习的过程,是学生主动选择、积极加工、自主建构数学知识意义的过程,学生带着自身原有的知识背景、活动经验走进学习活动,并通过自身的认知加工以及积极的互动交流,建构对数学知识意义的理解。[1]

三 人本主义理论

人本主义学习理论认为,教育就是要符合学生人性发展的实际需求,激发和满足学生的自我实现和自我拥有。该理论从全人教育的视角阐释了学习者整个人的成长历程,以发展人性;注重学习者经验的形成和创造潜能的激发,引导其结合认知和经验,肯定自我,进而自我实现。

---

① 姜雪平.职高生数学有效学习的教学研究[D].济南:山东师范大学,2005:37.

1.人本主义学习理论的概述

人本主义理论对当代教育产生了广泛的影响:从关注人与环境的关系转向关注人与人的关系;从重知识转向重人格;从重视客观外显的行为转向重视内在的世界,强调感受、信念、价值、抱负等内在因素的决定性意义;从单纯重知识经验转向同时重视经验对个人的意义;强调自我,认为自我概念是决定人的行为的关键变量,是决定个人智慧、适应力、成功以及自我实现的重要因素。其主要观点有:

(1)有效教学的前提

人本主义认为,知觉是决定个人行为取向的基础。这里的知觉属于情感范畴,指的是个人对其知觉产生的感受。知觉是构成信念的基础,不同的知觉产生不同的信念,要理解人的行为,就必须理解行为者知觉的世界。教师想了解学生的行为表现,就应该先了解学生如何知觉该情境,要改变学生的行为,也不能仅仅从行为表现入手,而应该尝试改变其知觉或信念。

(2)全人教育理念

情感和认知是人类精神世界中不可分割的组成部分,教育应同步关注认知与情感,针对学生的情意追求,促使其认知、情感、意志等方面均衡发展,从而培养其健全的人格。也就是说,教学的目标是促进学生认知素质和情意素质全面和谐发展及自我实现。

(3)学生为中心的教学观

人本主义提出以学生为中心的教学理论,相信学生能自己指导自己学习,认为:必须激发学生自我实现的潜能;教师是学生的促进者,教师的任务是要为学生提供学习的条件和手段,促进个体自由地成长。学生中心模式又称为非指导模式,教师的角色是"助产士"或"催化剂"。人本主义倡导平等的课堂伙伴关系,包括真诚一致、无条件积极关注、同理心。

2.人本主义与小学数学"问·达"课堂

人本主义学习理论认为,"完整的人"应具备两个方面,即情感与认知,这两个部分彼此是融为一体的。人本主义理论为数学教学提供了一种全新的视角,强调了学生中心、自我实现和全人教育的重要性。通过实施非指导性教学、创造良好的学习环境和建立新型的师生关系,数学教学可以更有效地促进学生的主动学习、创新思维和问题解决能力的发展。这些理论为小学数学"问·达"课堂构建提供了有力的理论支持。

（1）以学生为中心，重视个人意义的学习

人本主义学习理论充分肯定了学生的中心地位，认为在适当的条件下，每个人所具有的学习、发现、丰富知识与经验的潜能和愿望是能够被释放出来的，这为学生进行有意义的学习创造了条件。小学数学"问·达"课堂应努力创设一个以学生为中心，重视个人意义学习的环境，努力创设既能激发学生内在动机，又能适应不同学习风格和能力水平的教学活动，使学生全身心地投入学习，在真实的数学问题解决过程中，体验知识的发现和建构，从而促进学生的数学能力和整体素养的发展。

（2）创设真实性的问题情境

在当今的教学环境中，学生往往与真实的问题存在巨大的隔阂，这导致他们在意义性学习方面遭受损失。与建构主义学习理论相似，基于人本主义学习理论的教学设计的首要任务是创建真实性的问题情境。这意味着需要为学生提供一系列与他们个人相关或有意义的真实性问题，以支持他们进行有意义的学习。也就是说，我们如果希望学生全身心地参与学习活动，那么应该创造各种真实的问题情境，让学生面对与自身产生意义关联的问题。那么，什么样的问题情境，能与学生产生意义关联呢？教师如何才能创造出具有真实性的情境呢？创设与教学活动相关的真实问题、激发学生的学习动机、角色扮演、实地体验等，都可以让学生获得有意义、贴近学生实际生活的学习体验。小学数学"问·达"课堂在教学过程中追求以真实性的问题情境，激发学生的学习兴趣和动机，培养学生提出问题、解决实际问题的能力。

（3）追求学习过程的开放性

人本主义学习理论认为学生的学习是一种在教师帮助下的自我激发、自我促进、自我评价的过程。在这种学习过程中学生不仅获得了知识，形成了学习方法，而且培养了健全的人格。因此，基于人本主义学习理论的学习过程是自由开放的，是依靠学生根据自己的个性来选择学习路径的。[①]小学数学"问·达"课堂是基于人本主义学习理论的一个教学模式。根据人本主义学习理论的观点，学生在教师的帮助下通过自我激发、自我促进和自我评价的过程来进行学习。这种学习过程强调学生的自主性和自由发展空间。在小学数学"问·达"课

---

① 文冬，杨九民.基于人本主义学习理论的教学设计原则[J].电化教育研究,2002(12):59.

堂中,教师的角色不再是传统的知识传授者,而是学生学习的促进者和帮助者。教师应该让学生意识到数学学习与他们个人的关系,并激发他们对数学学习的热情和动机。教师可以引导学生提出问题、发现数学学习对他们个人的价值和意义,从而激发他们主动学习的兴趣。此外,教师还应该鼓励学生积极主动地探究数学知识的奥秘,让他们在学习过程中通过自我促进,提高学习的积极性和效率。在小学数学"问·达"课堂中,教师可以提供适当的指导和资源,让学生在自主探究的过程中建立起对数学概念和解决问题的理解。在评价学生学习结果时,教师应采取开放的态度。教师可以鼓励学生进行自我评价,让他们主动思考和反思自己的学习过程和成果。这样的评价方式有助于培养学生的独立性、创造性和自主性。

(4)注重协作学习

如何理解协作学习呢? 协作学习是指两个或两个以上的个体在一起从事学习活动,互相促进,以提高学习效果的一种教学形式,既包括学生之间的协作,也包括师生之间的协作。协作学习不仅仅是学习信息的交流与合作,也是语言的表达、思想的沟通、心灵的"碰撞"、性格的"磨合"。[1]学生在协作学习的过程中,获得组织交往能力和独立学习的能力,从而促进自我概念的发展和集体主义观念的形成。小学数学"问·达"课堂,强调学习共同体的构建,这就是一种协作学习。在共同体的构建中,学生通过同伴教学、分组学习体验共同体之于学习的力量。教师与学生、学生与学生共同制定学习公约、学习的目标、学习时间计划,分清相互的责任,使学生更好地管理自己的学习过程。在学习共同体的构建中,彼此需要做到资源共享、相互尊重、相互信任和相互理解;面对困难,共同体成员一起努力并共同解决问题。通过这样的合作学习方式,培养出适应变化和知道如何学习的儿童,让他们处在可以通过数学学习获得真实学习的时空!

教育的责任是为学生创造良好的条件和机会,促进他们潜能的发挥。小学数学"问·达"课堂以学生为中心,让儿童进行有意义的学习;教师以学生的需求和兴趣为导向,激发学生学习的动机,根据学生的特点和发展水平,为学生提供选择的空间,努力创造一种有利于学生潜能发挥和情感融洽的学习环境,以帮助学生实现个人潜能的最大发展。

---

① 文冬,杨九民.基于人本主义学习理论的教学设计原则[J].电化教育研究,2002(12):
59.

第二章

小学数学"问·达"课堂之理论阐释

第一节

小学数学"问·达"课堂的基本内涵

儿童既是问题的解决者,也是问题的生成者——儿童试图解决呈现给他们的问题,他们也在寻找新的挑战。[①]因而,儿童的学习过程是问题提出和问题解决交织往复的过程。小学数学"问·达"课堂以问题为逻辑起点、为设计方法、为学习支点、为解决过程,引导学生经历充分探究、深刻自我建构的过程,以实现数学学科的教学价值和育人价值。

一　"问·达"的内涵解读

1."问"的内涵解读

问,问题,提问。问是学习的起点,学习的途径,学习的动力,也是学习的手段。从古至今,学生的学习都是在不断发现问题中解决问题,又是在解决问题中不断发现新的问题。可以说,没有问题就没有学习,有了问题才有探究的欲望和动力。[②]

"问·达"之"问",可以理解为问题。关于问题,美国心理学家梅耶有以下定义:"想将情境从一种状态变为另一种,而又不知如何扫除两种状态之间的矛盾时,问题就产生了。"美国心理学家纽维尔和西蒙(2005)将问题定义为一种情境,是由当前状态向目标状态转化所需要的一系列操作。[③]产生"问题"的"当前状态"到"目标状态"在转化过程中会产生一些困惑因素,需要人们去克服。学者索恩(2005)从解决问题的观点来界定问题,他认为"问题"是一个需要解决的任务,这个任务是一种未给定解答步骤和方案的任务形态,人们需要尝试多种

---

① 转引自:葛晓穗.幼儿园课程创生:逻辑起点、必要条件与核心要素[J].教育导刊,2023(11):78.

② 赵永攀."问学课堂"的构建与实施[J].小学语文教学,2021(20):3.

③ 转引自:刘明阅.小学数学课程中的"问题提出"研究[D].武汉:华中师范大学,2022:25.

方法解决任务。我国学者张奠宙教授(2023)在其著作中也对问题的概念进行了界定,主要包括以下五个方面:(1)对学生来说不是常规的,不能靠简单模仿来解决;(2)可以是一种情境,其中隐含的数学问题要学生自己去提出、求解并作出解释;(3)具有趣味和魅力,能引起学生的思考和对学生提出智力挑战;(4)不一定有终极的答案,各种不同水平的学生都可以由浅入深地作出回答;(5)解决它往往需伴以个人或小组的数学活动。[①]综上,"问题"可以理解为:它可表现认知矛盾的一种状态,也就是说,个体在面对特定的情况时,其中的某些信息超出个人的认知范围,就会产生疑惑,这种疑惑必须用某种手段才能解决。

数学问题则是指运用数学语言表述的问题。吕传汉、汪秉彝(2002)认为数学问题是指用数学术语进行表达的问题,并指出关于数学问题的五个内涵:(1)关于问题情境,包括完整的、不完整的以及需要完善的。情境的创设,可以连接生活实际与数学学习、沟通抽象概念和具体问题。(2)问题的表达,包括比较准确明了的表达、比较模糊的表达。表达的准确性也是问题解决的重要影响因素之一。(3)解决手段,可以分为有明确算法的和算法不明的两种。(4)问题结论,包含有唯一准确答案的、无准确结论的、有多种有一定意义结论的。(5)问题的延伸性,延伸性较好,能发展出更多的问题,延伸性较差,止于原问题的解决。[②]张奠宙教授在其著作《数学教育概论》中也界定了数学问题的概念,他把数学问题看作是一种需要解决或解答的疑惑。当然,不同人对数学问题的看法不同,数学家们仅仅将没有给出结论的内容称作一个数学问题,在数学的教与学活动中,会把未知解决过程和已知问题答案的问题也叫作数学问题,因为在这项教学活动中,学生也会面对和数学家们相似的境遇。通过对以上观点的分析,我们可以将"数学问题"理解为:在既定的完整数学情境或不完整数学情境中所形成的、所发现的,需要结合数学思维、运用解题技巧加以分析,才能得到答案的问题。

"问·达"之"问",还可以理解为提问。提问,即提出问题,也可以表达为"问题提出"。美国数学家西尔韦(1994)认为问题提出涉及两方面的活动:第一种是新的问题产生于特定情境或经历;第二种是对一个特定问题的重新表述或是

[①] 张奠宙,宋乃庆.数学教育概论[M].4版.北京:高等教育出版社,2023:211.

[②] 转引自:刘明阁.小学数学课程中的"问题提出"研究[D].武汉:华中师范大学,2022:25-26.

构想出新的问题,在问题解决前、期间甚至之后都有可能会出现新的问题。在解决问题之前提出问题意味着从既定情境中产生一个原始问题;问题解决过程中的问题提出是指问题解决过程中发现并提出了一个新问题;在解决问题之后就意味着对问题的结果或条件信息进行改造,再提出新问题。①学者斯托亚诺娃(1996)指出数学中的问题提出是一种具有个人意义的经历或活动。主体从自身已积累的数学学习知识和经验出发,在已知的数学情境中主动思考、进行自我建构,在此过程中发展起来的数学问题是具有完整结构,且具有深刻意蕴的。学者周若虹和吕传汉(2002)认为:学生在面对情境时,首先要对环境中的数学知识进行观察与分析,或对其中的要素进行拆分,或将其与整体联系起来进行思考,在此基础上,运用现有的知识来描述数学信息在情境中的相互关系。出于学生的认知需要,使他们不断地反思和质疑,再用数学语言表达出自己的疑惑,这样就产生了一个数学问题。②国内学者夏小刚(2005)也将问题提出看作是一种具有主动性的过程,这个过程经历了认知冲突的发展以及问题的形成和呈现。他认为,从静态特征的角度来看,数学问题的提出是个体对知觉到的问题用符号、文本或图形进行的表达;从动态特性的角度来看,数学问题的提出是一个观察、分析、收集、选择和处理特定情境中的信息的过程。③郑雪静、汪秉彝、吕传汉(2007)认为:问题提出即行为主体在剖析、整理某一已知的数学环境中所获得的信息之后,会产生某种困惑,在这种矛盾冲突的推动下,就会知觉问题的存在并表达出来。④我国《义务教育数学课程标准(2022年版)》中也强调了问题提出的要求,"重视设计合理问题。在真实情境中提出能引发学生思考的数学问题,也可以引导学生提出合理问题。问题提出应引发学生认知冲突,激发学生学习动机,促进学生积极探究,让学生经历数学观察、数学思考、数学表达、概括归纳、迁移运用等学习过程,体会数学是认识、理解、表达真实世界的工具、方法和语言,增强认识真实世界、解决真实问题的能力,树立学好数学的自

---

① 转引自:刘明阁.小学数学课程中的"问题提出"研究[D].武汉:华中师范大学,2022:27.

② 周若虹,吕传汉.学生提出数学问题能力的评价[J].贵州师范大学学报(自然科学版),2002,20(2):26.

③ 夏小刚.关于"情境—问题"教学中几个问题的思考[J].贵州师范大学学报(自然科学版),2005(1):92.

④ 郑雪静,汪秉彝,吕传汉.中小学生提出数学问题能力评价探究[J].数学教育学报,2007,16(3):49-52.

信心,养成良好的学习习惯"。《义务教育数学课程标准解读(2011年版)》指出:所谓"提出问题"是在已经发现问题的基础上,把找到的联系或者矛盾用数学语言、数学符号集中地以问题的形态表述出来。

基于对上述文献的理解,"数学问题提出"可以理解为:在特定情境下创造新问题或在问题解决过程中产生新问题。这里的"问题提出"可以指教师、学生在给定情境下提出能用数学语言表达的、运用数学思想和数学知识等解决的问题,包括教师提出核心问题和学生提出数学问题。对于教师而言,是指教师在充分解读课标、理解教学内容和学情的基础上提炼出学习中的核心问题;对于学生来说,指学生根据自身的数学经验,对已知的数学情景进行自我建构,然后发现或创造新的数学任务、提出有自我意义的数学问题。它包括:学生根据既定情境的分析和思考,发现并提出产生困惑的数学问题;学生改编现有问题的某些条件,并提出新的数学问题。

(1)"问",是一种教育理念。"问"可以被视为一种教育理念,它强调在教育过程中引导学生主动提出问题、思考和追求知识。中国古代有许多重视提问的教育家,孔子强调提问的重要性,他鼓励学生提出问题来追求真理和知识,并通过反复的提问和讨论来引导学生思考和探索;荀子主张通过积极的提问和反问来增进知识和智慧;明代的教育家和哲学家王阳明主张通过提问并深入思考来触发和发掘自己内心的真知,他认为提问是破除迷惑、追求真理的有效方式。儿童的学习始于"问",即从问题开始,在问题的驱动下学习探究,在探究中解惑,在解惑中生智[①],这种以"问"为发端的学习合乎儿童天性、顺应儿童发展。

(2)"问",是一种学习方法。作为学习方法,提问可以帮助学习者积极参与并主动思考。通过提出问题,学习者能够激发好奇心、进行深度思考,并寻找答案或解决问题。这样的学习过程有助于深化理解、巩固知识,培养批判性思维和解决问题的能力。通过提问,学习者能够主动参与学习过程,自主探索和构建知识。他们可以通过提出问题来探究自己对某个主题或概念的理解,进而发现自己的知识缺口并寻找填补的方法。此外,提问也有利于激发交流和讨论,促进知识共享和合作学习。在教学中,教育者可以鼓励学生提问,为学生提供一个安全和支持性的环境,鼓励他们表达疑惑和好奇心。同时,教育者也可以提出引导性的问题,引导学生进行思考和探索,激发和增强他们的学习兴趣和

① 潘文彬.探寻儿童问学课堂之道[J].小学语文教学,2016(15):13.

深度思考能力。总之,提问是一种积极主动的学习方法,可以通过提出问题来推动学习者的思考、探索和学习过程,从而使其加深理解、拓宽知识领域,并培养批判性思维和解决问题的能力。

(3)"问",是一种认知活动。问题的生成本质上是一种认知的过程。根据认知加工理论的观点,完整的认知过程包括认知输入、认知加工、认知输出三个环节,与此相对应,问题生成的过程也经历三个环节:主体基于对信息或情境的观察分析,对问题信息进行收集、选择和处理,这是认知输入的过程;主体在内隐层面产生认知冲突形成问题意识,生成数学问题的思维过程是认知加工的过程;主体以外显的书面或口头表达数学问题的数学行为则是认知输出的过程。在认知过程中,应关注情意过程,即儿童学习动力激发、儿童产生认知冲突形成问题意识的过程,这一过程可以相应激起儿童的求知欲望、探究欲望,这是儿童学习的内驱力及动力。

(4)"问",是一种教学手段。在教学过程中,教师可以使用提问的方式来促进学生的思考、引导学生的学习、检查学生的理解和激发学生的兴趣等。第一,通过提问,教师能够引导学生主动思考问题,从而激发他们的学习兴趣和主动性。教师可以提出开放性问题,鼓励学生独立思考和表达自己的观点,促进他们的批判性思维和问题解决能力的培养。第二,通过有针对性的提问,教师可以引导学生关注重要的知识点、概念或技能,帮助他们理解和掌握学习内容。教师可以提出导向性的问题,帮助学生建立知识框架,培养他们的综合分析和归纳总结能力。第三,提问可以帮助教师检查学生对学习内容的理解程度。通过提问,教师可以了解学生的学习进展,及时发现学生的困惑和误解,并及时给予指导和反馈,帮助学生纠正错误,提高学习效果。第四,提问可以促进学生之间的讨论和交流。教师可以提出启发性的问题,激发学生之间的思想碰撞和观点交流,培养他们的合作和沟通能力,增强他们的学习互动和合作意识。第五,通过不同类型的问题,教师可以培养学生的批判性思维和解决问题的能力。例如,提出开放性问题、挑战性问题或案例分析问题,鼓励学生运用所学知识和技能进行分析、评估和解决实际问题,培养他们的创新能力和批判思维能力。

(5)"问",是一种教学目标。问题提出作为教学目标,体现了培养学生成为好的问题提出者的教育与教学诉求,这一诉求的根基来自问题提出在学习知识与技能、适应社会生活与生产中的重要性与教育价值。这一根基同时决定了问题提出活动作为实现培养学生成为好的问题提出者的教学手段的选择与实施。

师生通过问题提出的教学活动,传递、建构知识的理解,让学生锻炼提出问题技能的同时,体验并实现问题提出活动本身的其他附加价值。[①]"问"被看作一种教学目标,更多关注教师、学生是怎么提出问题的、提出的问题的质量如何,可以从教师、学生提出的问题分析其背后的思维能力和水平。

"问·达"课堂就是由"问"而引发的一种求知、求解的愿望与要求,尊重儿童的认知规律,让儿童循序渐进地"学",这种"问"是质疑问难、探索实践、求知求解的过程。[②]

2."达"的内涵解读

"达"的解释为:达到,表示抵达某个地方或者达到某个目标、标准等;达成,表示完成某种协议或者达成一致意见;通达、顺畅,表示道路畅通、思路明晰等;传达,表示传送、传递消息或信息……。根据不同的语境和搭配会有不同的含义和用法,从这些解释中,寻求课堂价值取向:"达",可以通"答",即回答、解答、答案;也可以理解为"表达""达到"。因此,"达"在学习领域中也有着特定的含义和表征。

(1)"达"指向学习的方式。在学习中,"达"可以理解为一种学习的方式。它强调通过思考、实践和探索来达到对知识的理解和掌握的目标。这种学习方式注重主动性和深度思考,鼓励学生通过提问、研究和实践来积极地参与学习过程。

(2)"达"指向学习的方向。"达"也可以理解为学习的方向或追求目标的方向。学习的目标是帮助学生不断提升自己的能力、知识和素质,以实现个人的成长和发展。通过明确学习的方向,学生能够更好地规划学习路径和目标,并努力追求自己的学习目标。

(3)"达"指向学习的目标。"达"还可以理解为学习的目标。学习的目标是指学生在学习过程中所要达到的具体结果或成就。例如,学习一个新的技能、掌握某个知识领域、提高自己的学术成绩等都可以视为学习的目标。通过明确学习的目标,学生可以更有针对性地进行学习,并评估自己的学习成果。

总之,"达"在学习中可以理解为一种学习方式,强调主动思考和深度学习;

---

① 张玲,宋乃庆,蔡金法.问题提出:基本蕴涵与教育价值[J].中国电化教育,2019(12):33.
② 赵永攀."问学课堂"的构建与实施[J].小学语文教学,2021(20):3.

同时也可以理解为学习的方向或追求的目标,通过"达"可以帮助学生明确学习的方向和目标,以实现个人的成长和发展。

3."问·达"的内涵解读

小学数学"问·达"课堂,以"问"通"达","问·达"可以理解为"提问并追寻答案"或"探索和追求知识"的过程。"问"表示提出问题、表达疑惑或寻求答案的行为,这是获取新知识和增进理解的关键步骤。通过提问,人们能够主动思考,启动学习的过程。"达"表示追寻答案、获得信息或达到目标,它强调通过努力和探索来获取知识和真理。"问·达"还可以理解为一种对知识、真理的探索和追求过程。这是一个主动学习的过程,在其中个体积极地提问、研究、思考,并通过获取信息和经验来增进自己的知识和理解。

(1)以"问"达于问答。"达"通"答",这时的"答"可以是一种学习方式。教学中,师生是问、答的主体,可以是师问师答、师问生答、生问师答、生问生答,不管哪种方式,都是为了促进学生的"答",即"问答"指向课堂教学样态,指向对话的课堂。这样的课堂是一个充满活力和创造力的生命场域,学生思维高度参与,在对话中分享自己的思考、提出问题、互相讨论等,这种参与度的提高使得课堂充满了学生们的声音和活力;这样的课堂容纳来自不同学生的多样性观点和想法,学生们可以根据自己的经验、知识和理解分享自己的观点,促进不同思维方式的交流和碰撞,能从多个角度思考问题;这样的课堂鼓励学生之间的互动和合作,学生可以在对话中进行提问、回答、辩论,并且可以借助彼此的分享和讨论来扩展自己的思考,这种互动和合作的氛围可以提升学生的思维活跃度,帮助他们更深入地理解和应用所学的知识;这样的课堂鼓励学生提出挑战性的问题、提出反驳意见,并在对话中通过辩论和讨论来进一步发展自己的批判性思维能力。"问答"的课堂是一个能够激发学生学习热情、促进学生思维发展和知识共享的活跃场域。它为学生提供了与他人互动、交流观点和启发思考的机会,从而提高了学习效果和增强了学习体验。

(2)以"问"达于表达。以"问"至"达",这时,达可以理解为"表达"。问题的发现、提出、分析,最终是为了问题的解决。问题的解答即问题的解决,而问题的解决需要儿童以不同的方式进行表达。在学习过程中,儿童有多种数学表达方式,如图形表征、语言表征、符号表征等,这些都是学生数学学习方法、学习过程、学习结果的表达,也就是儿童数学思维的表征。教育的追求指向人的发展,儿童数学教育则追求儿童数学思维的发展，即通过数学学习形成理性思维。儿童在学习过程中，获得充分的探究体验、深刻的知识建构及有效的知识运用，从而推动儿童数学思维发展，形成良好的数学素养。"问·达"是学生学习的手段，也是目的；是过程，也是结果；是工具，也是归宿。小学数学"问·达"课堂不仅要致力于把所学知识转化、内化为素养——从这个角度说它是手段，这是实质性、内容性的目标，同时也要致力于问、达能力本身——从这个角度说它是目的，这是形式性、方法性的目标。所有能力只有在需要该能力的相应的活动中才能得到培养和提升，而理想的教学过程是实现实质性目标和形式性目标的有机统一，既用学科知识内容训练学生的问、达的能力，又使其用问、达能力处理和加工学科知识内容，从而使两者产生化学反应，实现实质与形式、手段与目的、内容与方法的统一。

（3）以"问"达于素养。"达"指向学习到达的境界，强调通过"问"让学生达到一定的学习目标或境界。数学知识并不是简单地由教师传递给学生，而是学生通过改变自身认知结构主动建构对数学的理解。数学学习的过程，就是把知识、能力、思维等转化为学生的认知理解过程，在这一学习过程中完善学生的人格：呵护学生学习的自信心，从而点燃学生对理解的热情；在问题解决体验中发展学生的理解能力；通过探究性的活动，引导学生有意识地串起散点状的理解，走向逻辑的思考与表达……也就是在这样深刻的数学学习的过程中，儿童从知识的学习逐渐转向知识的运用、知识的再创造，同时由内而外真实地实现自我认识和自我理解，个性化地建构自我的精神世界。因此，在这里的"达"，指向人的发展，推动学生核心素养的形成，实现数学学科的教学价值和育人价值。

二 小学数学"问·达"课堂的内涵解读

小学数学"问·达"课堂，是基于儿童立场，以学习为中心，以问题为导向，以儿童数学思维发展为目标的数学课堂。即教师设计良好的学习情境和材料并提出问题，或引导儿童通过学习情境和材料发现、提出问题，并基于问题展开学习。儿童在问题解决中获得充分的探究体验、深刻的知识建构及有效的知识运用，从而推动数学思维发展，形成良好的数学素养，成为优秀的问题解决者。小学数学"问·达"课堂包括三个要点——以问启学、因问展学、立问达学，追求有情感温度的学、有思维深度的学、有生长力度的学,因此需要构建真实情境、提炼真实问题、开展真实探究、实现真实评价。

1.以问启学

善问而善达,小学数学"问·达"课堂以"问"为基础,以师生生成的问题为逻辑起点、为学习支点,开启学生的思维,推动学习的发生。"问·达"之"问"在儿童,儿童的"问"即学习的开始,鼓励儿童发问,并根据儿童问题开启儿童的思维,推动学习的发生;"问·达"之"问"也在教师,教师根据课程标准、教学内容、学生学情等提炼出核心问题,引导学生进入深度学习的过程。小学数学"问·达"课堂关注儿童的问及教师的问,教师最大限度地把"问"的权利交给儿童的同时,启发和引领儿童的"问"。

2.因问展学

小学数学"问·达"课堂以问题为引领,以活动为载体,聚焦问题的提出、探究、解决,让学生经历自主探究的学习过程,自觉建构知识体系。"因问展学"确立儿童的主体地位,儿童通过主动寻求解决问题之道的过程展开学习。面对问题,儿童积极主动地追问、探索,并通过解决问题来获得新的知识和技能。

3.立问达学

小学数学"问·达"课堂以"达学"为核心,问的目的就是达于学。问题是学习的媒介和引导的介质,通过探究问题,可以提升儿童思考和学习的活跃性,帮助儿童更好地理解和掌握知识,这个过程强调问题与解答之间的互动,以促使儿童积极参与学习,从中获得真实的学习体验。而当学生在学习中,自觉地将发现、提出问题作为自己学习的主动意识,并为之展开分析和解决问题的行动时,那么学生也就学会了数学思维,学会了自主地学习,从而逐步形成创新人格。

三　儿童在小学数学"问·达"课堂中的状态特征

成尚荣先生指出:"教育是为了儿童的,教育是依靠儿童来展开和进行的,教育应从儿童出发。这就是教育的立场,因此,教育的立场应是儿童立场。儿童立场鲜明地揭示了教育的根本命题,直抵教育的主旨。"①课堂是实施素质教育、落实学科育人的主阵地。儿童是课堂的主人,小学数学课堂教学应回归儿童的立场,解放、呵护儿童天性,让儿童在课堂上自由自在地想、无拘无束地问、快快乐乐地学②;回归数学教学的本位,聚焦思维,发展思维,让数学为儿童的生命成长奠基;回归课堂学习的本真,创设情境,营造氛围,任务驱动,让课堂成为启迪思维、生长智慧的学堂。因此,小学数学"问·达"课堂强调数学教学应基于儿童立场,也就是在理解和认识儿童的基础上,顺应儿童的天性,遵循儿童的身心发展规律,发现儿童的可能性,激活儿童的思维,优化课堂生态,变革教学样态,让课堂教学回归儿童、回归本源,使得学习能够真实地发生。

1.基于儿童立场要顺应儿童的天性

儿童天性是儿童固有的本性、天赋和特点,包括好奇心、求知欲、活泼好动、创造力等。儿童天生充满好奇心和求知欲,对周围的事物和世界充满了探索的欲望。基于儿童立场的教育应该提供丰富多样的学习体验和资源,激发儿童的好奇心,鼓励他们主动探索和发现。儿童具有丰富的想象力和创造力,他们能够通过发挥自己的想象力来构建新的概念和理解。基于儿童立场的教育鼓励和支持儿童的创造性思维和表达,通过艺术、手工和实践等多种方式,让儿童有机会展现自己独特的才能和创意。

2.基于儿童立场要尊重儿童的个性

儿童是一个完整的个体,在教育过程中以完整独特的个性展示自己。格鲁吉亚儿童心理学家、教育家阿莫纳什维利认为,"在每一个儿童身上都潜藏着他独特的精神、心灵和智慧的力量,我们把在他们身上显示出来的这些无价之宝的'物质'视作某种原料,通过教育把每一个儿童所具有的这种独特的精神、心灵和智慧塑造成一个和谐结合的、特殊的结晶体——特殊的个性"。在阿莫纳什维利看来,教师须蹲下来,站在儿童的角度,反思自己的教学是否合理。③儿

① 成尚荣.儿童立场:教育从这儿出发[J].人民教育,2007(23):6.
② 潘文彬.探寻儿童问学课堂之道[J].语文教学通讯,2015(9):13.
③ 李玉鸽.儿童教育智慧根植于教育者的儿童立场——评《儿童立场》[J].语文建设,2022(16):81.

童是具有独立思考能力和表达权利的个体,他们应该被视为主体而非客体。在处理与儿童相关的问题时,我们必须始终站在儿童立场考虑问题。尊重儿童的个性,这意味着我们需要理解儿童的思考和感受;倾听他们的声音,接纳他们的观点,并给予他们合适的决策权;鼓励他们发展自己的个性、表达自己的看法。儿童应被视为一切教学活动的起点和终点。数学教育的终极目标是什么呢?教育的目的是促进学生全面、持续、和谐地发展,数学教育也是这样,我们期待通过数学教育,让不同的学生在数学上得到不同的发展。因此,儿童教育的智慧是建立在"儿童立场"上的,只有真正做到尊重、呵护儿童,发现、欣赏儿童,才有可能引领、培养儿童,让儿童实现生命的成长。

3.基于儿童立场要理解儿童的需求

数学学习的本质是学生认知结构的不断自我构建和完善的过程。建构的过程不仅会因个体知觉、记忆、思维的不同而存在差异,更因个体态度、动机、习惯的不同而存在不同。例如,有的学生逻辑联系占优势,他们思考处理问题时按部就班、注重细节、条理清晰;有的学生思维是直觉的、跳跃的,富有想象力和冒险精神。这时,教育者就必须深入了解儿童的兴趣爱好、学习风格和个性特点,为他们提供恰当的学习机会和资源。如创造积极的学习环境,提供支持、鼓励和挑战的平衡,从而使儿童在学习过程中安全地获得自由、快乐和提升。每个儿童都是独立的个体,因而每个儿童都有自己的需求和兴趣,而理解这些需求和兴趣对于教育者来说至关重要。通过密切观察和交流,了解不同儿童存在的差异,从而站在儿童的立场,多层面设计、多角度评价,促进儿童自身的成长。

4.基于儿童立场要关注儿童的发展

基于儿童立场的理解强调关注儿童的全面发展。这包括儿童的认知、情感、社交和身体等方面的发展。教育者应该倡导以儿童为中心的学习方法,促进他们的自主学习、批判性思维和解决问题的能力,同时,注重儿童之间的合作和互动,促进儿童的社会交往和团队合作能力。小学数学"问·达"课堂需要教师从儿童立场出发,探寻用儿童的数学经验、认知水平等来打造数学课堂,着力培养儿童数学学习和数学理解的能力;通过深度开发,丰盈儿童数学学习的真知体验;通过深度对话,促成儿童数学学习真正发生;通过深度评价,实现儿童数学学习真实回归。

总之,基于儿童立场的理解要求教育者将儿童放在教育决策和教学设计的核心位置,秉持尊重、关注和支持的原则。通过这种理解,培养儿童的自信心、积极性和创造力,促进他们全面发展成为对社会有益的人才。每个儿童都是一本值得研究的大书,值得教师时时流连忘返、体味斟酌。教师专业发展之根、之魂、之核心发展力在于研究儿童,把每个儿童读透、读懂,并用儿童的眼光关注文本、用儿童的视角关注课堂,这样,才能把握教育的真谛,追寻教育的意义;这样,才会让儿童真正成为学习的主人,让快乐与幸福伴随儿童学习的全过程,真正实现知识、生活与生命的深刻共鸣。[①]

---

① 刘映娟.儿童立场:基于多元智能理念下的数学教学[J].江苏教育研究,2014(4):71.

第二节

小学数学"问·达"课堂的价值意义

一　教育本原的思考

教育是人类社会的一种活动,人是教育过程的主体,教育活动的结果通过人与社会的进步而得到彰显,在教育过程中必须重视人的价值与尊严,而人的价值与尊严也在教育结果中得到体现。教育目的是教育活动的出发点与归宿,它既体现着国家的政治意愿与诉求,又传承着教育观念、教育理念的价值取向;既蕴含着社会与民族的期望,又昭示着个体的发展方向与未来福祉。[①]在进行教育教学改革的过程中,对教育目的的认识至关重要。

古代和近代的教育旨在使人的道德达到至善的境界,以身载道,与道同一。古代中国孔子的教育旨在培养君子和圣人,他的教育思想与实践深刻地影响了中国乃至世界。所谓君子,是指在人伦(仁、义、礼、智、信)方面,努力修身的人;所谓圣人,是指遵循天地之道,实现自我与道的同一(天人合一)的人。因此,孔子的教育实质上是关乎人本身的教育——使人成其为人,使人参天地之化育。[②]以西方而论,从古希腊开始,就高举人性的旗帜,追求人身心的和谐发展或体、智、德、美等多方面发展的教育理想,强调发展人的"无所不包的才能"和素质,以适应当时民主政治对公民"无所不包的活动"的要求。古希腊人追求身心和谐发展,目的是培养"身心既善且美的人"。[③]这强调了身心和谐发展的重要性。这些对以后的欧洲教育理论和实践,都产生了很深远的影响。1929年,英国著名哲学家怀特海发表了教育文集《教育的目的》,他认为教育目的主要有

[①] 钱兵.困惑及思考:教育目的的实现逻辑[J].教育导刊,2014(12):6.

[②] 朱丰良.教育目的的历史考察与现实思索[J].江苏高教,2014(4):138.

[③] 易慧清.正本清源:保持教育目的本色——兼谈素质教育回归问题[J].东北师大学报,1996(5):97.

两个:一是造就既有文化又掌握专门知识的人才,一是使人具有活跃的智慧。他认为"教育只有一个主题,那就是五彩缤纷的生活",过去的知识使我们更好地理解现在的生活,生活既是教育的起点又是归宿。①在理解其教育目的时,应该把"有文化"、"掌握专业知识"和"智慧"理解成一个过程,一个动态创造的过程。怀特海的教育目的观是以社会生活的角度为出发点,他认为,要使知识充满活力,"各种理论概念在学生的课程中应该永远具有重要的应用性",各学科之间充满联系,在社会生活中也是如此。学生学习课程应让学生理解、体验生活,让学生在社会生活中综合应用课程中的各种理论概念等。怀特海所提出的教育目的是解决当时教育所存在的问题以及满足社会需要,因此,具有鲜明的时代性。同时,他所倡导的平衡发展的教育观,对解决当前我国的素质教育、专业教育与通识教育之争有一定的借鉴意义,基于对统一的升学考试带来的"僵化的教育"的深刻反思对当前我国基础教育改革也颇具启发。②

教育的目的是培养人,把人及其发展视为教育所追求的中心和基本目标。教育目的的人本内涵就是以人为本,在教育中坚持"以人为本"的理念就是在尊重和关爱学生的基础上,充分发挥学生的主体性和能动性,培养学生丰富多彩的社会属性和个性。同时,"以人为本"教育理念旨在帮助学生在认识世界、适应世界的过程中改造世界,实现自身价值。③叶圣陶先生指出"以教育认识自己,以教育革新自己,以教育成就自己",良好的教育能够让一个人成为真正的人,成为他自己,成为一个不可替代的人。教育目的的根本宗旨和终极追求指向人的发展,是人的心灵的塑造和生命样态的完善,它必然要求在教学中采用对话和理解的方式,充分尊重学生的主动性、能动性和创造性,实现主体人格的完善。④而这也是小学数学"问·达"课堂的理想追求,是教育自身价值的回归。

教育目的作为一种教育理想,如何实践? 作为一种教育实践,如何体现理想? 教育目的问题既是教育的一个基本理论问题,也是党领导教育实践的一个基本问题。习近平总书记指出,培养什么人,是教育的首要问题。教育目的起

---

① 陈超.赫尔巴特与怀特海教育目的观之比较[J].教育探索,2016(12):7.

② 陈超.赫尔巴特与怀特海教育目的观之比较[J].教育探索,2016(12):7-8.

③ 范勇,田汉族.我国教育目的人本内涵的诠释与演化[J].教育理论与实践,2017,37(13):3.

④ 范勇,田汉族.我国教育目的人本内涵的诠释与演化[J].教育理论与实践,2017,37(13):4.

到定向的作用,厘清了教育目的,才能进一步确定实现教育目的的途径与方式方法。如果没有一个明确的教育目的,教育工作必然是无章可循的,教育也难以发挥其在社会发展与人才培养中的重要作用。[①]从理论层面来看,教育目的要体现出对人的培养作用的积极期待;从操作层面来看,教育目的是国家对本国教育培养人才的质量和规格的总体要求。教育目的的内在规定性要求,国家对本国教育培养人才的总体要求要反映出教育对人的培养作用的积极期待。2022年党的二十大报告提出,办好人民满意的教育。教育是国之大计、党之大计。培养什么人、怎样培养人、为谁培养人是教育的根本问题。育人的根本在于立德。全面贯彻党的教育方针,落实立德树人根本任务,培养德智体美劳全面发展的社会主义建设者和接班人。坚持以人民为中心发展教育,加快建设高质量教育体系,发展素质教育,促进教育公平。在教育理念层面,形成了"立德树人"教育根本任务目的观。"立德树人"教育根本任务目的观深刻地体现出马克思主义对我国教育目的观的理论指导地位,同时"立德树人"教育根本任务目的观是马克思主义中国化的理论创新成果,是中国化时代化的马克思主义教育理论。

　　小学数学"问·达"课堂可以视为立德树人的实然召唤,它追求的教学理念和教育目标与立德树人的核心价值观相契合。首先,知识与素养的统一:小学数学"问·达"课堂旨在培养学生的数学素养,包括数学知识、思维能力和学习方法等。而立德树人的目标是培养学生的全面素养,在传授知识的同时注重培养学生的道德品质、社会责任感和创新精神。小学数学"问·达"课堂通过引导学生思考和交流,培养他们的探究精神、合作意识及解决问题的能力,使数学学习与品德教育有机融合,实现知识与素养的统一。其次,自主学习与自我成长:小学数学"问·达"课堂强调学生的主动性和自主学习能力的培养。学生在课堂上提出问题、探索解决方法,并通过合作与分享共同进步。这种学习方式可以激发学生的学习兴趣和学习动力,让他们在实际问题中进行思考和实践,培养他们自我学习、自我反思和自我成长的能力,从而有助于个体的全面发展和立德树人的目标实现。再次,合作与共建社区:小学数学"问·达"课堂强调学生之间的交流和合作。通过合作讨论解题思路、分享观点和经验,学生能够相互启发、

---

① 高迎爽,郑宜帆.中国共产党关于教育目的问题的百年探索[J].清华大学教育研究,2021,42(4):28.

借鉴和支持,形成良好的学习氛围和合作关系。这种合作与共建的过程能培养学生的团队意识、沟通能力和社会责任感,有助于立德树人的目标实现。最后,道德教育与人格塑造:小学数学"问·达"课堂中的问题讨论和实践任务常涉及伦理道德问题,为学生提供了思考道德抉择和解决道德困境的机会。教师可以引导学生审视伦理问题、培养价值观念和道德判断能力。通过积极参与的过程,学生能够体验到道德选择与行为对个人和社会的影响,借此塑造他们的道德品质和人格素养。

综上所述,小学数学"问·达"课堂作为立德树人的实然召唤,通过融合知识与素养、自主学习与自我成长、合作与共建社区以及道德教育与人格塑造等方面的要素,为学生提供了一个全面发展的学习环境和机会,培养他们成为具有优秀品质和创新思维的终身学习者。

二 数学教育的思考

数学是研究数量关系和空间形式的科学。数学源于对现实世界的抽象,通过对数量和数量关系、图形和图形关系的抽象,得到数学的研究对象及其关系;基于抽象结构,通过对研究对象的符号运算、形式推理、模型构建等,形成数学的结论和方法,帮助人们认识、理解和表达现实世界的本质、关系和规律。数学不仅是运算和推理的工具,还是表达和交流的语言。数学是人类智慧的结晶,是人类文明的象征,它在形成人的理性思维、科学精神和促进个人智力发展中发挥了不可替代的作用。随着社会的发展,各门学科都在积极地运用数学的思想和方法来研究本学科所关注的重大问题,科学的数学化趋势越来越显示出数学的重要性。同时,数学又是基础教育中极为重要的一个方面,通过数学的学习,不仅能使受教育者更好地掌握一个强有力的认识自然界和人类社会的工具,而且还训练人们的思维,培养和发展人们的科学思维方式。所有这一切,迫切地要求人们(特别是数学及数学教育工作者)积极关注"数学教育"这一研究课题。[①]

数学教育目的是数学教育一切活动的起点和归宿,也是确定数学教育内容和选择教学方法的依据和指南,因而关乎数学教育的成败。随着现代社会的发

---

① 刘兼.关于中学数学教育目的的思考[J].数学通报,1987(3):3.

展及人本思想的传播,数学教育目的也在与时俱进地发展和变化。从重视学生的"双基"与数学三大能力的发展,到如今强调发展"四基""四能",重视对学生发现、解决问题与创造能力等良好数学素质的培养,表明数学教育目的具有强大的时代同步性。为使学生具有良好的数学素养,数学教育不仅要重视学生"四基""四能"的发展,更要追求学生在应用数学发现与解决问题方面的创新;不仅要使学生形成正确的数学学习态度与习惯,更要让学生对数学学习产生真正的情感与认同。①

21世纪以来,随着全球化、信息化以及知识时代的来临,未来社会变得越来越复杂和不可预知。在此背景下,如何使儿童更好地适应未来社会,教育究竟该培养什么样的人以及如何培养人等一系列问题,已然成为世界各国教育共同面临且亟待攻克的难题。为了顺应国际教育改革潮流,提升国家整体教育质量,我国于2014年将全面深化课程改革作为新时代落实立德树人根本任务的标志性工程,并把培育学生核心素养作为基础教育课程改革新的目标追求。②可以说核心素养是对"培养什么样的人"这个问题的应答。随着教育改革的不断深化发展,学科核心素养的培养逐渐成为当前教育关注的重点内容,核心素养这一现代教育理念的实践应用,对小学数学教育提出了新的要求。数学素养是现代社会每一个公民应当具备的基本素养。学生通过数学课程的学习,掌握适应现代生活及进一步学习必备的基础知识和基本技能、基本思想和基本活动经验;激发学习数学的兴趣,养成独立思考的习惯和合作交流的意愿;发展实践能力和创新精神,形成和发展核心素养,增强社会责任感,树立正确的世界观、人生观、价值观。核心素养视域下,教师开展小学数学教学时,应该积极转变教学理念,并尊重学生的主体地位,积极创新数学教学模式,培养学生逻辑思维能力,助力提升数学教学质量,从而培养学生的数学学科核心素养。

小学数学"问·达"课堂可以理解为是对"怎样培养人"这一问题的一种校本化应答。教学改革是课程改革的重要组成,课程改革进入到学校层面,教学改革就是核心。教学改革改什么呢?这是我们每个老师、每个教育工作者都必须思考也必须回应的问题。教学改革召唤着课堂教学方式的变革。也就是说,要把立德树人寓于学科教学的过程之中,实施学科教学育人,立足于学生的发展,

---

① 傅海伦,徐丹,徐小惠.试论数学教育目的异化的问题[J].教育导刊,2017(4):41.
② 潘文彬."问学课堂",优化教学的新样态[J].七彩语文,2021(12):7.

优化教与学的方式。小学数学"问·达"课堂，以学生为中心，引导学生在学科学习与实践中不断成长，提升学生人文底蕴和科学精神，培养学生适应社会发展的核心关键能力，使其在课堂中经历批判性的思维、主动的知识建构、有效的迁移应用及真实问题的解决，进而实现问题解决、创造性思维等方面能力的发展。

 三 儿童成长的需求

对问题的关注，在我国由来已久。《礼记·学记》中说："善问者，如攻坚木，先其易者，后其节目，及其久也，相说以解；不善问者反此。善待问者，如撞钟，叩之以小者则小鸣，叩之以大者则大鸣，待其从容，然后尽其声；不善答问者反此。此皆进学之道也。"这说明以问题引领学习对人才成长的重要性，可以说，学生的学习就是在不断发现问题中解决问题，又是在解决问题中不断发现新的问题。学生在学习中探究欲望和动力的产生，就是源于问题的产生，在这个意义上来说，没有问题就没有学习。随着课程改革的不断深化，教学逐步从"知识为本"向着"核心素养为本"的方向转变。《中国学生发展核心素养》研究成果中提出了六大素养18个要点，其中"具有问题意识""善于发现和提出问题"等都指出了问题对于儿童学习的重要性。

小学数学"问·达"课堂以问题为逻辑起点、为设计方法、为学习支点、为解决过程，为学生设计多样化的"问""达"活动，引导学生在丰富多彩的数学情境中发现问题、提出问题、分析问题和解决问题，以问题引领儿童的数学学习，助力儿童多方面的发展。

1.有助于学习主动性的激发

儿童是天生的好问者。儿童认识世界的方式就萌芽于"问"，"问"本身就是有价值的学习活动。因此，学生具有自主学习的内在需求，喜欢通过提问来主动探索和获取知识，并通过自己的疑惑和问题来驱动学习的过程，主动寻找答案和解决方法，从而增强学习的主动性和积极性。许多研究也表明：当学生被赋予提出问题的权利，并且问题贯穿整个学习过程时，他们更愿意思考和探索，变得更加主动参与；基于问题，尤其是基于学生自己提出的真实问题的场景，能够更好地促进学生成为主动、积极的学习者。小学数学"问·达"课堂，就是引导学生在"问"中学，尊重学生的"问"，鼓励和引导学生想问、敢问、会问。

2.有助于知识的建构和深化

问题是学习的起点。在问题的驱动下,学生会提出更多的疑问,追求更深入的理解;同时,学生会主动思考问题与已学知识之间的关系,探索新知识与旧知识的联系点,并不断加深对知识的理解。当学生基于问题进行学习或尝试提出问题后进行学习时,都需要回顾已有的知识,并尝试将其与新获得的信息相结合,形成更全面的知识体系,这种联系和整合有助于加深对知识的理解和应用,推动知识的建构和深化。小学数学"问·达"课堂,不管是把教师设计的核心问题还是学生提出的问题作为学习的载体,都需要学生参与到主动思考和解决问题的过程中,这种主动性有助于巩固和深化学生对知识的理解和应用,从而促进其知识的建构和深化。

3.有助于科学精神的培养

《中国学生发展核心素养》明确指出,批判质疑和勇于探究是重要的科学精神,而具有问题意识是批判质疑的重点之一。以问题展开学习,鼓励儿童提出问题,正是为了培养儿童的问题意识。[①]问题意识能够激发人们对于科学的好奇心和兴趣。当遇到问题时,我们会产生一种去寻找答案、获取解决方案的动力,这种勇于探索的动力正是科学精神的核心之一。此外,面对问题,我们需要思考、分析,提出假设并进行实验验证,批判质疑,这些都是科学思维所要求的能力。通过培养问题意识,能够强化儿童的科学思维方式,使其逐渐形成科学精神。

问题意识培养能使人们形成主动探索和创新的意识。当我们面临问题时,需要寻找新的方法和途径来解决,这促使我们思考和尝试创新的可能性。通过问题意识的培养,我们可以更加勇于冒险,创造性地解决问题,培养科学精神中的创新意识,而这正是创造力培养的基础。

总之,问题意识激发了人们对科学的兴趣,推动了科学思维和科学研究的发展,并鼓励人们进行探索和创新,从而培养了科学精神的各个方面。在培养科学精神的过程中,重视问题意识的培养是至关重要的。

---

① 张丹,于国文.问题引领数学学习:内涵与实践策略[M].北京:教育科学出版社,2021:14.

4.有助于解决问题能力的提升

问题解决的过程往往包含着子问题的产生和解决,因此,提出问题的能力与更强的解决问题的能力密切相关。小学数学"问·达"课堂以问题引领儿童学习,要求学生进行问题分析、信息评估和解决方案的选择,学生需要对问题进行深入思考,筛选和评估不同的解决方案,并做出合理的判断,这培养了学生的批判性思维,使他们能够更好地解决问题;而学生提出问题的活动往往要求高认知的卷入,学生基于特定的情境提出和发展属于自己的问题,能够使他们成为更好的问题解决者。此外,小学数学"问·达"课堂鼓励学生寻求创新的解决方案,学生在解决问题的过程中,会积极尝试新的方法和策略,培养创新思维和创造力;强调学生通过实践来验证解决方案,并对结果进行反思和调整,从错误和失败中吸取教训,提高问题解决的效果。

5.有助于核心素养的形成

核心素养是学生应具备的适应终身发展和社会发展需要的必备品格和关键能力。世界各国对于核心素养关注的内在动因是什么呢？北京师范大学中国教育创新研究院院长刘坚这样说:面对日新月异的社会与经济变革,全球许多国际组织、国家和地区都在思考如何培养未来的公民,以使其能够更好地适应未来的工作与生活。可以说,关注核心素养的培育是目前世界各国基础教育理论研究与实践变革的重大趋势。小学数学"问·达"课堂追求有情感温度、有思维深度、有生长力度的学习,这与培育核心素养的要求在根本上是一致的。首先,小学数学"问·达"课堂追求有情感温度的学习,而核心素养是知识、技能、情感、态度、价值观等多方面的结合体,其培育指向过程,关注学生在学习过程中的体悟,二者都关注学生在学习过程中情感、观念、方法的深化。其次,小学数学"问·达"课堂追求有思维深度的学习,注重挖掘知识的来龙去脉,追溯知识的本源,理清知识发展的过程,让学生核心素养的形成牢牢扎根于指向学科本质的知识体系之中,让学生的核心素养不仅仅体现在基础知识和技能的形成上,更体现在对"为什么""这个知识具有什么样的价值"等问题的探寻与思考之中。最后,小学数学"问·达"课堂追求有生长力度的学习,促使儿童愿意学习、学会学习、学会成长,其最终目的就是实现核心素养的培养,实现和谐统一的育人目标。

综上所述,问题引领学习有助于解决问题能力的提升,通过激发思维、培养批判性思维、促进团队合作、培养创新思维以及实践与反思等方式,学生可以逐渐提升解决问题的能力,并在实际中应用所学知识解决复杂的问题。

四　教师发展的需要

提问是课堂教与学最基本的方式,也是课堂教与学的主要策略。课堂上,师生通过问题进行信息交流和直接的双边活动。但研究表明,在课堂教学中,学生自主性、主体性并没有得到充分的体现,主要表现为:课堂上教师提出的问题往往多而碎,"小步子"的问题不能很好地促进学生的思考和学习;传统教学中师生对话大多表现为教师问、学生答,而学生问、学生答或学生问、教师答的情况较为少见。很多教育者认为:提出少量的、经过精心组织和陈述的好问题,比提一大堆问题更能促进儿童的思考。[①]可以这么理解:封闭式的问题,只需要儿童进行简单的记忆、理解,这就意味着儿童的学习多是接受性学习;开放性的问题,则需要儿童进行深入的思考,这意味着儿童的学习多是探究性的。可见,问题的提出与设计非常重要。小学数学"问·达"课堂主张由教师设计良好的学习情境和材料,提出问题或引导儿童通过学习情境和材料发现、提出问题,并基于问题展开学习。在这样的教与学的过程中,不仅学生获得了全面的发展,而且教师也获得了专业的成长。

1.教学观念的转变

随着社会的发展和变化,教育在不断地更新和发展,以适应时代的发展和社会的变化。现代社会对人才的要求越来越高,不仅要求学生具备扎实的专业知识,还要求学生具备创新能力、实践能力和团队合作能力等多种素质。因此,教育也需要从单纯的知识传授转向综合素质的培养。同时,新课标的落地需要教师做出改变,教师要关注为学生搭建适宜的学习场域,在教育理念上从"教"向"育"转变,在教育实践上从教"知识"向探索"实践活动"转变。教师需要拥有新理念、新思维和新视野,站在前沿,看教育;站在教育,看学生;站在学生立场,寻找新路径。[②]

---

① 黄芳.因"问"设"问"　促发思维——课堂教学提问应遵循的四条路径[J].教学月刊小学版(数学),2015(12):42.

② 陈学文."双减"背景下信息技术与小学数学教学的融合[J].家长,2024(15):109.

小学数学"问·达"课堂是一种以"问题"为导向的数学教育模式,旨在激发儿童主动思考和参与的积极性,推动数学课堂教学的不断生成。不管是儿童提问展开学习,还是教师提炼核心问题引领学习,教师都需要基于学生,关注学生的实际需求,关注学生的思维过程和创新能力的培养。通过小学数学"问·达"课堂教学实践,教师的观念会发生转变,从关注如何教,转向学生如何学。小学数学"问·达"课堂更加注重学生自主学习和创新思维的培养,教师需要从知识传授者转变为学习引导者,引导学生自主探究和发现知识;小学数学"问·达"课堂更加注重平等和合作,教师需要从权威主义者转变为合作者,与学生共同探究和解决问题;小学数学"问·达"课堂需要多重角色的支持和帮助,教师需要从单一角色转变为多重角色,教师的作用是唤醒,是保护,是陪伴与同行。

2.专业素养的提升

小学数学"问·达"课堂关注问题生成,问题来源于学生提问,问题也来源于教师提炼的核心问题。不管是儿童提出问题还是教师提炼核心问题,对于教师的专业发展都具有重要的促进作用。

儿童在数学课堂上提出问题时,对于促进教师的专业发展有着积极的影响。首先,儿童的问题能够深化教师对数学知识的理解。在课堂上,儿童可能会提出各种各样的问题,涉及数学的不同领域和概念,教师需要认真倾听和回应这些问题,这会促使他们回顾和巩固自己的数学知识。通过回答问题,教师能加深对数学概念、原理和运用的理解,并能更好地将这些知识传授给学生。其次,儿童的问题能够提升教师的解释与表达能力。儿童通常对抽象的数学概念感到困惑,需要教师以简洁明了、易于理解的方式进行解释,为了满足学生的好奇心和求知欲,教师不仅需要准确地回答问题,还要运用形象生动的语言和具体的例子来解释。这要求教师不断提升自己的解释与表达能力,引导学生轻松理解数学概念。再次,儿童的问题激发了教师寻找创新教学方法的动力。儿童的问题通常具有一定的挑战性,需要教师灵活运用不同的教学方法来解决。为了更好地回答问题,教师需要寻找创新的教学途径和策略,可以通过引入多样化的教学材料、设计有趣的活动和案例等方式来满足学生的问题需求,这种探索和尝试的过程促使教师形成自己独特的教学风格和方法。最后,儿童的问题扩展了教师专业知识的广度和深度。为了回答学生的问题,教师需要不断扩展自己的专业知识,主动去学习和研究相关的知识,以不断消除教师知识结构中存在的数学领域的知识盲点和不足之处,这有助于教师加深对数学的理解,提高自己的教学水平。

提炼核心问题有助于教师的专业发展。首先,提炼核心问题,教师需要对教学内容进行深入思考和研究,更好地理解教学内容的关键点和重点。这使得教师能够有针对性地准备课堂教学,并更好地组织和传递知识。其次,提炼核心问题有助于教师设计丰富多样的教学活动和任务。教师可以根据核心问题来选择合适的教学策略和资源,以提高学生的学习效果和参与度。最后,提炼核心问题有助于教师更好地了解学生的学习需求和困惑。教师可以根据核心问题调整教学方法,关注学生的个体差异,从而更好地满足学生的学习需求。

3.研究能力的提高

小学数学"问·达"课堂的教学实践,对教师的教学研究具有积极的影响。

从儿童提问角度而言,有助于教师研究能力的提升。首先,儿童的提问反映了他们对数学知识和概念的理解程度,并突显了他们可能存在的困惑和难点。通过仔细观察和回应儿童的提问,教师可以更好地了解学生的思维方式、认知水平和学习需求,从而以其来指导自己的教学实践和研究方向。其次,儿童的提问反映了他们对数学问题的不同角度和方法的探索。教师可以从中发现学生学习的个性化特点,如喜好的解题策略、常见的错误模式等,这些信息对于教师开展个性化教学和有针对性的研究非常有价值。再次,儿童的提问常常涉及对问题的不同解决方法和策略的思考。教师可以借鉴儿童的提问,探索多种解决途径,深化自己对数学知识的理解和掌握。同时,通过研究儿童的提问,教师也可以发展出更多有创意和灵活性的教学策略,从而提高自己的研究能力。最后,儿童提问为教师提供了共同讨论和分享的话题。教师可以结合儿童的提问进行研讨和合作,互相交流经验。这种教师之间的交流和合作有助于提升整个教师团队的研究水平和专业素养。综上所述,儿童的提问在数学课堂上不仅对学生本身的学习有积极影响,同时对教师的研究能力提升也起到重要的促进作用。教师应认真倾听、回应和利用儿童的提问,不断改进自己的教学实践,并将儿童的提问作为教学研究的有益资源。

从教师提问角度而言,同样有助于教师研究能力的提升。随着教育改革的深入,教育教学中出现了越来越多的新问题和挑战。因此,提高教师的研究能力显得尤为重要。教师问题提出,主要指向提炼核心问题。在教育教学过程中,教师需要明确教育目标和任务,以便更好地设计教学内容和教学活动。通过提炼核心问题,教师可以深入了解学生的需求和特点,制定更加符合学生需求的教学计划和教学方案。同时,教师还需要根据学生的认知水平和兴趣爱好,设计出更加具有启发性和挑战性的问题,引导学生进行深入的探究和思考。这种教学方法不仅可以提高学生的学习兴趣和学习成绩,还可以促进教师研究能力的提升。

综上所述,小学数学"问·达"课堂的探索与实践,改变的是观念,积蓄的是专业素养,能促使教师专业能力、研究能力不断成长,回归教育的本质看学生,站在发展的视角看教育的全过程。

第三节

小学数学"问·达"课堂的模型构建

一 小学数学"问·达"课堂的价值取向

小学数学"问·达"课堂,是基于真实问题展开学习,以问为导向、以学为中心的数学课堂,在这样的课堂中,让学生拥有主动学习的权利、享有自由学习的时空、享受真实学习的乐趣,让学生经历真实、快乐的学习实践,收获知识、形成能力、提升数学素养,从而成为一个优秀的问题解决者。

小学数学"问·达"课堂以问为路径,以学为核心,以达为目标,最终实现"学"。小学数学"问·达"课堂包括三个要点:因问展学、以问启学、立问达学,追求有思维深度的学、有情感温度的学、有生长力度的学,引导儿童经历以问题为导向、以活动为载体、以思维为主线的学习,努力构建以思为中心的活动态、以导为中心的教学观、以学为中心的学习场,核心特征如图2-1所示:

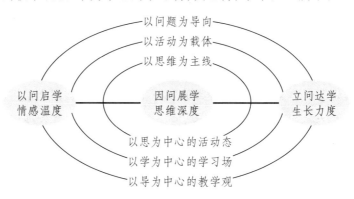

图2-1 小学数学"问·达"课堂的价值取向

1.小学数学"问·达"课堂追求有思维深度的学

爱因斯坦说过:"提出一个问题往往比解决一个问题更重要,因为解决一个问题也许是一个数学上或实验上的技能而已。而提出新的问题,新的可能性,从新的角度去看旧的问题,却需要有创造性的想象力,而且标志着科学的真正进步。"①小学数学"问·达"课堂注重培养学生的思维能力和深度理解能力,鼓励学生主动思考、提出问题,并通过探究和探索的方式引导他们深入理解数学概念和原理。在课堂中,通过富有挑战性和启发性的问题,激发学生的思维活动。这些问题涉及不同的数学领域和难度级别,旨在培养学生的逻辑推理、问题解决和创造性思维能力。倡导学生多元化的思维方式,鼓励他们从不同角度和方法来解决问题。通过多种解决策略和解题方法的示例,引导学生思考各种可能的解决路径,并帮助他们理解背后的数学原理。在课堂中,注重引导学生通过问题分析、归纳总结和推理论证等思维过程来深入理解数学知识。鼓励孩子发现数学规律和模式,并将其应用到更复杂的情境中。同时,帮助学生将数学知识与实际问题联系起来,培养他们的应用思维。鼓励学生表达自己的数学思维和想法,倡导互动和合作。在课堂上,学生可以分享自己的解题过程、思考路径和策略,与同学们进行讨论和交流。这种互动与合作能够促进学生的思维碰撞和启发,并丰富每个人的思维。通过有思维深度的课堂教学,小学数学"问·达"课堂旨在培养学生的批判性思维、创造性思维和问题解决能力。学生在数学学习中能够发展出深度思考和探索的习惯,具有坚实的数学思维基础,并将其运用到日常生活和未来的学习中。

2.小学数学"问·达"课堂追求有情感温度的学

小学数学"问·达"课堂是自由开放的课堂,是尊重学生"问"和"学"权利的课堂,是学生拥有最大限度的"问"和"学"自由的课堂。小学数学"问·达"课堂,注重培育学生对数学学习的情感投入和积极态度,努力创造一个温馨、包容的学习环境,让每个学生都感受到教师的关心和支持,以此促使学生主体参与,促进学生主动参与学习,获得自主表现,使得学生高层次需要(表现需要、求知需要和发展需要)得到充分的满足。

教师在课堂上不仅是知识的传授者,更是学生的指导者和朋友。教师与学生建立起亲密的师生关系,在课堂中注重倾听学生的声音,尊重他们的想法和表达方式;鼓励学生多样化地展示自己的数学思维,包容不同的答案和解决方

① 潘文彬."问""学"相生,让儿童学习更有意义——关于儿童"问学课堂"的再思考[J].语文教学通讯,2018(15):52.

法。在课堂中,通过情境化教学、探究式学习和合作学习等活动,激发学生的学习兴趣和好奇心;同时将数学与实际生活联系起来,让学生认识到数学在日常生活中的应用价值;提供丰富多样的资源和工具,让学生能够以自己感兴趣的方式进行学习。注重给予学生积极的反馈和肯定,鼓励他们勇敢尝试、追求进步,将错误看作是学习的机会,鼓励学生从中总结经验、找到解决问题的方法。通过这种有情感温度的学习,帮助每个学生建立起对数学的兴趣和自信心。在愉悦且具有支持性的学习环境中,学生能最大限度地发挥潜力,培养出坚实的数学基础和解决问题的能力。

小学数学"问·达"课堂以学生情感的激发和调动作为提高教学效率的手段,以直接促进学生的情感发展为目的,引导学生在真实学习情境的体验中产生数学学习的动机和兴趣,认识到数学学习的价值,并在学习过程中获得成功的学习经历和积极的情感体验,实现身心健康发展。

3.小学数学"问·达"课堂追求有生长力度的学

小学数学"问·达"课堂致力于激发学生的数学学习潜能,帮助他们持续成长和取得进步。尊重和关注个体差异,根据每个学生的发展需求提供个性化的指导和支持。在课堂中,鼓励学生勇于提问、探索并思考数学问题。倡导学生自主学习和积极参与,给予他们充分的解答空间和思考时间,为他们提供合适的挑战和机会来展示他们的潜力。教师注重建立良好的学习氛围,鼓励学生彼此合作与分享。通过小组讨论、合作解题和互助学习,学生能够相互启发与学习,并在集体中获得更大的成长动力。关注学生的学习过程,注重培养他们解决问题的技巧和思维方法。通过多样化的教学资源和学习工具,帮助学生建立扎实的数学基础,同时鼓励他们尝试不同的解题策略和方法,培养他们的创造性思维和批判性思维。在课堂中,通过定期的评估和反馈机制,帮助学生了解自己的学习进展和需求,指导他们设定个人学习目标并全力支持他们的成长。教师鼓励学生从错误中学习,并将错误视为成长的机会,帮助他们形成积极的学习态度和坚持不懈的学习动力。通过有生长力度的课堂教学,小学数学"问·达"课堂致力于培养学生的数学思维能力、问题解决能力和自主学习能力。教师希望每个学生都能够在这个积极的学习环境中实现自己的潜力,并在数学学习中持续成长和取得成功。

小学数学"问·达"课堂,追求一种可以看得见的学习,看见学生在课堂上进行真实的思考、真实的发问、真实的表达,而这些又是很自然地伴随着一次又一次问题的发现、提出、探索、解决而发生的。因此,小学数学"问·达"课堂是一种充满生命活力和生长力量的有意义学习。

有思维深度、有情感温度、有生长力度的小学数学"问·达"课堂,其核心在于课堂教学要遵循知识发生发展的规律、遵循儿童发展的规律、遵循教学方式方法演进的规律,开展真实的学习,最终目的是实现和谐统一的育人目标,即通过小学数学"问·达"课堂实现儿童愿意学习、学会学习、学会成长。有思维深度、有情感温度、有生长力度这三者互为依托、互为补充、互为条件,都需要在一个动态、交往、可持续的学习过程中进行。可以说,有思维深度、有情感温度为有生长力度提供了时间、空间、资源等过程性的保障,三者的融合让儿童的学习过程更加充盈、丰富、真实、灵动。

二　小学数学"问·达"课堂的实践取向

21世纪初,我国启动的第八次基础教育课程改革不仅顺应了世界教育改革的趋势,也是推进素质教育、转变人才培养方式、参与国际人才竞争的战略举措。2014年,国家以全面深化课程改革作为新时代落实立德树人根本任务的标志性工程,组织研究中国学生发展核心素养框架体系,把培育学生核心素养作为基础教育课程改革新的目标追求。2016年,《中国学生发展核心素养》总体框架(见图2-2)发布,从文化基础、自主发展、社会参与三个维度定义学生应具备的、能够适应终身发展和社会发展需要的必备品格和关键能力。

图2-2　中国学生发展核心素养框架

2018年,高中新课程标准颁布,14个学科都凝练出了学科核心素养,其中,高中数学提出的六大核心素养为:数学抽象、逻辑推理、数学建模、直观想象、数学运算、数据分析,并且明确提出,课堂教学要从"知识技能"向"核心素养"转变,课程实施要以落实"学科核心素养"为宗旨。[1]2022年,教育部颁布16个学科的义务教育新课程标准,其中《义务教育数学课程标准(2022年版)》指出数学课程要培养的学生核心素养主要包括"会用数学的眼光观察现实世界""会用数学的思维思考现实世界""会用数学的语言表达现实世界",并指出"核心素养具有整体性、一致性和阶段性,在不同阶段具有不同表现"。"小学阶段,核心素养主要表现为:数感、量感、符号意识、运算能力、几何直观、空间观念、推理意识、数据意识、模型意识、应用意识、创新意识。"新课标立足学生核心素养发展的课程目标的确定,不仅明确了学科育人的方向,同时促进了教育教学的转变。

1.从"知识本位"向"素养本位"转变

长期以来,我国的教育受传统教育的影响,注重客观性、现成性等传统知识观,把教科书视为现成知识,从而形成了一种单纯授受的知识学习方式。这种基于授受关系的教学模式,倾向于追求知识的单纯记忆和机械训练,将知识与个体的经验和理解割裂开来。这种知识观忽视了个体与知识之间的联系,阻碍了个体对知识的应用和迁移,难以作为培养综合素质的知识基础。

我们知道,知识是教学的载体,所有教学都离不开知识,知识是学校教育的"阿基米德支点",任何时候都不能忽视知识技能目标。那么,核心素养导向的教学与传统的知识本位的教学究竟有什么本质上的区别?知识本位的教学单纯强调知识的重要性,将其作为教学的起点和终点。它以知识为基础,通过知识的传授和运用来达到教学目标,同时培养学生对知识的理解和运用能力。我们可以将知识本位的教学比作一个工厂,进入的原材料是知识,出去的产品也是知识。然而,这种教学方式仅仅是对知识的表面加工,没有对知识进行深入的思考、分析和创造,也没有实现知识的真正增值,这样的教学只能在知识的圈子里打转,无法超越知识,难以进入人的精神世界。核心素养导向的教学虽然也是从知识入手,通过知识进行,但却不以知识为终点,而是以素养作为教学的

---

[1] 王春易,等.从教走向学:在课堂上落实核心素养[M].北京:中国人民大学出版社,2020:32.

目的和归宿。也就是说,核心素养导向的教学本质上是把知识加工成素养的过程,具体而言就是把书本上的知识变成学生身上的"必备品格"和"关键能力"的过程,这是个化学反应的过程,是个深加工的过程,是个增值的过程。[①]这样的教育是"通过知识的教育",让学生在学科知识的学习过程中打上科学的烙印,这个过程就是学生素养形成的过程。因此,在当前的知识社会中,我们不再把知识视为比其他一切都更为重要和珍贵的社会形态,而是将其看作一种资源,可以被用来创造新知识。从行动和实践的角度来理解知识,使知识从名词的实体化和现成性转变为强调运用、探究和实践的动词形式。这种转变表明对知识本质和理解方式进行了全面的革新,认识到知识并不是脱离生活情境、个人经验和实践应用的实体存在,也不是作为结果的完成时存在。相反,知识是个体解决问题和创造生成新知识的工具和产物,它的意义和价值在知识的实践运用过程中体现。

核心素养的提出不仅是适应社会变革和转型的时代要求,也是对知识观和知识本质进行积极革新的回应。从"双基"到"三维目标"再到"核心素养",后者不是对前者的简单否定,而是对前者的一种扬弃与超越,三者构成了整个学生发展的有机组成部分。素养是一个整合性概念,是知识、技能、态度、价值观等具体素养成分深度融合的产物。学生在面对实际的问题情境时,素养表现为对各种具体素养成分的整合运用。若单从知识成分来看,素养又是各种知识深度融合的产物,各种知识都同时对素养的生成与发展发挥作用,但素养又不是各种知识简单叠加的结果。只有当各种知识交互整合,汇聚为一个强有力的有机整体时,素养才得以"炼制"出来。[②]正如莫杰(E.B.Moje,2008)指出的,"在学科领域中,学生理解知识是如何生产的历程,其重要性大于知识本身"。这就是说,比如数学学科的素养,不能仅仅满足于数学知识的传递与运算技能的熟练,重要的是还包括了数学概念的推理与解释、数学问题的判断与解决、数学语言的阅读与表达在内的"数学思考力、数学判断力、数学表达力"。因此,以核心素养为导向的教学就是要确立核心素养在教学中的核心地位和统帅地位,使一切要素、资源、环节、流程、活动都围绕核心素养组织和展开,并最终指向核心素养

---

① 崔允漷,王涛,雷浩.义务教育课程方案(2022年版)解读[M].北京:北京师范大学出版社,2022:167.

② 李松林,贺慧.整合性:核心素养的知识特性与生成路径[J].教育科学研究,2020(6):14-15.

的生成和发展。①也就是说,首先,核心素养是教学的出发点。为素养而教,要求我们要根据核心素养的要求选择和组织学科知识,并根据核心素养形成的规律设计和开展教学活动。其次,核心素养是教学的落脚点。教育教学不能仅仅满足于基础知识和基本技能的掌握,满足于过程和方法的落实,满足于情感、态度、价值观的渗透,还应落在核心素养的形成和发展上,教学要借助和通过各种活动及其整合落实核心素养的生成。最后,核心素养是教学的着力点。教学必须在核心素养形成上发力,能力只有在需要能力的活动中才能形成,品格也只有在需要品格的情境中才能养成。②

总之,在新课程标准下,基于核心素养的课程教学改革势在必行。关键问题是如何将知识技能的熟练转化为素养,以及核心素养如何生成和发展。这给我国的知识教学提出了新的挑战,也是每位教育工作者都必须认真思考和应对的问题。

2.从"教为中心"向"学为中心"转变

21世纪是"课堂革命"的世纪。杜威说,如果我们沿用过去的方法教育今天的学生,那么我们就是在剥夺他们的未来。基础教育课程改革正是基于这一点,着力于倡导基于"核心素养"的学校变革——旨在通过学校创建"学习共同体",实现"真实性学力-真实性学习-真实性评价",求得"全员发展"与"全人发展"。这是一个宏伟的教育愿景。③教学包括教与学,教与学的关系是贯穿教学活动始终的一对主要关系,由这对关系构成的问题是教学论和教学改革的一个永恒主题。所有成功的教育实践都需以学习成果为导向,因此学习本身处于核心地位。我们可以这样理解:"以学生为中心"的理念主要关注于改变教与学的关系和教学的性质,着重改革教学的方法;而"以学习为中心"的理念则从学习的角度出发,旨在变革课堂教学的深层含义并重新定义学习的本质,聚焦于学的改革。应该说,凸显学的地位和作用是当前世界教学改革的共同走向。借助学习者对学习价值和学习意义的发现,用学习的内在魅力让学习者产生学习的

---

① 崔允漷,王涛,雷浩.义务教育课程方案(2022年版)解读[M].北京:北京师范大学出版社,2022:168.

② 崔允漷,王涛,雷浩.义务教育课程方案(2022年版)解读[M].北京:北京师范大学出版社,2022:169.

③ 钟启泉.从"知识本位"转向"素养本位"——课程改革的挑战性课题[J].基础教育课程,2021(11):16.

志趣,从本源上解决学习动力问题,解决"学会、会学"的问题,这便是学习变革的价值。①联合国教科文组织早在1972年发表的被誉为当代教育思想发展的一个里程碑的论著《学会生存》中就明确指出"教学过程的变化是,学习过程现在正趋向于代替教学过程"。

那么,为什么要构建"学为中心"的课堂呢? 从教与学的关系的角度而言,教学过程本质上就是学生的学习过程,没有学,教的价值就无从体现;从核心素养的培育而言,核心素养只有通过学生的学习活动逐步形成,没有学,也就没有学生核心素养的培养。因此,构建"学为中心"的课堂,需要将教不断转化为学,将教师的主导性逐步转变成学生的主体性。但是,应该承认的是,就整体而言,教育中教的本位意识和以讲授为中心的课堂还没有从根本上得到改变,正如田慧生先生所言:"深化课堂教学改革是十多年来新课改一直强调的,但现在改革进入全面深化阶段以后,课堂教学改革的重点和核心在哪里? 答案是教与学关系的根本性调整。从总体上来说,目前课堂教学还没有普遍地实现根本性的转变,我们所期待的那种新型的课堂还没有普遍地建立起来,根本问题就在于——还没有有效地调整好教与学的关系,课堂还没有从根本上实现由以教为主向以学为主的转变。"②因此,构建"学为中心"的课堂,转教为学,是一线教师应该也必须实践的重要变革。

构建"学为中心"的课堂,是创立新型教学的最直接的抓手,是实现核心素养落地的最实质的切入点。③首先,学习应是课堂的中心任务。学生学习的发生是课堂教学的逻辑起点,课堂是学生舞台,学生的学习活动应该占据课堂的主要时空。学生天生就有很强的学习能力,这种学习能力是客观存在并且与生俱来的。同时,每个人都有很强的学习欲望,这些是教学的重要资源和依靠,教师应该相信学生的学习能力,并将之合理转化为学习资源。教师要学会发现、欣赏学生的学习能力,并在这个过程中逐步培养、增强学生的学习能力,一方面在"学为中心"的课堂中发展学生的学习能力,另一方面在培养、发展学习能力的过程中推进"学为中心"课堂的建设。其次,学习应在课堂真实发生。"学为中

---

① 杨龙,曹明.以学习为中心的课堂范型[M].上海:华东师范大学出版社,2022:1.

② 田慧生.落实立德树人根本任务全面深化课程教学改革[J].课程·教材·教法,2015,35(1):7.

③ 崔允漷,王涛,雷浩.义务教育课程方案(2022年版)解读[M].北京:北京师范大学出版社,2022:170.

心"的课堂聚焦学习的真实发生,那么,怎样才能让学生的学习在课堂中真实发生呢?美国教育家马扎诺提出,人的学习过程包括了三个主要的系统:自我系统、元认知系统和认知系统,外加知识这一因素。学生面对一个新的学习任务的时候,先由自我系统来判断任务的意义并决定投入的程度,即学习的动机问题。也就是说学生在学习中,最先被触动的,不是知识点和技能点,而是学生的自我系统,打开他对这个任务的感受、价值判断、情感态度,如果这一切没有问题,在解决了动机问题并决定投入学习之后,元认知系统才会确定学习的方向和策略,调动已有的知识解决问题,从而才有专心、专注、投入的学习行为,认知系统才会利用存储的具体认知技能去经历认知过程并完成学习任务。当我们聚焦"课堂中学生的学习发生了吗?"时,这个问题并不仅仅指学生是否获得了相应的知识技能,还包括学生在学习这一知识技能中是否打开了自我系统,是否有意识地运用元认知来进行调控,是否在实践中积累和形成灵活的心智习惯。因此,根据学生现有发展区和最近发展区的关系,设计挑战性的任务就显得尤为重要。学习内容低于学生的学习能力或远超出学生的学习能力,很容易造成虚假和形式上的学习,只有"跳一跳才能摘到果实"的学习才是真实发生的学习,它是基于学习能力又发展学习能力的学习。[1]最后,应关注学生进入学习的状态。学生在不在学习的状态是检验学习是否真实发生的关键,只有激发学生良好的情绪和内动力,才能更好促使学习真实发生。从马扎诺的意愿系统模型(见图2-3),我们可以更清楚看到,学生进入心无旁骛、专注沉思、积极互动、配合默契等良好学习状态,意味着学生打开了良好的自我系统,从而更积极主动地提出问题、观点、想法,产生更有深度的思维联结,与其他学习成员进行更积极的对话。

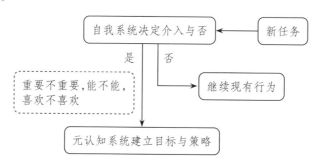

图2-3 马扎诺的意愿系统模型

① 崔允漷,王涛,雷浩.义务教育课程方案(2022年版)解读[M].北京:北京师范大学出版社,2022:171.

3.从"知识授受"向"立体学习"转变

多年来,我国一线教师大多满足于"课时主义",教学中更多关注"事实性知识""步骤性知识"等知识点的掌握,停留于碎片化知识技能的训练。这样的教与学过程,使得学生的学习缺少真实情境和问题解决过程,与社会生活、学生经验、学习过程结合不够,知识间的内在联系不足等,另外,以零碎知识点为组织单位的课程内容也难以承担素养时代的育人使命。《义务教育课程方案(2022年版)》提出课程设计要"加强课程内容与学生经验、社会生活的联系,强化学科内知识整合,统筹设计综合课程和跨学科主题学习"。为体现这次课程标准修订的理念,更好实现课程目标,《义务教育数学课程标准(2022年版)》对义务教育阶段数学课程内容进行了结构化整体设计,实现了从抽象知识到课程内容结构化的转变,即从知识点到知识单元到学习单元的转变。小学数学"问·达"课堂提倡儿童经历真实的学习过程,其最终目标指向人的发展,推动核心素养的形成,实现数学学科的教学价值和育人价值。要实现这一目标,就必须通过课程内容结构化,让学生主动进入课程,实现课程内容结构化——核心是学习单元的构建。

那么,什么是课程内容结构化呢?课程内容结构化的实质就是要求我们以结构化的视角理解课程内容。[①]课程内容是一个整体,主要包括学科知识和学习者(经验)以及二者之间的相互作用,如何探寻课程内容诸要素之间的相互作用以实现学习者的经验增长,便是课程内容结构化所要回答的问题。可以这么理解,课程内容结构化包括学科知识结构化、活动经验结构化、学习经验结构化。学习经验既不是一门课程所要传授的内容,也不是教师展开的活动,而是"学习者与使他起反应的环境中的外部条件之间的相互作用"。因此,课程内容结构化的本质内涵在于学习经验的结构化,即揭示"谁在学"、"学什么"及"怎么学"三要素之间不同种类的关系结构。《义务教育数学课程标准(2022年版)》在每个学段的每个领域的课程内容下面都有"内容要求"、"学业要求"和"教学提示",这三者共同作用,形成一个动态、立体的课程结构:"内容要求"让课标使用者知道学习的内容是什么,"学业要求"则说明要学到什么水平,而学习这些内容要达到这样的水平应该怎么学则由"教学提示"给出一定的建议。也就是说,通过学生自己主动进入到课程中,使得课程目标、课程内容、课程实施、课程评

---

① 崔允漷,王少非,杨澄宇,等.新课程关键词[M].北京:教育科学出版社,2023:44.

价成为一个结构化的整体,而课程内容结构化非常重要的一环就是构建学生的学习单元。

什么是学习单元? 北京师范大学郭华教授用"房子和家"形象地解释了"学习单元":她把一个个知识点比喻成"砖",如果教师只是根据一个个知识点教学,那么教学就有可能是知识的逐点解析、技能的逐项训练,这时的学习内容就像一个个线性排列的"砖";如果把这些"砖"改成一个有结构的房子,那么不同的砖在房子里就起到不同的作用,学科学习中的重点内容就像房子中的"承重墙",有着重要的作用;而房子要成为"家",则需要学生进入到房子中,在房子里留下生命活动的印记,这样房子才能变成和学生有生命关联、有情感关联的"家"。归根结底,任何素养都是在具体的实践活动中生成与发展的,而且素养本身正是知识、技能、态度等在问题解决过程中的实践运用。在素养生成与发展逻辑中,学习不是简单的知识习得,而是学生参与真实情境中的实践、与他人及环境相互作用的过程。学习者通过实践参与,在与环境及其他个体互动的过程中生成与发展知识的意义、价值以及个体的素养。因此,我们在设计教学和课程的时候,要把学生的活动设计进来,让学生的学习成为立体的、活动的过程,这就是学习单元,也就是课程内容结构化的关键点。

总之,基于课程内容结构化,设计学习单元,其出发点指向学科核心素养的大问题、大任务、大观念。立足学生认知基础,在结构化学习内容、学习活动、学习任务的驱动下,学生主动对接经验、关联不同知识、灵活迁移运用,实现从"知识授受"到"立体学习"转变,实现知识的整体理解、经验的整体生长和素养的整体提升。

三　小学数学"问·达"课堂的模型架构

1.小学数学"问·达"课堂的问题提出模型

小学数学"问·达"课堂的核心是"问题",在问题提出与问题解决的过程中,是怎样的思维逻辑呢? 实际上,数学问题的生成包含内隐的思维活动和外显的数学行为。内隐的思维活动是教师和学生在情境中或互动中,通过观察、分析与探究,收集、选择、处理相应的问题信息,从而产生认知冲突、形成问题意识并生成数学问题,将之外显为数学行为;外显的数学行为是教师或学生发现并提出问题,并以书面或口头方式表达数学问题,从而开展相应的数学活动,探索数学问题,解决数学问题。每一次的问题解决往往又发展成为新一轮的问题提出,孩子们就是在这样循环提升中,不断成长。在这一过程中,学生提出问题的关键在于学生问题意识的生成及提问能力的培养,教师需要为学生问题意识及提问能力培养创设真实的情境并进行策略指导,具体如图2-4:

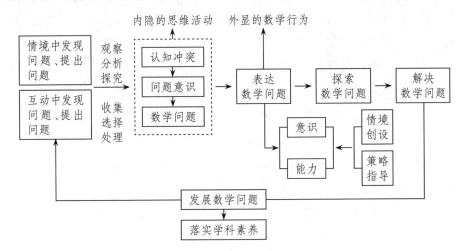

图2-4 小学数学"问·达"课堂问题生成过程

也就是说,不管是在情境中发现、提出问题,还是在互动中发现、提出问题,真正的数学问题,是在一定认知冲突的基础上,产生问题意识才能提出的,学生可以在提出的数学问题的基础上,展开学习探索。这样的过程,聚焦在学生问题提出上,必须关注创设相应的问题情境和策略指导,使学生具有发现、提出问题的意识和能力;聚焦在教师的问题提出上,则应关注在学生无法提出真正能引导自身数学学习的问题时,教师尽可能提出符合学生认知冲突、符合其数学学习逻辑的问题,帮助学生展开探索数学问题的学习之旅。

2.小学数学"问·达"课堂的整体架构

小学数学"问·达"课堂通过以问启学、因问展学、立问达学,引导学生达于问答、达于表达、达于素养,追求有情感温度的学、有思维深度的学、有生长力度的学。其具体实践路径及策略中,学习目标统领、学习情境创设、学习问题提炼是小学数学"问·达"课堂的问题生成策略,设计学习任务、加强互动对话、实现真实体验是小学数学"问·达"课堂的问题探索策略,注重应用迁移、开展持续评价、创设适宜环境则是小学数学"问·达"课堂的问题延展策略,具体如图2-5:

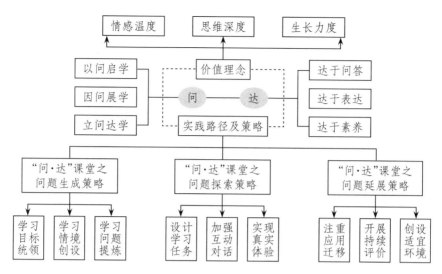

图2-5　小学数学"问·达"课堂的构建模型

（1）小学数学"问·达"课堂之问题生成策略

小学数学"问·达"课堂的问题生成策略关注学习目标、学习情境、学习问题三大要素。

教学目标是数学课堂的核心，它指导教学设计、活动组织和评价。有效的教学目标应具体、可操作，并与学生的认知水平相匹配。教师须避免教学目标设计中的生搬硬套、定位偏差、要素不全和育人价值挖掘不深等问题，确保目标明确、具体，并且能够反映学生学习和发展的需求。

学习情境的创设应基于学生的真实经验，激发学习兴趣，同时具有学科性、挑战性、冲突性、开放性和趣味性。教师应避免唯情境论、牵强附会、他经验论和简单直接的误区，确保学习情境能够真正促进学生的学习和认知发展。

学习问题的提炼是教学中的重要环节，它要求教师设计具有思维含量、明确指向和深度思考价值的问题。问题设计应避免过于简单、模糊不清、难度不当和形式主义，而应促进学生的认知发展和深层次理解。强调以问题为起点，激活学生的学习兴趣和动机，引导学生经历知识的发现过程。教师应设计能够指向学习路径、扣紧知识本质和联结知识结构的问题，促进学生的深度学习和理解。培养学生的问题提出能力是教学的重要目标之一。教师应开启学生的提问意识，理解提问的价值，提供丰富的学习资源，组织合作学习，鼓励实践观察，指导学生学会从多角度提出问题，并在课堂中为学生提供提问的机会，以促进学生的主动探究和创新思维的发展。

（2）小学数学"问·达"课堂之问题探索策略

小学数学"问·达"课堂的问题探索策略聚焦学习任务、学习组织、学习体验。

学习任务设计应以促进学生核心素养发展为目标，避免任务设计中的知识碎片化、浅表化和结构零散化问题。教师需从学生视角出发，设计具有生活性和学科性的学习任务，并通过明确学习目标、表达任务内容和设计任务评价三个步骤来确保学习任务的有效性。

构建学习共同体需要合理划分小组、制定合作规则和指导交流方法，以营造民主、平等的学习氛围。教师应作为学习的引导者和指导者，鼓励学生主动参与学习过程，并提供必要的指导和支持，同时从学生那里获得反馈和启发，不断改进教学方法。

学科实践强调通过多感官通道融合、多场景沉浸体验和多维度自主参与，让学生在实际操作和体验中构建对数学概念的深刻理解。教师应设计丰富的体验活动，调动学生的多种感官参与学习，并通过反思性学习，促进学生的认知、情感和行为发展。

通过这些策略，小学数学"问·达"课堂旨在实现教学从"教"向"学"的转变，激发学生的内驱力，培养他们的批判性思维、合作精神和解决问题的能力，从而促进学生的全面发展。

（3）小学数学"问·达"课堂之问题延展策略

小学数学"问·达"课堂的问题延展策略着重探讨如何通过实践运用与迁移来提升学生的数学学习效果。

应用迁移策略强调将数学知识应用于实际情境中，通过设计具有挑战性的实践活动，促进学生实践操作能力和创新思维的发展。这要求学生能够结构化知识、功能化知识，并在跨学科的情境中素养化知识，以实现深度学习和能力提升。

学习评价策略要求教师建立科学的学习评价体系，包括结果性评价和过程性评价，以全面诊断学生的学习成效。评价应贯穿教学全过程，注重评价的多维性和全程性，以及评价结果对教学和学习的反馈作用。

创造适宜的学习环境是激发学生提问和探究的关键。这包括营造积极的心理环境，鼓励学生自由表达和探索；构建物理环境，如"问题银行"，为学生提供提问和解决问题的平台;以及发展语言环境,通过讨论和分享会,提高学生的语言表达能力和提问技巧。

通过这些策略,小学数学"问·达"课堂旨在促进学生的主动学习,提升他们的问题解决能力,并在多维度评价和适宜的学习环境中实现学生的全面发展。

3.小学数学"问·达"课堂的教学流程

小学数学"问·达"课堂由"问"而引发一种求知、求解的愿望与要求,尊重儿童的认知规律,让儿童循序渐进地"学"。在学习的过程中,学生获得充分的探究体验、深刻的知识建构及有效的知识运用,从而推动学生数学思维发展,形成良好的数学素养,成为一个优秀的问题解决者。学习过程中的"问"是质疑问难、探索实践、求知求解的过程[①];"达"是由内而外真实地实现人的自我认识和自我理解,个性化地建构自我的精神世界的过程,是核心素养逐渐形成的过程。

小学数学"问·达"课堂是基于学生核心素养发展的课堂,是教-学-评一致的课堂。这样的课堂由"三环三段"构成,"三环"即教、学、评,"三段"即生成问题、探索问题、延展问题。教师的教关注创设情境、提炼问题、设计活动、指导探索、促进反思、评估反馈等。学生的学则通过文本阅读、生活情境、关联问题等提出问题;在探索问题的过程中学生经历独立思考探学、小组交流互学、多元对话辩学的过程;在延展问题中,聚焦学习理解、实践应用、迁移创新。学习过程中,进行一致性、持续性评价,既关注学习过程的评价,也关注学习结果的评价,包含诊断性评价、形成性评价、总结性评价。在小学数学"问·达"课堂"三环三段"的教学过程中,聚焦质疑与发现生成问题、理解与表达探索问题、拓展与提升延展问题,努力使课堂由"教"向"学"转变,强调学生学习的过程就是一个发现问题、提出问题、探究问题,最终自己解决问题的过程。同时,伴随着知识的建构及思维的发展,落实学生核心素养的培养。具体流程见图2-6:

---

① 赵永攀."问学课堂"的构建与实施[J].小学语文教学,2021(20):3.

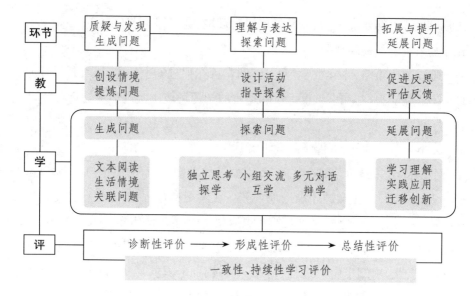

图2-6　小学数学"问·达"课堂"三环三段"教学流程

　　小学数学"问·达"课堂的教学流程强调学生的主体地位和教师的引导作用,旨在通过问题驱动的学习方式,促进学生的全面发展和核心素养的培养。

　　(1)强调教-学-评的一体化

　　教师的角色是引导者和促进者,负责创设情境、提炼问题、引导提问,设计学习活动,指导学生进行探索,并在这个过程中促进学生反思和对学生进行评估反馈。学生通过阅读文本、生活情境体验、关联问题等方式主动提出问题,进行独立思考、小组交流和多元对话,最终实现对问题的深入理解和知识的内化。评价是教学过程中的一个重要环节,不仅关注学生的学习结果,也关注学习过程,旨在全面了解学生的学习情况,为教学提供反馈,并促进学生的自我反思和成长。

　　(2)强调问题的生成与发展

　　在生成问题这一阶段,学生通过与文本、情境的互动,激发好奇心和探究欲,提出自己感兴趣的问题。提出问题阶段,教师在此过程中引导学生形成问题意识,发现问题并提出问题,或者在合适的时机提出适合学生展开真实学习的问题;探索问题阶段,学生在教师的引导下,通过独立思考、小组合作、交流讨论等方式,对提出的问题进行深入探究,这一过程强调学生的主动学习和批判性思维的培养;延展问题阶段,在问题的初步探索之后,学生进一步将所学知识应用于新的情境中,进行知识的迁移和创新,这一阶段鼓励学生进行更高层次的思考和实践,如解决实际问题、进行创新设计等。

在整个教学流程中,教师和学生的活动是相互交织的。教师通过创设适宜的教学情境,激发学生的学习兴趣,引导他们提出问题,并在探索过程中提供必要的支持和指导。学生则在提问、探索和延展的过程中,逐步构建知识体系,发展数学思维,形成解决问题的能力。评价活动贯穿整个教学过程,旨在及时了解学生的学习进展,为教学决策提供依据,并帮助学生认识到自己的优势和不足,从而促进他们的自我发展。

第三章

小学数学"问·达"课堂之问题生成策略

第一节　制定学习目标

教学目标是课堂教学的核心。在某种程度上可以说,课堂教学都是围绕教学目标展开的,教学目标是进行教学设计、组织教学活动和展开教学评价的基点,同时也是课程理念落地的关键所在。[①]正如有学者所指出的那样,"对教学目标的研究是教学设计研究的起点问题,是统率整个教学活动设计的目标指向和教学活动的落脚点"[②]。课程改革进入学校,课堂改革是核心,如何在数学学科教学中落实核心素养就成为数学课堂教学变革的关键。数学课程要培养学生核心素养需要两个方面的努力:一是通过整体设计教学大单元,统筹展开数学课程;二是深入挖掘每一节课的核心素养教学价值,并在课堂上贯彻实施。那么,教学的关键是什么呢? 数学学科要培养的学生核心素养是什么呢? 如何依据数学学科要培养的学生核心素养合理设计教学目标,并围绕这些目标展开课堂教学呢? 从这个层面上来说,教学目标的确定恰当与否决定着课堂教学成功与否。但是,教学目标的实施更侧重教师的主导,对教师的依赖度较高,其陈述方式也较为概括,对于学生来说,具有一定的抽象性。因此,在教学过程中,为了让学生知道学什么、怎样学、学到什么程度、评价的标准是什么,需要从学生视角出发,为获得预期的学习结果,为学生设计"学习目标",让学生清晰地知道一节课或一个单元最终要得到的结果是什么,并让学生理解这样做的原因。只有这样,学生才有可能自主地规划自己的学习进程,主动参与学习过程,实现从"被动教"走向"主动学"。而在这一过程中,制定教学目标是制定学习目标的前提,了解教学目标制定中存在的问题,厘清目标体系之间的关系,制定科学的教学目标,对于学习目标的制定尤为重要!

[①] 郭桂周,肖白云,柳晓钰.基于学科核心素养的物理教学目标设计:问题、原理与模式[J].天津师范大学学报(基础教育版),2022,23(5):47.

[②] 马愿愿,许华,王伟,等.基于学科核心素养的化学教学目标生成研究[J].天津师范大学学报(基础教育版),2019,20(4):51.

一 目标制定中存在的问题

教学目标和学习目标一个是教师视角,一个是学生视角,它们在本质上是一致的,都是教学活动中所期待的学习结果。学习目标是在教学目标的基础上转化而来的,因此,制定学习目标的前提是制定好教学目标。明晰教学目标制定过程中存在的问题,有助于教师在制定教学目标时,有意识避免共性问题的产生,更为科学、全面地制定教学目标。目前,小学数学教学目标制定主要存在以下问题。

1.教学目标设计生搬硬套

在小学数学教学设计中,一些教师对于教学目标设计的基本原理缺乏充分的理解,没有意识到课程目标与教学目标之间存在着重要的差异,而只是简单地套用三维目标或数学学科要培养的核心素养的维度设计教学目标。事实上,课程目标与教学目标"存在着很大的抽象程度上的差异,看不到这种差异,把课程总体目标直接拿来作为课堂教学目标,就不可避免地会出现僵化、形式化和标签化现象"①。教学设计的关键在于确定恰当的教学目标,而不是简单地照搬某种框架或模板。小学阶段,数学学科要培养的核心素养是学生在完成六年的小学数学学习之后所应达到的目标,并没有办法在某一节课中全部体现,它属于宏观、上位、整体性的课程目标。也就是说,课程目标更加宏观,涵盖了更广泛的学科范畴和综合素养,而教学目标应该是具体的、可操作的和能够指导实际教学活动的,它们应该明确地描述学生在课程中所应达到的知识、技能和态度方面的发展水平。因此,在教学目标的设计过程中,教学者需要充分了解每个教学单元的核心概念和主题,并结合学生的认知水平和发展需求,提出适切的教学目标。这些目标应该是可量化的,便于教师进行评价和反馈,并能够指导学生的学习和发展。

2.教学目标定位存在偏差

教学目标是指明学生在学习过程中应该达到的知识、技能和能力水平的具体规定,而不是对教师如何进行教学的要求。因此,在设计教学目标时,需要遵

---

① 杨九俊.新课程三维目标:理解与落实[J].教育研究,2008(9):40.

循以下基本原则:首先,以学生为中心。教学目标的行为主体应该是学生,而不是教师。教学目标应该关注学生的学习需求和发展,明确指导他们的学习方向。其次,使用明确的动词和名词。教学目标的描述应该使用经过心理学界定的动词和名词。动词表示学生需要做什么,名词表示学生需要获得的具体成果或能力。最后,明确、具体、可操作、可测量。教学目标的陈述应该力求明确、具体,便于学生和教师理解和操作。目标应该是可操作的,即能够指导实际的教学活动,并且可以通过评价或测试来测量学生是否达到了目标。最重要的是,教学目标应能指导学习目标的制定。这意味着我们要聚焦于学生的学习和发展,而不是仅仅关注教师的教学行为。教学目标的设计应该明确反映学生需要学到的知识、技能,以便有效地引导教学过程。我们有些老师在表达教学目标的时候经常用"培养学生……""帮助学生……"等描述方式,这实际上是形式上的错位。同时,教学目标的行为动词选择不合理。如"培养学生……"中"培养"不是具体的、可以操作的行为动词。

3.教学目标要素关注不全

教学过程设计的最终目的是有计划并有效地实现预设的教学目标,教学目标的适切和合理是教学过程设计质量的首要保证。教学目标一般包括知识与技能、过程与方法、情感态度价值观三方面,并可以用明确的可操作的行为性目标来呈现。但是,一线教师的教学目标设计往往关注知识性目标,学习过程和学习方法的目标设计较为宽泛且笼统,缺乏针对性,不注重具体的思维方式选择。如"线段、直线、射线"教学目标确定为知识与技能:经历线段、直线、射线的认识过程,进一步认识线段、直线、射线的特征,知道它们之间的联系和区别;过程与方法:通过自主学习、合作交流,发展观察、比较、分析等能力,并形成初步的逻辑思维能力和空间现象能力;情感态度价值观:感受事物间相互联系的辩证统一思想,体会到数学与现实生活的密切联系。此目标设计按照三维来思考,使用了"经历""认识""知道"等具体的行为动词,表述较为规范,但任何图形的认识都需要观察、比较、分析来培养逻辑思维能力和空间想象能力以及构建与生活的联系。在这堂课中,如何通过线段、直线、射线的学习实现核心能力目标的达成? 如何在学习过程中发展学生观察、比较、分析能力和空间想象能力呢? 在这里,缺乏针对性的表述和具体的培养路径。

4.教学育人价值挖掘不深

随着核心素养时代的到来,小学数学课堂教学需要以更深入的方式挖掘教学内容中蕴含的核心素养的教学价值。然而,目前对小学数学要培养的学生核心素养的理解过于表面化,缺乏深度挖掘。核心素养不仅仅是学生在特定学科中需要达到的能力和水平,还包括了学习态度、思维方法、创新能力等方面的发展。教师在设计教学目标时应该更多考虑这些方面,引导学生积极参与学习,培养他们的批判性思维、合作精神、解决问题的能力等。另外,在部分数学教学目标设计上存在泛化的情况。每个具体的教学内容都有其独特的核心素养,教师需要通过深入分析理解教学内容,确定与之相匹配的具体教学目标。例如,在教学一个数学问题时,除了追求学生掌握解题方法和答案外,还可以引导学生发展数学思维、逻辑推理能力等。

二 厘清目标体系之间的关系

小学数学教学目标设计存在问题的一个原因是对数学学科要培养的学生核心素养与课堂教学目标之间的关系认识不清。有时候,教师只是机械地套用数学学科的核心素养框架,而没有将其与具体的课堂教学目标相结合。因此,我们需要厘清各级教育(课程)目标与课堂教学目标之间的关系(图3-1),以更好地指导小学数学教学目标的设计。

图3-1 各级教育目标与课堂教学目标之间的关系

从上面"各级教育目标与课堂教学目标之间的关系"图中可以发现,从最上位的教育目的到实施的课堂教学目标,是一个从抽象到具体、从宏观到微观的逐级细化、具体化的过程。教育目的是最高级别的教育目标,指引着整个教育改革和发展的方向。我国的教育目的是"立德树人",即"培养德智体美劳全面发展的社会主义建设者和接班人",这一目标位于最上位,也最抽象,需要通过具体的课程方案来实现,而课程方案需要课程目标的指引。"发展学生的核心素养"是课程改革的宏观、总体性目标,但仅仅有课程改革目标还不够,因为课程改革需要通过学校教育,实施不同的学科教学来实现。核心素养是学生在学习过程中逐步形成的未来发展所必需的正确价值观、必备品格和关键能力,为了"建立核心素养与课程教学的内在联系",课程改革提出了各个学科要培养的学生核心素养。数学课程目标是学生通过义务教育阶段的数学学习应达到的阶段性要求,因此,数学课程目标相对来说是比较具体明确的要求,而核心素养则是更上位、长远的追求。《义务教育数学课程标准(2022年版)》的总目标明确指出要"通过义务教育阶段的数学学习,学生逐步会用数学的眼光观察现实世界,会用数学的思维思考现实世界,会用数学的语言表达现实世界",体现了课程目标以核心素养为导向。同时应理解,"三会"是义务教育阶段学生通过数学学习形成和发展的核心素养,是高中阶段学生通过数学学习发展的核心素养,也是学生进一步在大学和未来走向社会应对各种复杂情境所需要的素养。

相对于具体的小学数学课堂教学目标来说,小学数学要培养的学生核心素养依然比较抽象,因此需要将小学数学学科要培养的学生核心素养进一步细化为完成某一个学段所要达到学段课程目标;学段课程目标再进一步具体为单元教学目标,并细化为每一节课的、具体的教学目标。在教学中,每一节课的目标应该是具体、可操作的,并且与学生当前知识水平和能力相匹配,这些目标应该从学生的学习需求出发,以培养学生的核心素养为导向。因此,在每一节课的目标设计过程中,教师需要明确这些目标与整体小学数学学科要培养的学生核心素养目标之间的关系,将其融入到具体的课堂教学中。

数学课程目标体系是一个多层次的体系,以"三会"为核心,在这个目标体系中,不同层次的目标之间呈递进关系。"三会"作为核心素养是数学课程的最终目标,它涵盖了数学知识和技能等具体目标。为了达到"三会"的目标,需要设置一些中间目标或过渡性目标来支持和引导学生的学习,这些目标是核心素养的主要表现。对于小学阶段而言,这些中间目标包括培养数感、量感、符号意识、运算能力、几何直观、空间观念、推理意识、数据意识、模型意识、应用意识和创新意识等11个方面。"四基""四能"是达成核心素养的主要表现的支撑目标,以"发现问题、提出问题、分析问题、解决问题"为支撑的教学实施路径,通过指向核心素养的主要表现,达成培育核心素养的目的。下面基于核心素养的小学数学课程目标体系图(图3-2)直观呈现了基于核心素养的小学数学课程目标体系的层次、结构及相互关系。

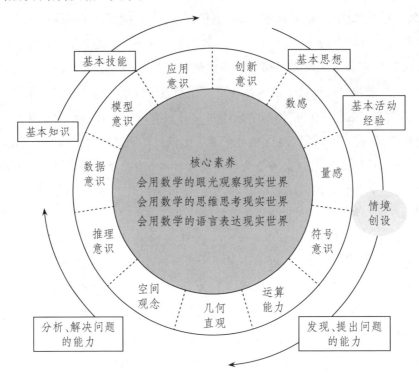

图3-2 基于核心素养的小学数学课程目标体系

图中直观呈现了目标体系的层次、结构以及相互连接关系,箭头的方向指出了课程目标体系与教学实施体系之间协调一致的运行过程:从以真实性问题为基础创设的情境出发,沿着"发现问题、提出问题、分析问题和解决问题"支撑起来的教学路径逐步前行,学生在这一过程中发现、挖掘和提炼数学知识,收获技能,积累一定思考、体验。当这些思考、体验反复出现,特别是当学生有意识、有步骤地将其运用于分析问题和解决问题的过程中时,这些思考体验就逐渐发展为基本思想和基本活动经验,如符号意识、运算能力等。这时,教材以一节一节的形式编排,沿着箭头行进的方向,便把一个一个具体的内容和"三会"联系在一起,逐步发展学生的核心素养。

三 研制素养导向的教学目标

教学目标可以被理解为学生应该学习到的内容,以及他们应该达到的学习水平。当教学目标不够清晰、不够具体时,模糊、空洞的教学目标很难转化为清晰、具体的学习目标,因此,要制定学生看得懂的、可操作的学习目标,首先要制定清晰、具体的教学目标。那么,如何研制清晰、具体的教学目标,以发挥其在教学中应有的价值?笔者认为,可以结合教学目标研制的路径图(图3-3),从以下几个步骤进行思考、设计:

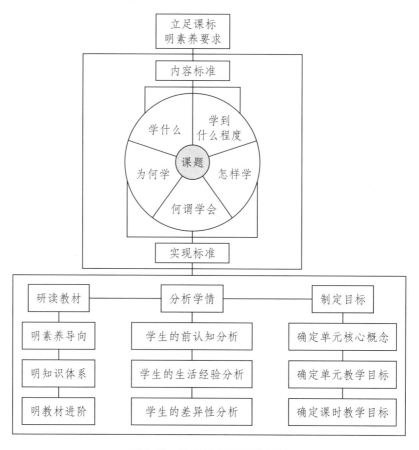

图3-3　教学目标研制路径图

1.立足课程标准,明素养要求

《义务教育数学课程标准(2022年版)》中以核心素养为统领,总目标以"三会"表达的核心素养为导向,分别表述了对"四基"、"四能"、情感态度价值观三个方面的要求;学段目标是总目标的分解,体现了各学段内容的要求,融入核心素养的具体表现,为具体的教学目标设计提供了简明概括的定位指向。新课标中对应学段的"课程内容"和"学业质量"也对具体教学提出了指引和要求。教师可结合"课程内容""学业质量"借助表格进行梳理,以清晰了解教学内容对应的学段核心素养要求,辅助教学目标设计。以"三位数乘两位数"与新课标中"课程内容"和"学业质量描述"的对应(表3-1)为例,我们可以看到"内容要求"中"感悟从未知到已知的转化"的要求,这能发展学生的运算能力和推理意识,同时有利于促进学生对算术的理解和迁移,对于具体的教学目标设计有定位指向的作用。

表3-1 "三位数乘两位数"与新课标中"课程内容"和"学业质量描述"的对应

课程内容			学业质量描述
学习主题	内容要求	学业要求	
三位数乘两位数	探索并掌握多位数的乘除法,感悟从未知到已知的转化。	能计算两位数乘除三位数。形成数感、符号意识和运算能力。	……能进行整数四则运算和……,形成数感、运算能力和初步的推理意识……经历数学学习的过程,……对数学形成一定的求知欲,具有学习数学的兴趣……

2.准确研读教材,确定目标基础

课程标准为教学目标设计提供了方向上的指引,而教材内容则为教学目标设计提供了路径上的规划和实践上的借鉴。[1]课标梳理是研制教学目标的基础性工作,要制定学习目标,必须深入研读教材。

第一步,初读总览教材,明素养导向。素养导向的小学数学教学强调对学生正确价值观、必备品格和关键能力的培养,在进行教学目标设计时,教师应清楚单元内部各知识点侧重培养的核心素养与能力类型。挖掘素养发展的有效策略,就是带着"为何学"这一问题,深刻领会国家课程标准规定本课程所要培养的学生核心素养,从整体上把握其有机关联,进一步细化与具象化。

第二步,再读理解教材,明知识体系。这时候的教材研读,就是带着"学什么"这一问题,明确教学单元在课程中的定位,梳理知识的来龙去脉。一个完整

---

① 张婷.素养培育导向的教学目标优化设计——以七年级上册第三单元为例[J].中学政治教学参考,2022(38):29.

的教学过程应当由三个环节组成:这个知识从何而来,这个知识的本质是什么,这个知识向何而去。当下不少教师将课堂时间主要放在第二个环节上,实际上,在发展学生核心素养的背景下,应回归教学的完整过程,因为第一和第三环节学生有充分的思维空间,思维相对发散,有利于培养学生的核心素养。实际上,厘清了知识的来龙去脉,也就明晰了知识体系,无论是对知识的理解还是促进素养的发展,学生头脑中形成优良认知结构都是必要条件,而认知结构是由知识结构转化而来的,足见梳理知识体系的重要性和必要性。[①]

第三步,细读分析教材,明教材进阶。也就是站在客观立场,总体上带着"怎么学""何谓学会"等问题精读教材,厘清教材的进阶编排,梳理知识要点的编排顺序,然后逐步凝练概括各知识内容要点的认知进程与设计。明教材进阶对教学目标的研制至关重要,它直接决定教育教学的质量。

3.全面分析学情,合情设计目标

学生是课堂教学的主角,是学习活动的主体,同样的教学目标和教学内容,面向不同的学生会产生不同的教学效果。[②]在准确研读教材后,教师应开展全面的学情分析,借助多种方式了解学生的生活经验、认知基础、价值观念、思维水平、实践能力等因素,评估学生的发展需求。

(1)学生的前认知分析

学生的前认知分析是了解学生在某个学习领域的现有知识、技能和理解水平。通过进行前认知分析,教师可以更好地了解学生的学习背景和起点,以便有针对性地设计和调整教学策略,提供恰当的学习支持。如在开始新的学习单元之前,可以给学生进行一次简短的前测,涉及即将学习的内容,以了解学生对新知识的认知程度,发现他们的疑惑和误解,并有针对性地调整教学计划。

(2)学生的生活经验分析

学生的生活经验分析是了解学生在日常生活中所获得的观察、体验和经验。通过这种分析,教师可以更好地理解学生的背景和兴趣,并将这些经验与学习内容联系起来,提供相关的例子和情景,从而增强学生的学习动机和理解。

---

① 喻平.核心素养指向的数学教学目标设计[J].数学通报,2021,60(11):3.
② 张婷.素养培育导向的教学目标优化设计——以七年级上册第三单元为例[J].中学政治教学参考,2022(38):30.

学生的生活区域不同,生活感受也不同,如乡村的学生对耕地、林地、草地等不同的农业用地比较熟悉,但对城镇内部空间结构不够熟悉,教师在课堂教学时则需要为学生创造具体的、真实的教学情境,以便帮助学生更好地学习新知。

（3）学生的差异性分析

根据加德纳的多元智能理论,每个学生都具有不同的智能类型和潜能,他们在各个智能领域都可能有自己的擅长之处。因此,在进行教学目标设计时,教师需要充分关注学生的差异性,以满足学生的个性化发展的需求。为了实现这一点,在小组分组时,教师可以采用"组间同质、组内异质"的原则进行分组。这意味着将具有相似能力水平的学生放在不同小组中,以保证小组之间的协作和竞争更加公平。同时,在每个小组内部,学生应具有不同的智能类型和技能擅长领域,以便实现互补合作和资源共享的效果。

4.整体融合思考,进阶制定目标

教学目标分为单元教学目标和课时教学目标,单元教学目标是针对单元教学设计拟定的教学目标,课时教学目标指每一堂课的具体教学目标。教师只有综合考虑教材内容、课程标准、课堂核心素养目标的生成逻辑以及学生的实际发展需要,才能更好基于核心素养培育设计相应的教学目标,体现数学学科独特的育人价值。

（1）确定单元核心概念

开始制定单元教学目标之前,应先确定单元大概念,将大概念在单元的背景下及时具体化,形成单元具体概念,以集中提炼单元所学内容的核心、过程中形成的思想方法和思维方法等教育价值。只有这样,才能以其统领整个单元的学习。

（2）确定单元教学目标

单元教学目标对单元学习必不可少,制定单元教学目标的过程也是了解本单元将实现什么样的意义理解与自主迁移的过程。在制定单元教学目标时,应注意整合知识技能层面的认知资源及过程方法、情感态度价值观层面的非认知资源,实现"三维目标"的有机融合。

（3）确定课时教学目标

单元教学目标是对教学单元进行整体的规划,单元教学目标与课时教学目标相比不够具体,只有将单元教学目标转化为课时教学目标,教师的操作性才会更强。核心素养下各课时教学目标应与单元教学目标相匹配。教师需要根据单元教学目标要求对教材内容进行重构,将教材内容分解成教学内容,再依据各课时的素养目标和教学内容设计相应的教学情境,从而将单元教学目标转化为课时教学目标。[①]

总之,在教育教学实践中,目标既是出发点又是归宿。教学目标的设计要综合课程标准、教材资源与真实学情,一节课的教学目标基于素养目标、核心概念、单元教学目标、课时教学目标等进行确定,既包含高阶位的素养目标,又具有知识技能目标,助力培养学生核心素养的落地。

四 转化为可实施的学习目标

将教学目标转化为学习目标,不是为了转化而转化,也不是为体现学生学习而贴个标签,学习目标的重要功能是指导、帮助学生学习。也就是说,制定的学习目标要能指导学生自主规划学习进程,展开阅读、操作、研讨等学习过程,反思、评估自己的学习结果。因此,制定的学习目标,要让学生看得懂,在形式和内容上都要进行一定的转化。

1.进行主语的转变

学习目标的行为主体是学生,在表达上要以学生作为主语进行描述。以往,在制定教学目标的时候,教师们通常使用"培养学生……能力""使学生掌握……"这类的句式,这类句式的行为主体是教师而不是学生。学习目标的表达,应能使学生明确具体的学习任务及学习后的结果表现。

例如,四年级下册"乘法分配律"确定教学目标如下:引导学生经历计算、观察、交流、归纳等数学活动,发现并理解乘法分配律;引导学生在探索规律的过程中,发展比较、分析、抽象和概括能力,增强用符号表达数学规律的意识;引导学生进一步体会数学与生活的联系,获得发现数学规律的成就感,增强学习数学的兴趣和自信。这样的表述,隐含的主语是教师,教师引导学生达到怎样的

---

① 姜建文,王丽珊.基于核心素养的化学教学目标设计策略[J].化学教育(中英文),2020,41(5):40.

目标,而实际上,在学为中心的理念指导下,不管是教学目标还是学习目标,都倾向于从学生立场进行思考。在表达上,去掉"引导"二字,也就确立了学生作为学习目标的行为主体的地位,从理念上,也体现了以学生角度思考学习目标。当然,上述目标如果要作为学习目标,内容表述及目标达成的词语使用还需要进一步思考与设计。

2.避免抽象的词语

学习目标是为学生的学习服务的,它始于教学目标,但是又不同于教学目标。学习目标的描述,应让学生清晰地知道要学什么,要做什么,为学生的学习提供"脚手架",让学生知道应该怎样学。可以说,学习目标为学生指示通过目标的道路,让学生看到自己的学习轨迹,看到学习成功的证明或表现,因此,学习目标的表述应避免使用抽象的词语,或者说,应尽可能将抽象、概括的词语具体化。

《义务教育数学课程标准(2022年版)》中有两类行为动词:一类是描述结果目标的行为动词,包括"了解""理解""掌握""运用"等;另一类是描述过程目标的行为动词,包括"经历""体验""感悟""探索"等。这些目标是形成核心素养的基础和条件,最终指向学生核心素养的形成和发展。但是,有些时候,这类行为对于学生来说是抽象的,例如教学目标中常常出现"理解",那么学习到什么程度是达到"理解"的程度呢? 这就需要在将教学目标转化为学习目标的时候,结合具体内容,具体表述为"解释""举例""比较"等词语,进而帮助学生明晰学习目标。如五年级上册"多边形的面积",确定的知识与技能目标是理解、掌握平行四边形、三角形和梯形的面积公式,并能解决生活中的一些简单的实际问题。那么,学习到什么程度是理解并掌握了,学生缺乏判断的"脚手架"。这时可以以学习结果的表现描述学习目标:能清楚、正确地表达平行四边形、三角形、梯形面积公式的推导过程;能正确使用平行四边形、三角形、梯形的面积公式解决实际问题;能通过数面积单位的方法获得组合图形、不规则图形等更多图形的面积;能将推导平行四边形、三角形、梯形面积公式的学习方法迁移到推导其他图形面积公式的学习中。这样,通过学习目标,学生就能知道自己要完成哪些任务,完成的效果应该如何,从而更为主动地调整自己的学习。

3.细化抽象的内容

教学目标定位于人的培养、核心素养的落实,学习目标与之一致。但是,根据课程总目标、学段目标制定的教学目标有时对于学生来说很难理解。如"数感""量感""空间观念"等核心素养,这样的目标很大,作为教学目标,不论多抽象、多概括,教师能知道具体的内容是什么,但对于学生来说,则存在较大困难。为学生准备的学习目标要细致、具体,这就需要教师结合具体内容分解目标,将之转化为具体的学习内容。

例如,三年级上册"多位数乘一位数"这一单元,运算能力是单元学习的目标之一,但是直接表达为运算能力,对于学生来说难以理解,这就需要教师将其与具体学习内容联系起来,细化表达为学生的学习目标:能正确计算两位数、三位数乘一位数,理解乘法竖式每一步的含义;能将两位数、三位数乘一位数的计算方法和学习经验迁移到解决更大数的计算中;能运用乘法的有关知识和方法解决生活中的简单实际问题。

总之,在将教学目标转化为学习目标的过程中,学习目标的表达越具体、明确,越符合学生实际,就越容易激发学生的学习兴趣,学生也就越容易根据学习目标展开学习,从而不断获得良好的学习体验。

第二节

创设学习情境

学习情境是学习者认识自己与学习过程得以实现的环境,是影响学习者和学习过程的重要因素或条件。学习情境是否真实,直接影响着学习者参与学习过程的质量。《义务教育课程方案(2022年版)》指出:"加强知识学习与学生经验、现实生活、社会实践之间的联系,注重真实情境的创设,增强学生认识真实世界、解决真实问题的能力。"《义务教育数学课程标准(2022年版)》指出:"注重创设真实情境。真实情境创设可从社会生活、科学和学生已有数学经验等方面入手,围绕教学任务,选择贴近学生生活经验、符合学生年龄特点和认知加工特点的素材。"两者都明确指出了教师要充分结合学生的生活经验,有意识地创设真实情境,由此可见其重要性。建构主义认为,知识是由学习者在一定的情境中,结合已有的知识经验,通过人与人间的协作活动自己建构而获得的。[①]小学数学"问·达"课堂正是以建构主义学习理论为依据,为学生创设真实的情境,以问题为导向,使学生通过一定的活动参与,进行知识建构和知识迁移,使其既学到了知识又发展了核心素养。在这里应该说明,所谓真实情境是一个相对概念,是指具有真实性的情境,但不一定是与真实世界一模一样的物理环境,既包括自然的情境,也包括建构的情境。也就是说,这里的"真实"是指不违背事理逻辑的真实,在这样的情境创设中,心理的真实性更为重要,即学生在学习过程中所经历的认知过程和心理感受程度的真实性。我们希望,情境是基于儿童世界,立足儿童的真实经验,能激发儿童的好奇及思考,从而产生真实问题的"真实情境"。源于这样的期待,有必要了解学习情境创设中存在的问题,避免走入情境创设的误区,从而创设出引发真实学习探究的数学问题,激发学生的深度思考。

---

① 崔颖.教学做一体化的情境任务翻转课堂教学模式——基于建构主义支架式教学理论的高职英语教学模式改革与实施[J].天津职业院校联合学报,2016,18(3):45-48.

一　避开学习情境的误区

杜威提出学习应该以真实的情境为基础,而不是基于孤立的知识点,强调情境对于学习的重要意义,并提出"思维起于直接经验的情境"。新课程强调让学生在真实的任务情境中获得和应用知识,实现知识、情境和学习者经验的相互作用。具体来说,在知识观层面,强调知识是情境性的,是在活动中、在丰富的情境中不断被运用和发展的,强调学生不是知识的被动接纳者而是学习的主体。应该说,在当前,越来越多的教师重视"情境的创设",一些新颖、有趣、富有思考的情境令人拍案叫绝;但一些为创设而创设,只图表面热闹、牵强的情境却让人担忧。许多教师花了很多的时间和精力去创设情境,而辛辛苦苦创设的情境却没有起到应有的作用,甚至出现了些许问题和偏差,走入"创设情境"的误区。

1.情境的创设忌唯情境论

创设具体情境不仅仅是为了激发学生的学习兴趣,还是为了把教学内容与实际问题联系起来。创设教学情境是为了有效开展教学活动,有助于教学目标的落实。教学情景的创设要适度、简明、有针对性,不能听任学生的"自由发挥",否则会分散学生对数学知识本身的注意,适得其反。

某教师在教学"认识乘法"[①]时,出示了"动物园的一角",让学生观察后踊跃发言。学生们有的说:"我发现这儿真好玩! 有小动物,有房子、大树、白云、河流、小桥。"有的说:"我发现小河的水还在不停地流动呢!"有的说:"我发现小兔们在开心地跳着。"……十几分钟过去了,学生不断有新的发现,教师边肯定学生的想法边不断提问:"你还发现了什么?"课堂气氛十分活跃,但学生却始终没有"发现"数学的本质信息——兔子是每2只在一起,有3份;鸡是每3只在一起,有4份。试问:创设这样的情境,对这节课有什么效果? 教师花了十多分钟的时间,学生的兴趣是被激发起来了,但他们只留恋于教师创设的情境本身,无法进行数学化的提升。由于前面的情境创设用了过多的时间,在后面的教学中,教师只得草草收场,使得数学课丧失了"数学味"。在这一教学片段中,如果教师在出示情境后直接提问学生:"图上有哪些小动物? 兔子有几只? 鸡有多少只? 你是怎么数的?"引导学生发现兔子有3个2只,鸡有4个3只。这样的情

---

① 本书一些教学课程名称为作者在一线教学时的归纳、提炼,与教材不同。——编辑注

境设置简单直接，目标指向明确，避免过多非数学信息对学生的干扰。

根据低年级学生的特点，在课堂教学中，确实需要创设一定的情境来激发学生的学习兴趣，但情境的创设并非越多越好，情境信息也并非越丰富越好，教师应把握一定的度，使教学情境始终为学生学习数学知识、掌握学习技能提供支撑。教师一方面要充分发挥情境在课堂教学中的作用，不能"浅尝辄止"，把情境的创设作为课堂教学的"摆设"搁置在实践中；另一方面要及时从生活情境中运用数学语言提炼数学问题，切忌在情境中"流连忘返"。

2.情境的创设忌牵强附会

有位教师在教学"分数的初步认识"时，让学生初步认识"1/2"后，创设了这样的问题情境："在我们身边有'1/2'吗？请同学们在教室里找一找。"学生立即找起来。汇报时，学生发言很踊跃，回答得也很好，只是有点大同小异。这时教师又问："有没有同学找到和他们不同的'1/2'？"马上有一位同学抢着回答："教室里的电视机从中间平均分成两份，每份就是它的1/2。"教师对他的回答做出了肯定，这下学生的发言更加踊跃："把一个人从头到脚平均劈成两半，每半个人就是这个人的1/2；如果从腰部横着劈开成两半，每份就不是这个人的1/2；把我们教室里的柱子从中间平均截成两半，每一半就是整根柱子的1/2……"类似的说法越来越多，学生对举这样的例子乐此不疲！但，这样的例子合乎事实吗？

课程标准中强调，数学课程的内容应该是现实的。因此，教学中的情境应该是实际生活和社会生活中真实发生的和可能发生的，而不是人为编造的情境。当学生的认知、体会出现误差时，教师应该及时给予纠正，而不是放任自流。纵观"分数的初步认识"中的这个问题情境，学生说的"平均分电视机"一例看似很有道理，但在生活中我们不可能也不必要这样去做，可见这个例子并不合适，它体现不出分数在生活中的应用价值，至于"把一个人平均分成2份"一例，就更行不通了。

3.情境的创设忌他经验论

学习不是简单的信息积累，更重要的是新旧知识、经验的相互作用，以及由此而引发的认知结构的重组，也就是一种基于旧知识、经验的认知建构。建构主义强调知识建构的"最近发展区"，认为新知的建构应基于这个区域，才能获得促进学生智能发展的最理想的效果。因此，通过立足知识的"最近发展区"，尊重学生的生活经验,确定学生当前的知识经验基础,寻找知识与经验的联系来创设情境尤为重要。

笔者在教学"角的初步认识"时,是这样处理的:①链接生活。出示生活中的图片,引导学生从中找出"角";②通过交流,明确生活中的"角",并从中抽象出数学角;③认识数学中的角,明确数学中的角的特点。学生在生活中就知道角,如"桌面的角""角是尖尖的"等。这些"知识原型"与学生将要学习的"数学中的角"有一定的联系,却又不尽相同。需要教师创设一定的情境,将这些起点知识处理、转换成数学学习的材料,引导学生从"生活角"中提取、抽象出"数学角",这样,学生的学习就"有据可依",更为直观形象。

但是,应该意识到,尊重生活经验,指的是尊重学生自己的生活经验而非教师的生活经验,更不是教师的教学经验。设计的情境要尊重学生的经验,让他们尽可能地把经验充分地表达出来,而不是一开始教师就规定好"前进的路线",忽视学生的生活经验。

如教学"两位数不进位、不退位加减法"(二年级)时,教师设置了这样的情境:

师:同学们,你们了解我们的学校吗? 我们的学校有多少个班?(出示幻灯图片里学校全景照片)。

生:(惊讶、议论)

师:看我们的学校多美呀!(板书:一年级6个班;二年级8个班;三年级8个班;……)谁能告诉我学校一共有多少个班级?(一学生在座位上脱口而出:"看窗户。"教师未予理睬,开始示意学生举手回答)(列式、计算)

师:你们知道我们一共有多少位老师吗?(出示大型照片)

生:(惊讶)

师:这是去年教师节,我们全校教师的合影,同学们先估算一下。

生:(七嘴八舌地)50人、200人、3000人。

师:我们如何计算教师人数?

生:每个班有多少老师加在一起。

师:这个办法恐怕不行。(板书"数学女教师18人,男教师20人;语文女教师38人,男教师10人"——给出表格"其他科目教师人数"——与学生共同列出复杂加法并计算)

试问,这样的"生活经验"是谁的生活经验?

4.情境的创设忌简单直接

就是有这么荒谬的事:当学生未学圆周长计算公式之前,让他求墨水瓶底面的周长,兴许他还知道用绳子一绕就行了,但是学习过后再让他去求时,他是怎么也想不到用绳子去绕,而是想方设法地测量底面的直径,可测量直径却是很费劲的……教什么,就学什么;学什么,就练什么。数学学习的过程成了技能不断训练的过程。技能是熟练了,但很多时候思维却僵化了。这样的教学是我们所追求的吗?荷兰数学教育家弗赖登塔尔认为:数学学习是一种活动,这种活动与游泳、骑自行车一样,不经过亲身体验,仅仅看书本、听讲解、观察他人的演示是学不会的。在一些教学的关键环节中,设置一定的情境,让学生动手操作亲身体验,能很好地促使学生的思维由量变到质变。因此,教学中,教师不应急于抛出所有的知识点,而应尽可能让学生经历完整的知识形成过程。

如教学三年级下册"长方形、正方形面积的计算",如果只是简单地告知学生"长方形的面积=长×宽""正方形的面积=边长×边长",那么学生对于长方形、正方形的面积计算还只是停留在浅层认知层面。长方形、正方形的面积本质在度量,以面积单位进行度量,长方形、正方形里含有多少个这样的面积单位,那么其面积就可以由若干个面积单位的大小来表示。教学中,教师应从面积的本质入手,引导学生充分经历长方形、正方形面积公式的形成过程:围绕着"含有多少个面积单位""行、列面积单位数和面积的关系""长、宽与行、列的对应关系",立足于学生对于面积的原有认知,创设富有思维力的问题情境,操作与思考结合,使其逐渐领悟长方形面积公式的由来,从而获得对知识本质内涵的理解,并拓展到对正方形面积公式的理解。

总之,情境是一把双刃剑,运用得当,会使课堂生机勃勃,学生获得有效的发展;运用不当,却会淡化数学课堂的数学本质属性,影响学生的课堂生成。作为教师,应当深入研究教材、研究学生、研究自己,根据自身、学生的特点,结合教材实际,创设出合情合理的情境,促进学生的有效学习。

二 创设学为中心的情境

学习情境的创设为学生的学习服务,有价值的学习情境一定是内含问题的情境。最初的思维过程通常发生于问题情境中,它能有效地引发学生的思考,但包含着问题的情境往往也需要一定的"情节",使得学生的学习具有目的性、适应性、生动性,应具有真正吸引学生的力量。

1.让学习情境具有生活性

杜威认为:"学校科目相互联系的真正中心不是科学,不是文学,不是历史,不是地理,而是儿童本身的社会活动。"①儿童本身的社会生活就是儿童真实的生活,真实的情境应该来源于他们熟悉的充满活力的生活。我们创设真实情境是为了将儿童的生活与知识联系起来,并以儿童的生活为核心来组织教学活动。

例如在教学"克和千克"时,课前可以让学生去商场调查物品质量的数据,用自己喜欢的方法感受轻重,同时查询有关秤的知识。课堂开始时,创设现实情境:有两袋糖,哪袋轻哪袋重? 有什么办法可以知道? 多数学生会选择掂一掂的方式——这是生活中常用的比较质量的方法,学生有一定的生活经验,同时,有了课前的商场调查,学生对于这种方式的应用更为直接。那么,怎样才能知道两袋糖到底有多重呢? 课前的调查活动给了学生很好的体验,学生通过商场中亲自调查、感受物品的轻重、多少,带着这样的体验回到课堂学习,这样的调查情境可作为学生学习的支撑,学生将调查的经验收获转化为解决问题的方法:或看净含量,或用工具称一称。由此,这样的经验可作为"克和千克"最直接的学习基础。

教学过程中,教师创设的情境来源于学生的真实生活,并得以真实实施,学生的态度和兴趣就会大不一样。学生的学校生活与现实生活、社会实践有着千丝万缕的密切联系,教师在创设学习情境时,既要了解和熟悉学生的共同生活特点,又要了解和熟悉学生个体的个性化生活特点,让真实情境的多样性与复杂性都得到体现。教师只有以学生的生活世界为基础来创设真实情境,才能真正激发学生学习的兴趣,并能有效地将学生的直接经验与间接经验联系起来,使学生在真实情境中解决真实问题。②

① 吕达,刘立德,邹海燕.杜威教育文集:第1卷[M].北京:人民教育出版社,2008:10.
② 王鉴,张文熙.新课标背景下的真实情境教学:内涵、特点及策略[J].教师教育学报,2023,10(6):80.

2.让学习情境具有学科性

学科性是教学情境的本质属性。教学中,学习情境的创设应体现学科特色,紧扣教学内容,突显学习重点。创设的学习情境应能体现学科知识发现的过程、应用的条件以及学科知识的意义或价值,能有效阐明学科知识在现实中的价值,帮助学生准确理解学科知识的内涵,激发他们学习的动力和热情。

教学三年级上册的"口算乘法",谈话中创设问题情境:"看到乘法你们想到的是什么?""为什么要背乘法口诀?""背诵乘法口诀时,你会背到哪句?""可是有的同学背着背着就产生了疑问,你猜会是什么问题呢?"在追问中,学生自然而然产生疑问:"为什么只能背到九九八十一呢?"从而引出研究问题:乘法口诀为什么编到九九八十一呢? 学生根据原有的经验对于这个问题的回答带着稚嫩的想法:"可能是因为如果编得更多的话就背不完了""太多的话会混淆""因为个位数最大是9"……带着对"乘法口诀为什么编到九九八十一"的思考,随着课堂的推进,学生恍然大悟了:20×3是2个十×3,200×3是2个百×3,2000×3是2个千×3,222×3是2个百×3+2个十×3+2个一×3……原来乘法口诀之所以只编到九九八十一,是因为多位数乘法都可以看成几个一、几个十、几个百等分别和一位数相乘之和,都可以用原来的乘法口诀进行计算。情境具有鲜明的学科特点,学生能从中自然而然提出数学问题,在这样带着学科性的真实问题的情境中展开学习,学生不仅仅学会了一位数乘多位数的口算乘法,更深刻感受到乘法口诀的使用价值,带着对数学知识有用、好用的探究热情结束一节课的学习,对数学学习有了更高的兴趣与热情。学生在探寻答案的过程中习得数学知识与技能,同时实现数学理解,可见具有学科性的学习情境让学习更有数学味!

3.让学习情境具有挑战性

创设富有挑战性和探索性的学习情境,能激发学生的学习动机,开启学生的潜能,促使其尝试解决问题,并在解决这些问题的过程中积累经验、增强自信心。

学习三年级下册的"除数是一位数的除法",通常是先教学例1的42÷2后教学例2的52÷2[①],但是尴尬的是,学生往往会列出一步计算的竖式,为什么呢?这是因为在学习本节课之前,学生原有的认知结构中的笔算除法都是利用乘法

---

① 因版本更新等原因,作者所举案例可能和现行版本有所出入。——编辑注

口诀计算,再根据分实物的过程与笔算的各部分进行链接,帮助学生理解笔算各部分的意思。学生在进行42÷2的笔算时,很自然将已有的认知经验进行迁移,利用口算计算出42÷2=21,再将之人为转化为"一步计算的笔算"。在这样的情况下,要将学生的认知转变过来是很辛苦的,学生往往不会认为两步计算好,因为他们口算就能算出42÷2=21,笔算在这里的价值并不能得到体现。那么,怎样才能激发学生的探究欲望,主动地从"一步笔算"过渡到"两步笔算"呢? 在这里,老师可以直接设置具有挑战性的任务情境,让学生直接尝试计算52÷2。这样的任务,多数学生不能直接口算出答案,因此学生就能感受到竖式计算的必要性。列竖式时,学生不能一步直接算出答案,而是在尝试计算得出答案的同时体会到两步计算是怎么产生的,又该如何写清计算的过程,从而在尝试笔算的过程中感知到两步计算的价值,实现"理解算理,掌握算法"这一教学目标。挑战性的学习情境,满足了学生探寻解决问题思路的需求,使得学生主动改变已有认知结构,适应新情况。设置挑战性的任务,让教师教得有价值,也让学生学得更有意义!

4.让学习情境具有冲突性

冲突性的学习情境能引发学生的好奇心,使学生将注意力聚焦到需要研究的问题上,并主动参与到学习中。

教学三年级上册"周长",基于学习前测,我们发现学生对于周长有一定的认识,知道并可以用画一画的方式描出物体或封闭图形的边线。教学之后,不少学生能求出长方形、正方形等封闭图形的周长,但设计运用周长"一周的长度"的本质认识解决实际问题的时候还是存在困难。反思教学过程,发现多数老师认为学生对于周长有一定的经验基础,授课时多采用让学生谈一谈什么是周长、描一描图形边线的方式开展教学,或以充满童趣的方式让学生跑操场一周引入周长的教学,看似贴近学生生活经验,但实际却未能将学生学习的视线真正聚焦到图形的"线"上。这是因为,图形也好,抽象出平面实物图也好,在学生的眼中是一个整体,学生往往看到的就是一个直观的平面图形。因此,如何将学生的眼光聚焦在图形的"线"上,这是一个值得细细思考的问题。其实,教师可以设计具有冲突性的情境,在学生课前前测介绍周长之后,课上创设任务情境:"仔细观察这些图形,只留下图形的一周,可以擦去哪些线? 说清楚为什么这样擦?"在这一情境中,学生原有的经验与任务要求产生冲突、对周长的初步认知与"擦去哪些线"产生冲突,迫使孩子提取关于周长的所有知识,只为"留下图形的周长"。这样的冲突,也使得孩子将目光真正聚焦在图形的"线"上,为其真正理解周长形成了一个良好的开端!

5.让学习情境具有开放性

开放性的学习情境可以提供更多的学习选择自主权,学生能够更加灵活地获取知识和信息,并根据自己的兴趣、需求、能力进行学习和表达,扩宽学习的渠道和方式,在一定程度上提升思维能力、创新能力和解决问题的能力,从而提高学习效果和学习能力。

教学三年级上册"认识几分之一",教师通过《你好! 厦门》视频引出厦门特产"鼓浪屿馅饼",在吃馅饼的过程中,聚焦数的表达:一盒馅饼的个数用6个表示,吃了5个,还剩1个,小红还想继续吃,妈妈提出要求"只能吃一小块"。在这个真实情境中,老师提出挑战性任务:"你能帮小红想想,妈妈说的小块可能是多少? 如何表示? 可以写一写、画一画、折一折、说一说,表示清楚你的想法。"从6个、5个、1个,再到"一小块如何表示",学生需要整合已有数的认知,并链接至"不满一个如何表示",挑战性的学习情境及挑战性的任务,给了孩子更为广阔的思考空间,从而更为积极地投入学习。在"一小块如何表示"的思考中,学生需要整合已有的知识与经验,借助写一写、画一画、折一折、说一说的方式加以表达,而这也正是认识分数的最真实的过程:有学生通过画一画的方式,用一个圆表示馅饼,将之平均分成两份,其中的一份表示半个;有学生通过折一折的方式,将一个圆平均分成两份,其中的一份是二分之一,也就是小红吃的一小块;也有学生用文字说明小红可以吃二分之一,就是把一个馅饼平均分成两份,每一份就是二分之一个;更有学生表示出了"小红吃的一小块",可能是四分之一、八分之一……图形表征、动作表征、语言表征等多元表征丰富了学生对于分数的感知,也让学生感受了学习的挑战与乐趣! 而这正是开放性的学习情境赋予学生的独特的学习体验。开放性的学习情境给了学生自主思考与表达的机会与空间,激发了他们的求知欲;开放性的学习情境伴随的学习任务能让学生自主尝试,在分析问题、寻求答案、解决问题的同时,提升自主学习的能力。

6.让学习情境具有趣味性

学习情境具有趣味性,可以让学生感受到数学是有趣的,在情境中激起数学思考,在探索中享受数学思考。数学大师陈省身在2002年的国际数学家大会上为中国少年数学论坛题词——数学好玩。中科院院士、数学家田刚也题了四个字——玩好数学。从好玩到玩好,提示我们趣味与兴趣的重要性,告诉我们应根据小学生的年龄特点,创设有趣生动的问题情境,激发学生的兴趣,从而促使学生主动学习。

四年级上册"平行与垂直"教学中,对于垂直、平行的概念理解及感悟是学生学习的重点,也是难点。其中,"同一平面"这个点通常需要在教学之后的练习中进行突破。以一个长方体教具为观察物,引导学生观察这个长方体上相交和不相交的一组组线,从而发现有一组线虽然不相交,但是也不平行,因此它们"不在同一平面"。可是,即使是这样的教学,也让学生的体验难以落到实处,学生对于"同一平面"的感觉似有如无。怎么办?考虑学生的年龄特点,教学中可以以有趣的情境引入:"同学们,咱们先来做个实验。瞧,这儿有两根小棒,从高处落下来,猜猜它们会落在哪里?"学生猜测:"两根都掉在桌上、两根都在地板上、一根在桌上一根在地板上。"课堂中根据两根小棒的情况把这三种情况分成两类,从而引出:"两根小棒都落在桌面或都落在地面,我们说它们落在同一个平面内;一根在地面,一根在桌面就说它们不在同一个平面内。"而如果将小棒看成一条线段,这条线段往两端无限延伸,这就成了一条直线,引出课题:"今天我们就来研究同一个平面内,两条直线的位置关系。"一个看似简单的"小棒落下来"的有趣小情境,就巧妙地让学生经历分类的过程,直观而清楚地理解了"同一平面"这一概念,同时结合小棒,引出线段和直线,把复习直线"两端可以无限延长"这一性质暗藏其中,为后续教学埋下伏笔,巧妙而不露痕迹。

总之,教学中,教师要依据因地制宜、因时制宜、因生制宜、因学制宜等原则创设真实情境,组织开展教学活动。教师要力所能及地创设真实情境,促使学生在实验探究和情境体验中将直接经验与间接经验相结合,将书本知识与实践应用相结合;引领学生将理论知识与实践结合起来,在真实的世界中让学生解决真实问题,让学科知识综合化,让知识体系结构化。

第三节

提炼学习问题

《义务教育数学课程标准(2022年版)》指出:"重视设计合理问题。在真实情境中提出能引发学生思考的数学问题,也可以引导学生提出合理问题。"在创设真实学习情境的基础上,教学过程中要提炼出需要思考和探索的问题。小学数学"问·达"课堂希望在真实学习情境的基础上,使学生围绕问题展开学习、探究,为学生创设更为丰富的学习活动,包括问题提出和问题解决。这里的问题可以来自教师或学生,因此,在教师问题提出与学生问题提出中,需要厘清"以问达学"的若干问题,并提炼一定的策略方法。

 一 厘清问题教学若干问题

小学数学"问·达"课堂从关注问题导学,向关注核心问题推动学生学习,关注学生问题提出演进,关于问题引领学生学习的思考与研究不断深化,从教师问题提出到学生问题提出,学生问题和教师问题相互作用,共同推进课堂学习的进程。问题提出更加突出学生的视角,教师问题要基于学生的经验、疑问和好奇,并转化为学生愿意研究的问题,同时教师应促进学生的问题提出。

1.问题设计之困境

问题引领教学是课堂教学中常用的师生互动交流学习方式,课堂上巧妙设疑,可以激发学生的学习兴趣、集中学生的注意力、启发学生的思考、获取学生的反馈……然而在小学数学课堂教学中,教师却常常陷入各种问题设计的误区,使得学生不知所措,课堂教学效率大打折扣,常见的问题如下:

(1)问题缺少思维含量。课堂授课中,类似"想不想""好不好"之类的问题充斥着全课,学生如提线木偶般,习惯性附和,这样的"提问"没有思维含量,纯属"口头禅",久而久之,学生对老师的问题逐渐失去兴趣。

(2)问题指向模糊不清。问题的抛出,意在解决什么问题? 精心设计的问题,能诱发学生探究的欲望,点燃学生智慧的火花。当然,提问的语言表述非常关键,很多时候问题设计指向不明、表达不清,学生答不到"点"上,在探求新知的道路上徘徊,费时费神,毫无所获。

(3)问题设置难度过大。问题的设计应基于教材的导向,基于学生的年龄特点、接受水平。如果没有深入思考无限拔高问题难度,容易导致学生没有思路、无从作答、遭受打击,逐渐产生"回避"心理,最终使课堂陷入"冷场"状态。

(4)问题探究流于形式。教师问题提出之后,急于求成,没有留给学生足够的思考时间,导致其思路不清、零零碎碎。而后,教师没有再引导思考、再指引探索,就"草草收兵",使问题探究最终流于形式,学生走马观花。

(5)提问主体多为教师。教学中,个别教师在一堂课中提出的问题多达几十个、几百个,要么无从答起,要么没有思维含量,学生思维得不到碰撞;另外,在目前的小学数学课堂中,学生提出问题的机会比较少,仍是以教师提问、学生回答为主要教学形式。即便是教师启发学生提出问题,这些问题往往也是作为教师教学的一种补充。大多数学生缺乏提问的意识和方法,所提的问题"程式化"的较多,体现"思维变通性与可逆性"的较少。

2.问题提出主体之辨

(1)教师设计学习问题

小学数学"问·达"课堂提倡以问题引领学生学习。提炼学习问题的主体可以是教师,课堂学习中,教师需要设计合适的情境活动引导学生进行体验,在学习过程中不断激励学生深入思考,促进学生之间的合作与交流,等等。特别是对于学习起重要推动作用的核心问题,学生没能提出或不具备提出关键研究问题的能力的时候,教师必须适时提出,以引导学生围绕问题展开学习探究。

(2)学生生成学习问题

真正的学生探究活动是由问题引导的。课堂中,学习问题由学生生成,包括围绕着学习内容产生的研究问题及学习过程中不断生成的新问题。传统的课堂教学给学生发现问题和提出问题的机会比较少,大多数情况是学生回答教师提出的问题,因此课堂以学生生成学习问题展开教学,学生必然要经历一个从不会提问题到会提问题的过程,这一过程,需要师生共同参与和努力。在学生具备了提出问题的意识和能力之后,由学生自然发现的问题,更容易引发学生的探究欲望,而随着真正深入探究知识,学生更容易在学习中不断提出新问题。但是应该意识到，在学生的学习过程中，分析和解决问题涉及的问题是已知的，发现和提出问题涉及的问题是未知的，根据学生提出的问题展开教学，对于教师、学生的能力有更高的要求。例如，在情境体验中，学生首先要产生问题意识，拥有提出问题的能力，才能发现问题，并将之表达提出，而面对学生提出的不同问题，教师应引导学生进行必要的分类、选择排序等，和学生共同规划解决问题的进程和方法，在尝试解决问题的过程中，使其学习新知，并在适当的时候进行反思与总结。

（3）师生推动问题发展

课堂中，教师问题和学生问题相互作用，共同推进学生的学习。但是应该明确：不管教师提出的学习问题还是学生提出的学习问题，都应该突出学生视角。教师设计的问题应该基于学生的经验、困惑及矛盾点，引发学生学习的欲望；教师问题在一定程度上是作为学生问题的补充，更多应思考如何创设真实学习情境，鼓励、引导学生形成思考问题的角度，从而提出自己的问题并以之引领学习。

3.问题提出关键要素

小学数学"问·达"课堂主张通过问题来引领学生探索，引导学生深度思考并建构、经历有意义学习的过程。但实际数学课堂教学中，由于对问题缺乏整体思考设计，课堂上分散的、琐碎的、不相关的，甚至是无效的问题经常出现。这样的问题，无法把学生的思维引向深入，促使其探究数学知识本源，理解数学内容本质，感悟和运用数学思想与方法。那么，如何加强问题设计，引发学生认知上的冲突，组织深度探究的学习活动，进而促进学生深入地思考？其实，不管是教师提问还是学生提问，提出好问题是优质教与学的核心。曾有研究发现，教师在一节课上可能提出上百个问题，这些问题多数无法真正促进学生对知识本质的理解，反而使学生浅尝辄止，无法引发其深度思考。应该说，好问题不在多而在"精"，尽管对于在一节课内提多少问题对学生学习比较适宜并没有一个统一的答案，但是很多教育者认为：提出少量的、经过精心组织和陈述的好问题，比提一大堆问题更能促进学生思考。[①]那么，什么样的问题是好问题呢？

---

① 郭应曾，高青春.问题推进教与学：小学版[M].南京：江苏凤凰科学技术出版社，2014：3.

（1）好问题应具有明确的目标指向。一节课中，教师有教学目标，学生有学习目标，问题要引领学生学习，其实就是要达成一节课的目标，这就要求好问题必须具有明确的目标指向。需要达成的目标不同，设计或选择的问题也不同。我们经常以"四何问题"对课堂中的问题进行分类，"四何"即"是何""为何""如何""若何"。"是何"指向一些表示事实性内容的问题，"为何"指向一些表示目的、理由、原理、法则、定律和逻辑推理的问题，"如何"指向一些表示方法途径与状态的问题，"若何"指向一些表示条件发生变化，可能产生新结果的问题。"是何"问题的研讨旨在了解学生对事实性问题的掌握情况，"为何"问题的研讨旨在了解学生对原理性知识的掌握情况，"如何"问题的研讨旨在了解学生对策略性知识的掌握情况，"若何"问题的研讨旨在了解学生对创造性知识的掌握情况。布鲁姆将认知领域的目标分为识记、理解、运用、分析、综合和评价六个层次，从这个角度来看，"是何"问题属于低层目标，"为何"问题属于中层目标，"如何""若何"问题属于高层目标。一堂高质量的课不应只有低层目标的问题设计，而应有低中高层目标的搭配，并且中高层目标的问题设计要占一定的分量。

（2）好问题应指向具体的知识维度。小学生一节数学课是40分钟，时间有限，如何在有限的时间内达成有效、高效的教学，这就要求好的课堂提问紧扣学习的重点和难点，引导学生开展有效的学习活动。例如，"摆小棒"对于一年级的学生来说，是非常熟悉的活动，学生在学习"数的认识""数的运算"时，经常借助"摆小棒"认识数及算理。教学一年级上册"11—20的认识"时，便可借助"摆小棒"提出指向具体学习内容的问题——"想一想怎样摆才能让别人很快就能看出是12根小棒"。在学生操作后，选取并展示学生的作品，根据学生的操作情况结合"怎样摆才能让别人很快就能看出是12根小棒"进行辨析。在辨析中，学生发现"无论是2根2根地摆、5根5根地摆（再摆2根），还是10根放一起再摆2根，都可以表示出12根小棒"，而把10根放一起再摆2根则可以让我们快速地数出12根小棒。这样指向具体学习内容的问题提出，为学生抽象出数的表示方法提供了具体的支撑，也为学生用抽象的数表示数量提供了思考、学习过程的体验。

（3）好问题应促进学生的深度思考。马云鹏教授指出"小学数学深度学习是以数学学科的核心内容为载体，以提升学生的综合素养为目标，整体分析与理解相关内容本质，提炼深度探究的目标与主题，了解学生学习特定内容的状况，通过精心设计问题情境，引发学生认知冲突，组织学生全身心参与学习活动,围绕具有挑战性的学习主题深度探究,使学生体验成功、获得发展的有意义的学习过程"。①而"围绕具有挑战性的学习主题深度探究"是学生进行深度学习的关键所在,这一过程需要好问题启动。例如教学一年级"百以内数的大小比较"时,不少学生其实已经能够比较百以内数的大小了,但是对于"为什么"则较少思考,这时,老师可以简单提问"34和29谁大谁小",然后设计问题"34和29中间为什么填'>',可以写一写、画一画,说清楚道理"。这样的问题,指向对于"为什么"的思考,能激发学生独立思考,并表达自己的想法,具有一定的思维含量,而学生也能在深度思考与表达中,采取多样化的方式解决问题,或通过一一对应的思想进行比较,或通过分析推理——34比30大、29比30小——进行说明,或通过34十位上是3,29十位上是2,利用位值制说明。总之,通过深度思考,在尝试说明道理的过程中,学生明晰100以内数的大小的比较。

二 设计核心问题实践路径

小学数学教学要以促进学生的思维发展为价值取向。学生的思维始于一个个数学问题,好的问题能促使学生的思维由低阶水平向高阶水平进阶。真正的好问题,具有明确的目标指向,触及教学内容本质,能引发学生深度思考,我们可以将这样的问题称为"核心问题"。"核心问题"是一节课的统领性问题,它能串起整堂课的主要内容,是学科核心知识、学生学习内容及教学目标的集中体现。那么设计核心问题时要关注什么呢?

1.核心问题要关注知识的本质

数学学习强调对知识、概念、结论等的理解,既要掌握数学概念的本质,也要掌握数学结论和数学方法的本质。理解数学知识的本质,不仅仅在于记住知识本身,更在于理解其内涵,明确其意义,掌握其成立的理由。因此,核心问题的设计,首先要关注学生对于知识的理解,引导学生围绕核心问题展开探究,使学生真正理解数学知识的本质。

例如,在教学"长方形和正方形的面积"时,不少学生在学习前对长方形、正

---

① 马云鹏.深度学习的理解与实践模式——以小学数学学科为例[J].课程·教材·教法,2017,37(4):61.

方形的面积计算公式就有了一定的了解,但是长方形的面积=长×宽、正方形的面积=边长×边长,学生是否真正理解了呢? 计算长方形、正方形的面积是多少,其本质就是看长方形、正方形中含有多少个面积单位。学生对于长方形、正方形面积计算公式的掌握应建立在探寻长方形、正方形中含有多少个面积单位的基础上。应让学生体验感受长、宽与摆放的面积单位个数的关系,逐步抽象形成面积计算公式的模型。教学中可以设计核心问题:"这个图形的面积是多少? 你是怎么知道的?"引导学生围绕这一核心问题展开实践操作,理解长方形面积的本质:将8个1平方厘米的小正方形摆放在3个长、宽不同的长方形上,探索长方形的面积计算公式。学生在操作过程中发现:长3厘米、宽2厘米的长方形可以密铺摆上6个1平方厘米的小正方形,因此,它的面积是6平方厘米;而摆放在长4厘米、宽3厘米的长方形与长7厘米、宽4厘米的长方形上时,小正方形不够用,怎么办? 此时学生的思维必然产生矛盾冲突,进而引发新的疑问:"小正方形不够用,怎么摆放呢? 怎样才能知道长方形的面积呢? 如果没有小正方形,又该如何知道长方形的面积? ……"这些在解决核心问题的过程中引发的疑问,促使学生进一步寻找解决问题的方案,在操作、画图、思考、辨析中发现摆放小正方形的个数与长方形的长、宽的关系,从而得出长方形的面积计算公式。这样在核心问题的引领下摆放小正方形,由摆满到摆不满,学生在感性材料的基础上进行充分体验,经历由直观形象到抽象概括的过程,总结出长方形的面积计算公式,学生通过长方形面积计算公式的推导过程,加深了对于知识本质的理解。

建构主义学习理论认为,学生的学习是在已有知识和经验的基础上进行的一种主动建构,而不是被动地接受教师给予的知识和经验。核心问题的设计能促使学生进行积极思考,将静态的数学知识转化为动态的结构性问题,进而使学生在核心问题引领下主动拓展、更新和重构认知结构,建立对于知识本质的理解,实现深度的学习。

2.核心问题要关注知识的结构

布鲁纳认为:"不论我们选教什么学科,务必使学生理解该学科的基本结构。"学科基本结构是指该学科的基本概念、基本原理及其相互之间的关联性,是指知识的整体性和事物的普遍联系。掌握了学科知识的基本结构,就能把握住知识体系的核心和关键,从而从宏观上理解学科知识。数学是一门逻辑性、结构性很强的学科,数学知识之间充满着多维的联系,但考虑到小学生无法一下子接受太多的知识内容,因此,小学数学教材中一个单元的知识往往分解为许多知识点,并把知识点分布在不同的课时中进行学习。有时同一系列的许多相关知识也会在不同年级中螺旋式递进出现,这就使得学生头脑中的知识往往处于比较分散、无序的状态。因此,教学中需要通过设置核心问题,帮助学生将各种看似零散的信息源与节点进行联结,构建起立体的知识网络系统。只有这样,才能够有效促进学生认知结构的完善、迁移和生长,从而实现知识的自主建构,促进学生的深度学习。

例如,人教版教材五年级上册"多边形的面积"这一单元,学生就是在不同的课时中学习平行四边形、三角形、梯形的面积计算,理解这些平面图形面积公式的推导过程,并利用这些面积公式解决简单的实际问题。但学生如何理解这些面积计算公式的区别和联系,如何形成一个较为稳定且可以转化的知识结构从而灵活地从知识结构中提取相关知识解决各种复杂问题呢? 笔者认为,在学生学习平行四边形、三角形、梯形面积计算之后,可以设计核心问题"如果不知道面积计算公式,你会怎样求平行四边形、三角形或梯形的面积?""多边形的面积公式还可以借助哪个图形进行推导?"引导学生对多边形的面积计算问题进行整体思考,理解:不论什么图形,都可以运用数有几个面积单位的方法进行面积的测量,将面积的间接计量归结于直接计量,感受面积度量的本质。多边形的面积计算公式不仅可以借助长方形面积计算公式进行推导,还可以借助梯形面积计算公式推导:平行四边形、长方形、正方形可以看作上底、下底都相等的特殊的"梯形",三角形可以看作上底为零的特殊的"梯形",它们都可以利用梯形的面积计算公式"(上底+下底)×高÷2"推导出相应的面积计算公式⋯⋯这样,在核心问题的引领下,学生在整体化的思考中逐步完成多边形的面积计算公式的整理和重新建构,对于多边形面积的认知也不再只是一个个独立的公式,而是有了共同的起点和联系结构,也就建构起了动态联系的知识结构。

核心问题的设计要关注知识的结构化,引导学生从基于知识本身的点状学习走向基于学科的有条理、有意义的综合学习,从而使学生明晰知识的来龙去脉,理解知识之间的联系与区别。在核心问题的引领下,让学生对所学知识进行系统整理,推动知识的整体建构,能引领其走向深度学习。

3.核心问题要关注知识的迁移

学习迁移指已经获得的知识、技能乃至学习方法或学习态度对新的学习的影响。心理学认为,知识之间存在共同因素,不同的知识之间虽然本质不同,但在一些方面存在共同之处,这是产生迁移的前提。新知与旧知之间存在共同因素越多,迁移就越容易发生。数学学科各知识内容环环相扣,逻辑上具有较强的前后联系,知识的习得及其过程中的数学活动经验、数学方法都有许多共同之处,这就使得学习的迁移成为可能。但是,这些数学活动经验、数学方法的共同因素,在很多时候隐含在学生之前或现在进行的学习中,需要通过媒介触动,揭示新旧知识的共同因素。因此,在教学中,教师要借助核心问题,引导学生深入思考,将内化的知识方法外显,从而完成学习的迁移,触类旁通。

"两位数乘两位数"是人教版三年级下册的学习内容,实际上,多位数乘一位数、两位数乘两位数、两位数乘三位数等,在显性计算法则的背后,都隐含着"先分后合"的共性思考方式,都体现了转化的数学思想方法,具有迁移学习的现实性。教学这部分内容时可以通过设置"如果用列竖式的方法解决这个问题,你能想起以前学习过的什么运算?""学习了两位数乘两位数的笔算,你还会哪些笔算?"这两个核心问题,可以帮助学生发现三者之间的共同之处,实现旧知—新知—后知的迁移学习。笔算 $14×12$,是将算式拆成 $14×10$ 和 $14×2$ 分别计算后再相加,这与三年级上册学习的多位数乘一位数的笔算方法有共同之处,多位数乘一位数的笔算方法能迁移到两位数乘两位数笔算的学习中;面对"学习了两位数乘两位数的笔算,你还会哪些笔算?"的核心问题,学生必然思考这些计算的算理和算法的共同要素,挖掘其"先分后合"的计算道理,从而对于笔算方法的迁移产生较为清晰的认识,为以后运用这一方法解决三位数乘两位数、四位数乘两位数积累一定的迁移学习的经验。

总之,核心问题的设计,是学生知识学习和能力发展的关键所在。核心问题能激发学生思维碰撞,引发学生认知冲突,促使学生深入参与学习,从而深刻理解知识本质、深层联结知识结构,迁移应用所学知识、方法和思想,领悟数学学习的本质,促使深度学习真正发生。

三 教师设计问题之策略

"学起于思,思源于疑。"思维从问题开始,良好的问题能够引起学生的注意,激发学生的学习动机,引发学生的积极思考,拓展学生的思考方向,进而提高学生的思维层次。因此,教学中教师要加强问题设计意识,设计富有启发性、挑战性、结构性的问题,使学生围绕着核心问题展开探究,实现思维碰撞,促进深度学习。那么教师设计核心问题时要关注什么呢?

1.问题导学:激活学习起点

弗赖登塔尔认为,每个人都有自己的数学现实,这些"数学现实"之间有着千丝万缕的关联,要将新知纳入学生已有的知识体系中,必须找到新知与旧知的联结之处,并以符合学生年龄特质、知识基础的方式呈现,从而激活学生学习的起点,只有这样,才能使数学学习真正走进学生的心灵,引发学生认知上的共鸣,进而使其将所学的知识内化成自己的认知结构,促使学习真正发生。

在"路程、时间和速度"的教学中,速度的建构是教学的重点也是难点,如何找到学生学习的起点,帮助学生唤醒速度的初始知识呢? 可以借助问题"谁更快?"进行导学:①黑熊跑了120米,用了6秒钟;猎豹跑了120米,用了4秒钟,谁更快? ②小兔跑了100米,用了4秒钟;猎豹跑了120米,用了4秒钟,谁更快? ③自行车2小时走了24千米,火箭3秒钟行驶了36千米,谁更快? 通过这样的问题导学,学生理解了:时间相同或路程相同时可以进行直接比较,即路程相等,所用的时间越少,速度就越快;时间相同,所跑的路程越远,速度就越快。那么自行车、火箭的时间、路程都不同,谁更快呢? 学生根据问题导向,提出可以将路程或时间转化为相同量再比较,看似解决了问题其实又引发了新的思考:计算之后,为什么自行车和火箭的速度相同呢? 真的相同吗? 学生在已有知识经验的支撑下,展开讨论,在计算、思考、辨析中,恍然大悟的同时获取了对速度整体的思维体验:速度表示物体运动的快慢,速度与时间和路程两个因素有关,它等于单位时间内通过的路程;在经历"直接比较—无法比较—转化比较"的探索历程后,这样的体验与学生的生活、知识经验顺利对接,学生对"路程、时间和速度"这一数学关系的把握在现实比较与数量关系的抽象中不断转换,并获得深刻的体验。

问题导学,以学生已有的知识和经验为基础,借助问题的引导,静态的文本转化成学生建构知识的动态过程,重蹈人类探究知识的"关键步子"。学生的数学思维分析活动经历了感性、理性及逐步抽象的多维度的反复关联和转换,激活了学生的学习体验,实现了"速度"的意义建构。像这样基于教材的内容本质和学生的认知规律所进行的问题导学,不仅能够唤醒学生已有的知识经验,有助于引导学生积极主动地参与到数学学习的活动之中,而且有助于学生在学习过程中形成各种独特和深刻的学习体验。

2.问题导学:指向学习路径

数学学习的实质,其实就是让学生经历学习的过程,让课堂成为学生自主"发现"知识的阵地。在从未知向已知行进的过程中,学生经历一个个充满探索的数学学习过程,从而让原本存在于头脑中、但非正规的数学知识和数学体验上升为科学的结论,而在这个过程中,知识的思维价值往往隐含在形成结论的过程中。因此,数学教学中要注意及时对能够引发学生猜想、发现的观点或认知冲突进行"提炼",促使学生产生学习的迫切需求,使问题导学指向解决问题的思路与方法。

例如"3的倍数的特征"相对复杂,如何才能找到一个线索,形成合理的思路,从而把学生的思考引向探究的轨道?学习之初,学生不可避免猜测:3的倍数与这个数的个位有关。这是由于2、5倍数的特征的迁移,但是3的倍数的特征真的和这个数的个位有关吗?猜测引发学生的思考,思考引发尝试。在简单的举例之后,学生发现3的倍数的个位可能出现不同的数字,这样,学生很快就推翻了原有认知,得到新的结论:3的倍数与这个数的个位没有明确的关系。但同时,也诱发了认知冲突:3的倍数的特征与个位没有明确的关系,那么与什么有关?怎么开展研究?……这时,学生的学习进入"思索"状态,探求欲望得以引发,教师及时对学生的猜想进行引导、提炼:"我们可以借助百数表尝试把3的倍数圈出来,观察它们有什么共同特征?"学生的学习行为在问题的引导下自然展开,思考的问题也聚焦于:百数表中3的倍数到底有什么特征?探究3的倍数的特征之后,通过问题导学提炼的问题指向了解决问题的思路与方法,在问题的引导下,猜测、尝试、观察、思考、推翻,一系列的数学探究自然展开,学生的学习指向具体而深入。

3.问题导学：扣紧知识本质

弗赖登塔尔指出："为什么"这个词对于数学学习极为关键。数学学习不仅要知其然，还应知其所以然。数学知识包括数学概念和数学中的公理、定理、公式、法则，学习数学，不仅仅在于记住这些数学知识本身，更在于理解其内涵，明确其意义，掌握其成立的理由。只有理解了数学知识是什么、为什么，打通已知和未知的通道，才能体会到隐藏在知识深处的数学本质。因此，问题导学，要把握数学学习的实质，引导学生真正理解数学知识的本质。

"乘法分配律"传统的教学常常采用"不完全归纳法"得出规律：学生在生活情境中提取出数学算式后经历"计算—观察—总结—验证—运用"的过程学习乘法分配律。教学看似合理流畅，但教学后学生仍然出错不断，为什么呢？掌握乘法分配律的"形"很重要，但是从本质上掌握乘法分配律的实质意义更重要，只有真正理解乘法分配律的实质意义才能让学生真正掌握乘法分配律。乘法分配律包含了两级运算，其实质是乘法对加法的"分配"，只是这个分配隐含在等号两端的算式中，需要借助一定的方式方法加以明晰，剖析它们的相等关系。教学中，只出现$(50+40)×3$和$50×3+40×3$得数相等，便试图让学生发现并猜想"乘法分配律"，这对于学生的知识铺垫是远远不够的。$(50+40)×3$是如何"演变"成$50×3+40×3$的，教师应设计问题帮助学生深入思考：它们为什么相等？可以借助现实情境中的实际意义说明，或借助几何直观说理：花坛宽3米，长50米，如果扩建使长增加40米，扩建后的花坛面积是多少？但实际上最重要的是应该借助乘法意义的算理进行推导：$(50+40)×3$和$50×3+40×3$为什么相等？$(50+40)×3$可以看成3个$(50+40)$相加，则$(50+40)×3=(50+40)+(50+40)+(50+40)=50+50+50+40+40+40=50×3+40×3$……从算式左边到算式右边的相等关系的建立过程中，需要学生对其进行反思，寻找其存在的意义。乘法意义的推导过程（把乘法分配律还原于具体的算式中进行推导），能使学生领会两个相等算式间的逻辑联系，真正触及乘法分配律中数据间的结构关系和内在联系，知其形式的同时，理解其内在涵义，从而以推理的方式触摸到数学的本质。

4.问题导学：联结知识结构

布鲁纳提出：学习就是认识结构的组织与重新组织，学习结构就是学习事物间是如何联系的。数学学习有着很强的系统性、关联性，无论是概念的认识，还是法则的获取、公式的推导，自有存在其中的知识结构、过程结构、方法结构。

问题导学,通过问题的设置,引导学生通过观察操作、思考想象等进行沟通联结,形成有意义的关联,从而建构生成动态联系的、具有一般性的数学结构和关系,领悟各种数学知识、法则、公式存在的知识结构。

教学"分数乘法",思考:"分数乘法"中存在的基本知识结构是什么呢? 仅将本课与乘法的意义"求几个相同加数的和的简便运算"相联系是不够的,还要与之前学习的"整数乘法""小数乘法"等同一类知识进行关联性比较分析。可以设计关联性问题"整数乘法、小数乘法、分数乘法的计算道理一样吗?"从30×2、0.3×2、$\frac{3}{7}$×2的算理入手——剖析这些整数、小数、分数的算理"都是2个相同加数相加",到计算方法的统一——都可以先计算3×2得到6,方法相同,只是计数单位不同,分别是6个10,6个0.1,6个$\frac{1}{7}$。从对"整数乘法、小数乘法、分数乘法的计算道理一样吗"这一问题(乘法的意义)的思考入手,引发认知同化,构建起整数、小数、分数乘法之间共同的知识基础,这样的学习活动在让学生学知识的同时,也建构了数学知识的结构。

"3的倍数的特征"的教学,在学生探究了3的倍数的特征之后,引导思考:"为什么2、5的倍数要看个位,而3的倍数要看各数位上数的和?"借助方格图,分方格,2个2个地分或5个5个地分,十位、百位、千位上的数都正好能分完,因此2、5的倍数只要看个位就可以了。那么,3的倍数为什么要看各数位上数的和? 延续2、5倍数特征分方格的方法,3个3个地分,可以发现不管是个位、十位、百位还是千位,都不能正好分完,并且剩下的数与数位上的数字正好一样,这时需要把各位上分剩下的数合起来再分,如果正好能分完,这个数即为3的倍数,反之,如果不能分完,则这个数不是3的倍数。通过这样的问题设计,帮助学生把2、3、5的倍数的特征在思想方法上统一起来,有意识地渗透知识结构与方法结构之间的深度关联,从而发展学生的思维,促进学生深入地学习。

总之,问题导学以"问题"为载体、以教师"导"为主线、以学生"学"为标准,通过"问题"激活学生的认知起点,调动学生学习的积极性,指向学生学习路径,引发学生数学思考,使学生在学习过程中掌握各种数学概念、法则、公式的本质,形成点、线、面筑成的立体式的整体知识结构网络,实现学习者与教学过程、学习内容的深度契合,使得学生的学习真正发生。

四 学生提出问题之策略

传统的课堂教学给学生发现问题和提出问题的机会很少,大多数情况是学生回答教师提出的问题,即便是学生提出问题,这些问题也常常是教师教学的一种补充。实际上,在中小学数学的教学过程中,分析和解决问题涉及的问题是已知的,发现和提出问题涉及的问题是未知的。就培养学生的思维能力和创新能力而言,发现和提出问题要比分析和解决问题更重要。小学数学"问·达"课堂提倡学生在问题中学习,特别是要围绕学生提出的问题展开学习探究,然而许多学生可能并不善于提问,或者缺乏提出数学问题的能力。那么,作为教育者,我们该如何培养学生问题提出能力呢?

1.开启儿童提问意识

儿童的好奇心与生俱来,面对丰富多彩的世界,他们会产生不少疑惑,但随着年龄的增长,他们的问题变得越来越少。这是由于:一方面,儿童对于外部世界的了解越来越多,产生疑惑或好奇的事物越来越少;另一方面,有些事物儿童虽好奇,但不能在"表达好奇"的过程中正确地提出问题,特别是在学习过程中,不能将自身的困惑、疑问表达为可研究的数学问题。教学过程中,需要教师给予儿童有效的支持,开启儿童学习中的提问意识。

（1）启发理解提问的价值

在课堂上,由学生提出问题,并且围绕着这些问题展开学习的探索,这样的过程更具有"学习"的意义,因为它能够激发学生的好奇心和求知欲,帮助他们更好地理解和掌握知识。

因此,教师应注意开启学生提问的意识,启发学生理解提问的价值和意义。例如,可以组织学生讨论为什么要多提问题,围绕"提出一个问题往往比解决一个问题更为重要。这句话如何理解?"引导学生讨论分享,从而明白"解决一个问题中的问题是别人已经提出来的,而提出一个问题则是一个从无到有的过程","提出一个问题后,再通过思考解决,这种学习方式很有意义","发现问题很有价值,因为这是自己思考出来的"……通过这样的专题讨论后,学生切实感受到在学习过程中提出问题的意义,从而开启提问的意识。另外,有时候有些学生会由于担心自己的问题简单或偏题遭到同学的嘲笑,或认为提问题就是没有学会的表现而不敢提问,明确提问意义,也能更好地消除学生对提问的心理障碍。教师可以通过多种方式来帮助这些学生克服困难,例如鼓励他们勇敢地表达自己的想法、给予他们积极的反馈和支持、为他们提供适当的指导和帮助等。

（2）理解真实问题的内涵

孩子天生就对周围的世界充满好奇,喜欢问"是什么""为什么"。这种好奇心是孩子们探索世界的驱动力,也是他们学习的动力。教师在教学过程中,要保护孩子的这种天性,鼓励他们提出问题,并给予积极的回应和指导。同时,教师在指导学生时,也应该引导他们知道并理解学习中的真实问题。学习过程中,学生有时会根据学习要求提出已经知道答案的"习题中的问题",这样的问题虽然能帮助学生巩固所学的知识和方法,但这并不是学生学习中真实的问题。真实的问题往往来自一个人内心的热情,是学生想要知道,但无法直接获得答案或者解决方案的问题。这些问题可能是关于自然、社会、文化等各个方面的,它们激发了学生的思考和探索欲望。教师应该鼓励学生提出这些真实问题,并引导他们通过学习和思考来寻找答案。为了帮助学生更好地提出真实问题,教师可以采取一些策略。首先,教师可以提供丰富的学习资源,让学生有更多的机会接触到各种知识和信息。这样,学生们就能够从不同的角度思考问题,提出更深入的问题。其次,教师可以组织一些小组讨论或合作学习的活动,让学生们互相交流和分享自己的想法。通过与他人的互动,学生们可以形成更多的灵感和思考,从而提出更有深度的问题。最后,教师还可以鼓励学生们进行实践和观察,通过亲身经历来发现和解决问题。这样的实践经验不仅能够增加学生们的学习兴趣,还能够培养他们的观察力和解决问题的能力。

总之,教师在教学过程中应该保护学生的好奇心,并引导他们提出真实问题。通过提供丰富的学习资源、组织合作学习和鼓励实践观察等方式,教师可以帮助学生们更好地提出真实问题,并引导他们通过学习和思考来寻找答案。这样的学习方式不仅能够提高学生的学习效果,还能够培养他们的创造力和解决问题的能力。

2.指导儿童学会提问

杜威指出:"如果不引导好奇心进入理智的水平,那么好奇心便会退化或消散。"[①]学生提出问题便是将好奇心转化为理智的重要表现。当学生提出问题

---

① 吕达,刘立德,邹海燕.杜威教育文集:第5卷[M].北京:人民教育出版社,2008:77.

时,他们不仅仅表达了对某个主题的兴趣,更重要的是他们开始思考和质疑。这种思考和质疑的过程,正是将好奇心转化为理智的关键步骤。通过提问,学生能够深入思考问题的本质、原因和解决方法,从而培养出批判性思维和分析能力。因此,教师应该鼓励学生提出问题,并给予积极的回应和指导,以促进他们的学习和发展。美国著名的教育评论家尼尔·波兹曼也在他撰写的《教学:一种颠覆性的活动》一书中写过这样一段话:"一旦你学会如何提出问题,你就学会了如何学习,而且再没有人能阻止你去学你所想所需的一切。"但在学习过程中,学生的提问会出现一些困难,例如不知道从哪些角度提问题,提问的思路不够开阔等。那么,如何指导学生提问,让学生掌握提问的方法呢? 鼓励学生提出问题,并对提出问题的思维过程进行反思,寻找多角度提出问题的策略及方法是一种很好的方法。

(1)聚焦课题提出问题

指导学生提问,寻求多角度提出问题的策略,可以从聚焦"课时课题"提问入手,引导学生见课题提问。数学教材中大部分课题都是以"数学名词"的方式呈现,对应着本课时的知识目标,学生有意识地聚焦课题提问,能通过课题对应的知识内容对"新知"产生疑惑,从而将"朦胧的"疑惑转换成一个个具体的数学问题。在这个基础上,教师再引导学生梳理问题形成的脉络,分析提问的角度,这样更能增强学生的问题意识,让学生收获提问策略。

例如,在教学"百分数的认识"一课时,教师揭示课题后提问:"关于百分数,你们有什么困惑?"在学生提出"什么是百分数?""百分数有什么用?""百分数和分母是100的分数一样吗?"等问题时,教师可围绕学生的问题,引导学生思考"为什么要问这个问题,我是怎么想的?""就这样一个课题,我们提出了很多问题,是什么促使我们提出了这么多问题?"等,引导学生分享自己提出问题的过程,从而让学生明白:聚焦课题可以从课题蕴含的知识特征进行提问,寻求"是什么";可以寻找知识背后蕴含的数学道理、数学规律,追问"为什么";可以寻找知识的用处,探寻"有什么用"……这既能充分显露学生的认知基础与学习起点,又能为学生之后探究新知概念做好准备。

(2)改造条件提出问题

指导学生提问,寻求多角度提出问题的策略,可以从"改造条件"提问入手,引导学生打开提问思路。改造条件引发问题是指通过改变情境中的某个条件来丰富学生的思考角度,从而引发新的问题。这种方法可以帮助学生持续思考,并打开他们的提问思路。在传统的教学中,教师通常会提供一个问题或任务,然后要求学生按照既定的步骤和方法去解决。然而,这种教学方式往往限制了学生的创造力和思维能力的发展。为了打破这种限制,可以引导学生改造条件提出新的问题。在一个数学问题中,学生可以改变题目中的一个条件,如增加或减少一个变量,从而产生对新问题的探索和思考。这样的改变可以帮助学生发现不同的解决方法和策略,培养他们的逻辑思维和问题解决能力。

　　例如,在学习人教版六年级上册第五单元"圆"之后,学生试着解决这样一道题:"如图3-4a所示,大圆、小圆的直径分别为8厘米、4厘米,两个小半圆的周长之和与大半圆的周长有什么关系?"经过计算,学生纷纷提出自己的想法。在解决问题的基础上,教师可以启发:"仔细观察,你还能提出什么问题?"学生在思考教师的问题的同时,也产生了好奇,"还可以怎么提问呢?"。这时教师可以提示学生仔细思考,把自己的想法写下来或画下来。在教师的启发下,学生开始关注原有问题情境中的条件,继而提出新的问题:"如果大半圆中有三个小半圆,小半圆的周长之和还与大半圆的周长一样吗?(如图3-4b)"在同学们的带动下,一学生又有了想法,"如果像这样的大半圆中有四个小半圆呢?""如果小半圆的大小不一呢?(如图3-4c)""小半圆的面积之和与大半圆的面积有什么关系呢?"……在学生提出问题之后,教师同样应引导学生观察并思考"这些问题是怎么提出的?"帮助学生抓住条件间的联系,从不同的角度观察和思考,引导学生体会改造条件提出新问题的方法。同时应注意,当学生出现不会提问、不能改造条件时,教师应及时给予必要的支持和有效的引导。

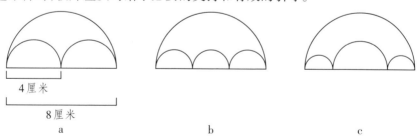

4厘米

8厘米

a　　　　　　　　　　b　　　　　　　　　　c

图3-4　第五单元"圆"某练习题图

　　改造条件可以激发学生的好奇心和求知欲。当学生通过改造条件提出一个新问题时,学生也就面临一个新的挑战,需要重新评估问题,并提出新的解决方案。这个过程需要学生进行深入的思考和分析,他们往往会感到困难,但同时也会感到兴奋和渴望了解更多。这种好奇心和求知欲可以促使学生主动去寻找答案,积极参与到学习过程中。

(3)逆向思考提出问题

指导学生提问,寻求多角度提出问题的策略,可以从"逆向思考"提问入手,引导学生丰富提问的角度。逆向思考是一种通过思考问题的相反情况来解决问题的方法,它要求我们从已知的结论出发,反向推导出可能导致该结论的原因或条件。提出逆向思考的问题,是指在解决完问题得到正确结论后,从结论入手,逆向思考提出问题。这种方法可以帮助学生在解决问题与提问双向分析的过程中,丰富提问的角度,同时更深入地理解问题的本质。

例如,在人教版三年级下册"面积"这一单元,练习中有这样一道题:"下面每个□代表1平方厘米。在方格纸上,画出面积是16平方厘米的长方形,你能画几个? 算出它们的周长,填入表中。"学生在方格纸上画出多个面积是16平方厘米的长方形,并通过比较,发现并得出结论"周长一定的长方形中,正方形的面积最大"。教师基于此可以提出"如果让你继续研究,你最想研究什么?"的问题。在学生提问的基础上,引导学生思考"面积一定的图形,正方形的周长最长吗?"。这样的问题是属于逆向思考提出的问题。引导学生从结论入手,深入体会逆向问题的特点。同时,可以设计一些实际的例子,帮助他们尝试提出逆向问题。

总之,启发学生多角度思考是指导学生提出问题的重要途径。教师应该及时提供支持和引导,帮助学生克服困难,提高他们的问题提出能力。同时,教师也应该鼓励学生分享思维过程,促进学生之间的交流和合作。通过这样的教学,可以帮助学生更好地掌握多角度提出问题的策略和方法,提高学生的思维能力和创造力。

3.儿童问题提出路径

课堂上从来不缺少问题,但是以往的师生问答,更关心的是答案,更关注问题知识导出答案的工具和方法。而学科实践提倡让儿童像专家那样思考,专家的思维则恰恰体现在"不断地提出问题,问题引出答案,答案又引出问题"的过程中。传统教学最大的不足就在于我们过于追求确定的答案,而没有让问题引导我们进入那个不确定的奇妙世界,也就无法建构学生的"专家思维"。小学数学"问·达"课堂中,教师创设以学生为中心的学习环境,鼓励学生发现与提出问题,继而聚焦学生提出的问题展开探究学习,能够拓宽学生观察数学现象的视野,使其积累、领悟更多判断事物的经验与方法,逐渐形成独立思维的意识,培养理性精神,促进创造性思维、创新意识的发展。《义务教育数学课程标准(2022年版)》在课程目标中规定"课程目标以学生发展为本,以核心素养为导向","发展运用数学知识与方法发现、提出、分析和解决问题的能力",突显了"发现和提出问题"的重要性。然而,在目前的小学数学课堂中,学生提出问题的机会较少,仍是以教师提问、学生回答为主要形式。即便是教师启发学生提出问题,这些问题往往也是作为教师教学的一种补充。大多数学生缺乏提问的意识和方法,所提问题"程式化"的较多,体现思维变通性与可逆性的较少。该如何改变这一现状,促进学生发现和提出问题呢? 笔者认为,可以从三方面着手。

(1)在"知识发生处"发现与提出问题

数学学习应是源于真实问题的学习,学生的学习要由疑而生,因疑而学。数学不仅与生活紧密相连,而且数学知识之间有着内在的关联性。学生在学习新知识时,其生活经验和知识经验决定了其认知基础,这个认知基础会使得学生对新知识形成一种"似是而非、似懂非懂"的感受。这种感受的萌生阶段,往往是学生注意力最为集中、兴趣点最为浓厚时。因此,教师应创造条件,鼓励学生在初次认识某一数学知识概念时学会提问,即"见课题提问"。这是因为,数学教材中大部分课题都是以"数学名词"的方式呈现,对应着本课时的知识目标。教师从"课时名字"入手,唤醒学生的已有经验,触动学生对"新知"产生疑惑,引导学生将"朦胧的"疑惑转换成一个个具体的数学问题,梳理问题形成的脉络,分析提问的角度,这样能增强学生的问题意识,让学生收获提问策略。

例如,在教学人教版五年级上册"小数乘法"一课时,教师创设情境揭示课题后提问:"关于小数乘法,你们想深入学习什么? 有什么困惑?"学生迁移之前学习整数乘法时的相关经验,大都能发现问题与提问:小数乘法该怎么计算? 小数乘法计算的道理是什么? 小数乘法能不能像整数乘法一样计算? 小数乘法和整数乘法有什么联系……对于这些"即时性的发问",多数情况下,学生没有深思熟虑。教师可围绕学生的问题,引导学生思考"为什么要问这个问题,你是怎么想的"等,让学生交流、讨论、梳理,回顾自己的思考过程,通过"说一说"的方式,提炼出发现与提出问题的方法。比如,可以从课题蕴含的知识特征进行提问,寻求"是什么";可以寻找知识背后蕴含的数学道理、数学规律,追问"为什么";可以通过对比新旧知识之间的相同与不同进行提问;可以联系已知信息进行推测、猜想……;这样既能充分显露学生的认知基础与学习起点,又能为学生之后探究新知概念做好准备——通常梳理出的提问思路与认识数学概念的步骤相对应。之后，教师再让学生带着问题开展探究活动，可有效提升学生的学习能动性与积极性。

(2)在"深化理解时"发现与提出问题

每一个数学概念、定理、规则等，都是经历"萌芽、形成与发展"的漫长过程，才有了如今的定义与内涵。小学数学教材往往呈现的只是这些知识的"最终结果"，这些"最终结果"虽然简洁、精练，但不容易让人一眼看懂其中的内涵。如果教师只是通过一个数学问题或情境导出新知识，很多时候，学生只能停留于表层认知，"只知其然，而不知其所以然"。在学生认识一个全新的数学概念时，教师不妨围绕知识本质创设多个"类似"的生活情境，促使学生在"同中求异、异中求同"中自主提问，让学生在"提问—对比—分析—提问……"的反复循环中不断挖掘和显露新知的属性特征。这样不仅能加深学生对数学概念、公式与定理的理解，使之持续感知核心概念，还能促进学生深入且深刻地思考，不断培养与发展数学抽象能力，学会用数学的眼光观察现实世界。

例如，人教版教材中是这样描述比的定义：两个数的比表示两个数相除。这个定义的概括性极强，学生虽易记忆，却不易理解。那么，在导出比的概念环节，教师可设置多个相类似的问题情境，引发学生比较、思考与猜想：①泡蜂蜜水时，蜂蜜和水的质量比是1∶7；②五星红旗长和宽的比是3∶2；③一场足球比赛的上半场比分是2∶1；④搅拌混凝土，沙子、石子和水泥的质量比是3∶5∶2。乍看之下，这四个问题情境给出的数据形式相似，但其中却有不同的含义。教师可以让学生联系例子"做馒头时面粉和水的质量比"，说说自己的疑惑，尝试提出数学问题并做相应探究。虽然，一开始学生提出的问题可能是模糊不清的，与"比"的内涵关联不强，但随着师生、生生对话的深入，学生能够逐渐关注到比的"倍数关系"，提出问题：这些都是比吗？这四个情境中的"比"和"做馒头时面粉和水的质量比是2∶1"中的"比"都是一样的吗？足球场上的比分2∶1和比有关系吗？沙子、石子和水泥的质量比是"比"吗？如果有3个数的比，那么会不会有4个数、5个数的比……学生围绕问题进行验证，将比分"请出"课堂，将多个数的比纳入比的范围，既探索比的外延，又触及比的本质，对比的定义形成了形象且深刻的理解。在这个过程中，学生用自己的思维方式自由地观察、思考、分析、推理，使最初的困惑逐渐成为明确的数学问题，这样能使学生真切地感受到如何通过观察与对比多个类似的生活现象，从数学的角度来发现问题、提出问题，促进数学学习。

（3）在"回顾反思中"发现与提出问题

如果说，学生在学习知识前与学习知识的过程中的提问，更多是依赖于教师有意识的设计与引导，那么，一节课的回顾与反思环节就应该成为学生有意识地进行提问的阶段。教师要巧妙利用数学知识的结构化特征，鼓励学生对所学内容进行重构，让学生在探索知识的相互关联中大胆提问，逐步积累发现和提出问题的经验与方法，从而随着学习的深入有能力提出更具探索性、拓展性的问题。

一般教师在全课总结环节，会以设问的方式来引导学生总结与整理相关的数学知识及思想方法，如"你学会了什么""你是怎样学会这些知识的""你还有什么困惑"。但其实，教师放手让学生自主回顾并提出问题，会生成更多精彩内容。比如，学习"商不变的规律"后，教师设计一个开放性的问题"学习商不变的性质后，你还想研究什么"，给予学生自主提问的机会：这节课我们是怎样探索出商不变的规律的？哪些方法可以用到今后的学习中去？学习商不变的规律有什么用处……在学生小组讨论并提出问题后，教师还要引导学生将提出的问题进行整理与做小结，帮助学生清晰认识到提问的方法：可以以"总结"为目标，归纳学习方法；可以基于运算性质进行逆向提问，如"要使商不变，被除数和除数必须同时乘或除以一个相同的数（0除外）吗"；还可以改造条件，引发新的问题，如"在除法中有'商不变的规律'，在乘法中有没有'积不变的规律'呢？加、减法中的不变规律又是怎样的"……通过对问题分类，学生不仅能在对比自己与他人不同的提问角度中拓宽"视角"，拓展思维的广度与深度，而且能再次回顾自己提出问题的过程，思考自己提出的问题是否对自己理解本节课的学习目标有所帮助。学生在逐步感知提问的方法的过程中，为今后提出更丰富、更有意义的数学问题积累经验。

第四章

小学数学"问·达"课堂之问题探索策略

新课程改革从关注"教"转向关注"学",着重实现学生学习方式的变革。"问·达"数学课堂提倡构建"学为中心"的课堂,关注"以学生为中心"的同时,更关注"以学习为中心",从学习视角设计课堂教学,提倡师生作为学习者,围绕共同发现的问题展开自主学习与合作探索的活动。教学中,从真实情境出发,提炼真实问题,突出问题中心,设计多样化、个性化的学习活动,从教学设计走向学程设计,从学生学习"被设计""预设计"走向自主设计、生成设计、个性化设计。课堂上,教师更多地通过学习活动的设计,让儿童在教学活动中成为主体,以儿童的生活和现实问题为载体和背景,以儿童的直接体验和生活信息为主要内容,把数学知识的学习过程巧妙地转化为数学活动,同时运用方法指导、反馈评价、活动组织、互动交流等方式指导儿童经历完整的学习过程。

第一节

学习任务设计及实施策略

随着2022年义务教育课程方案及各学科课程标准的推出,基础教育迎来了重大变革。方案明确强调,教学应基于核心素养发展要求,优化内容组织形式,实现教学方式的变革。传统的"教案设计"以教师为中心,主要关注如何系统地传授知识。然而,随着教育理念的发展,这种设计模式已逐渐显露出其局限性,无法充分满足学生核心素养发展的需要。为此,"学案设计"应运而生,它更加注重学生的主体性和参与性,从学生的视角出发,思考学什么、如何学,以更好地促进学生的全面发展。而"学习任务单"这一创新的教学工具,它以培养学生的核心素养为宗旨,通过设计层层递进的任务和系列活动,将教学、评估和学习过程融合为一个和谐统一的系统。这种方法突出了学生的主动性和参与性,唤起他们对学习的热情和积极性,推动他们在解决问题的实践中深入体验学习过程,实现知识与能力的紧密结合。

为了最大限度地利用学习任务单的优势,教师需要改变传统的知识观、学习观和教学观。知识不单是学科内容的静态积累,更是思考和解决问题的动态过程。学习不再局限于被动接受知识,而应成为主动构建知识和提高能力的过程。同样,教学也不再是单向的知识灌输,而是师生之间双向的互动和共同成长的旅程。在这一教学理念指导下,教师更加关注学生的个性差异和具体需求,为学生的发展提供定制化的学习支持和指导。设计富有挑战性的学习任务,及时提供支持和引导,不仅能够激发学生的学习热情,还能够培养他们的独立学习能力和团队协作精神。此外,教师还需密切关注学生学习的过程和成果,运用多样化的评估方法,全方位把握学生的学习现状和发展需求,从而为每个学生的个性化成长提供全面的支持。

问题引领下的数学学习具有以任务为载体,以学生自主探究为主要学习活动的特点,学习任务为学生发现和提出问题、分析和解决问题提供空间,为思维发展提供媒介[①]。在教学中,核心问题可以帮学生明确本课要达到的学习目标,而学习任务则可以为学生提供目标达成的路径,高质量的学习任务既是核心问题解决的路径,也是问题解决后学生学以致用的实践方式。

一 明晰学习任务的若干问题

数学教学要以促进学生思维的发展为价值取向,学生思维的发展起于一个个学习问题,而为更好地解决问题,则需设计具有逻辑结构的系列学习任务,让学生以问题引领,任务驱动的方式展开学习活动。好的学习任务能促进学生思维由低阶水平向高阶水平进阶。那么,什么是学习任务? 学习任务的作用是什么? 设计学习任务要注意什么问题? 这些问题都需要在设计学习任务前明晰。

1.学习任务的理解

不同的教育心理学流派从不同角度探讨学习任务这一概念,因此,对于学习任务有多重不同的理解。在新课程语境中,首先我们可以将学习任务视为一种活动。一个学习任务是学生在特定情境中完成的一件事情,或者说,学生通常需要在学习任务的驱动下开展相应的学习活动,它涉及学生在学习过程中所进行的一系列有目的、有计划的行为和互动,因此学习任务可以被认为是一种活动。其次,学习任务是一种实践活动。人的活动分为认识活动和实践活动。

认识活动是以认识世界为目的,是为了在人的头脑中建立客观事物的图景,而实践活动则是以改造事物为目的,是为了满足人的需要。[1]学习任务被视为实践活动,因为它具有实践的一般特性和学科特有的育人价值。实践的特性在于其物质性和客观性,它是一种以"身体参与和亲身经历"为表现形式、以"体验和感悟"为内在特征的学习活动。[2]在过去,学习被认为是一种"认识活动",因此教学总是以知识传授的形式进行。2022年版义务教育课程方案和课程标准颁布后,创设基于真实情境、真实问题引领下的学习任务,落实学生发展的核心素养,成为教学关注的重点。在新的育人理念下,课程与教学领域开始强调"实践"的理念,主张将学习置于有意义的任务中。"学习任务"的提出,体现了学习从认识活动向实践互动活动的转变。学习任务是课堂教学过程中达成学习目标、落实学生核心素养培育的必要学习手段和有意义的实践活动,是单元教学中学生开展自主学习的有效载体。[3]教学中,教师可以根据课前、课中、课后不同的学习目的,统筹设置学习任务群。课前前置学习任务,唤醒学生的认知基础及相关经验,引导学生发现问题,从而对新知学习产生一定的向往;课中研学任务引导学生在课堂学习中思考、活动、探究,逐步形成解决问题的思路、方法、策略等;课后反馈任务主要是学习之后的交流、分享活动,引领学生进一步发现问题、完善学习。

2.学习任务的作用

学习任务可以助力学生素养的培育。学习任务是素养导向的实践活动,立足于培育学生的核心素养,其实质是真实情境下的知识运用。[4]改革开放以来,课程教学目标经历了从"双基目标"到"三维目标"再到"核心素养目标"的变革。核心素养是指学生在学习过程中所需具备的关键能力与素质,包括但不限于批判性思维、创新能力、沟通能力以及团队协作等。这些素养的维度不是无意义的抽象概念,而是具有具体的形象特质和行为表征。然而,这些核心素养本身

① 崔允漷,王少非,杨澄宇,等.新课程关键词[M].北京:教育科学出版社,2023:32.
② 周建强.基于新课标的语文作业创生建构与设计路向[J].中小学教师培训,2022(11):44.
③ 豆海湛.体验教学新范式下小学道德与法治"教学评一体化"的实施[J].新课程研究,2023(34):16.
④ 杨景霞.学习性评价中建构以"学习为中心"的课堂探索[J].学苑教育,2024(8):13.

是看不见的,无法直接观察或测量,"能力只有在需要能力的活动中才得以培养,素养只有在需要素养的活动中才得以形成",因此,学生的学习需要依托具有活动取向的学习任务,促使学生在任务驱动下,经历完整的实践活动过程,在"做成事"的过程中发展核心素养。因此,当我们谈论"让核心素养落地"时,意味着我们需要通过课程目标和教学活动设计来引导学生发展这些关键能力和素质。核心素养需要通过学习任务来培育,核心素养强调在真实情境中解决复杂问题的能力,而学习任务的完成需要解决真实情境中的问题,为核心素养培育提供了环境,同时,在学习任务引领下开展的学习活动可以避免"活动脱离学科"现象,助力学生在真实情境中习得并运用知识。当知识的迁移运用、问题解决作为实现核心素养的教学目标时,立足于真实情境下具有一定复杂性和挑战性的学习任务,就可以很好地考查了解学生是否理解知识,是否能够用所学内容解决问题。因此,学习任务就是实现教学目标的评估证据,学生完成学习任务的过程就是实现教学目标的过程,学习任务贯穿了学习的全过程。

3.任务设计的现实困境

现在,越来越多的教师倾向于一节好课应该在课堂上开展活动,让学生动起来。基于这样的思考,教师们也经常借助学习任务的方式,让孩子展开学习。也就是说,学习任务的设计应关注活动的质量。核心素养是知识技能、过程方法、情感态度价值观的综合体现。为了培养学生的综合品质,学习任务应该具有综合性和深度。如果活动设计过于简单,学生很难进行深入思考和探究;如果活动零散且缺乏综合性,学生无法充分体验和探究,合作与交流也容易流于形式,深度学习难以展开。在培养核心素养的课堂中,教学设计的关键不在于简单地让学生参与活动,而在于提升活动的品质和质量,教师应设计能够驱动素养目标实现、具有一定难度和综合性的任务,同时,任务应与真实生活紧密联系,能够激发学生持久的思考和探究的兴趣。因此,设计任务时要注意为任务的实施留出一定的开放空间,通过任务的实施,在活动中提升学生的思维高度。然而,在日常教学实践中,学习任务单的设计往往存在一些问题,这些问题不仅削弱了学习任务单作为教学工具的潜能,也影响了学生学习效果和核心素养的发展。

第一,任务知识碎片化。在设计学习任务时,一个常见问题是任务内容过于零散,这导致了知识点被分割成许多小片段,失去了它们的本质联系和逻辑结构。这种碎片化的处理方式不仅妨碍了学生建立完整且系统的知识框架,还影响了他们对知识深层含义及其应用背景的理解。更严重的是,细碎的学习任务可能会促使学生陷入一种被动和机械的学习模式,缺少主动探索和进行批判性思考的机会。因此,在制定学习任务时,教育者需要特别注意保持知识的完整性和连贯性,以促进学生对知识的全面把握和深层次思考。

第二,任务设计浅表化。有些学习任务的设计过于简化,缺少思维上的挑战性,学生在完成任务时往往只需进行基础的记忆和模仿,而无须深入思考或进行彻底的探究。这种表层的学习方式不仅难以有效提高学生对学科理解的能力,还可能导致他们对学习失去兴趣甚至产生逆反心理。因此,为了激发学生的学习热情并促进他们的综合素质发展,设计学习任务时应确保有足够的挑战性和深度,鼓励学生投入到更有意义的学习和探索中去。

第三,任务结构零散化。一节课中,学习任务的设计应该具有结构性和逻辑性,确保各个任务之间相互关联、层层递进,形成一个完整的学习过程。但是,有些教师在设计任务时,往往由于对教材解读得不够深,使得多个任务之间无法形成任务链,在一个任务中,对于任务的描述也可能过于简单,使得学生无从着手。

第四,任务活动支撑少。尽管学习任务的设计至关重要,但教师往往忽视了任务执行过程中的支撑和后续的思维外显活动。如在学生深入学习的过程中,缺乏必要的学习材料和指导,会导致学生无法充分理解和掌握知识。此外,学生在完成任务后,也缺少将他们的思维过程和成果进行展示和交流的机会,这限制了学生批判性思维和创造性思维的发展。因此,在设计学习任务时,教师不仅要考虑任务本身的结构和深度,还要细致思考如何在整个学习过程中为学生提供持续的支持,包括提供丰富的学习资源、进行及时的指导和反馈,以及创造机会让学生的思维得到外显和分享。通过这些综合措施,更好地促进学生的主动学习。

二　设计学习任务的实践路径

学习任务需要精心设计。为了落实任务的育人价值,确保"教-学-评"的一致性,学习任务的设计需要基于课程标准,采用逆向设计,总体而言,包含以下三个步骤。

1.确定任务目标

在传统教学设计中,教师更多的是设置"教学目标",关注的是"如何教";而新课标理念下的"学习目标"已从教师立场的"要教什么",走向学生立场的"要学什么"。因此,学习任务的预设,不仅要知道学生"要学什么",更要知道"学完后将知道什么或会做什么",充分预知任务完成后,学生能够在哪个方面得到怎样的成长。[1]因此,"教程目的就可以转换成具体的学习结果陈述"[2]。这样,"学习结果陈述"就是"学习目标",那么,学生要完成怎样的"学习任务",才能达成学习目标呢?这就需要根据学生可能达到的"学习结果"进行反向推导,从而确定教学中要设置的任务,让学生在完成任务的过程中达到预期的"学习结果"。新修订的各学科课程标准都设计了素养导向的课程目标,教学必须基于课程标准来落实核心素养。素养导向的学习目标需要根据学习目标进行确定,需要表达出学生在学习过程中的"经历(过程)—习得(结果)—形成(表现)",也就是说,学习目标包括预期的学习结果、通过什么方式获得学习结果(过程)以及所形成的素养表现。如何评估学生在完成学习任务的过程中,目标的达成程度如何?这就需要聚焦学生的关键表现或成果,通过学生在完成学习任务过程中的表现,评估其对学习目标的掌握程度,并形成评估学生素养发展水平的证据。学习目标不仅关注学生的学习结果,还包括形成学生预期结果的过程,而课堂学习中的学生学习任务则更加具体,确定课堂学习任务目标需要对学习目标中的学习过程进行更加具体的课堂化描述。例如,学生学习"乘法",对于"乘法"这一运算意义的理解,可利用学习任务对学生进行评价,可以确定任务目标为"能根据乘法算式,提出可以用相应算式解决的实际问题"。

2.表达任务内容

任务内容的表达其实也就是学习任务的设计以文字的方式进行表达。学习任务完成结果需要学生以一定的方式使用特定的知识进行表达,学习任务中需要充分考虑将知识进行条件化处理,并且这种条件是与学生已有经验相互联系的。因此,需要根据学习目标,思考学生需要做一件什么事实现或检验学习目标,针对目标要求与学情,构建任务的原型;构建出任务原型后,尽量为任务设计一个具体的学习情境或问题情境,以问题引出任务,让孩子带着思考完成

① 袁圆.任务:学习任务群教学中的关键要素[J].语文建设,2021(19):34.
② 转引自:袁圆.任务:学习任务群教学中的关键要素[J].语文建设,2021(19):34.

任务,以此提升学生完成任务这一学习活动中的思维量;而学习任务提出后,需要学生以特定的作品或表现来完成相应的学习任务要求,特定的作品或表现映射着学生对学习目标的实现程度,是学生素养水平达到相应程度的证据。例如,针对"乘法"教学中"能根据乘法算式,提出可以用相应算式解决的实际问题"这一任务目标,设计即时性的问题"看来,同学们对于乘法已经有一定的了解,那么,你能根据乘法算式创编数学故事吗?",引出学习任务"请你根据4×6=24讲一个数学故事,可以画一画、写一写"。

3.设计任务评价

学习任务具有多方面的价值功能,而要真正发挥出这些价值功能,需要建立学习任务的评价标准。[①]也就是说,学习任务带有评价的作用,将评价任务嵌入学习过程中,成为兼具评价学习和促进学习双重功能的学习任务。因此,设计出学习任务后,还需要开发评分规则,依据学生的学习结果评价学生在任务中的表现,一方面需要明确评价的维度或指标,另一方面需要确定评价的等级或水平。需要特别说明的是,学习目标是学习任务设计的依据之一,而评分规则是判断学生在任务中表现的工具,学习任务的评价需要关注其与目标和评价之间的一致性。

在学习任务实施过程中经常采用学习任务单,任务单的设计可以包括学习目标、学习任务、学习评价三个要素,下面以对"乘法"这一运算意义的理解,设计如下学习任务单(表4-1):

表4-1　"乘法意义的理解"学习任务单

学习目标	能根据乘法算式,提出可以用此算式解决的实际问题。			
学习任务	请你根据4×6=24讲一个数学故事,可以画一画、写一写。			
学习评价 (教师)	等级	优秀	合格	仍需努力
	表现	能以文字或图画的方式表达具有乘法意义的数学故事,信息完整,数量关系正确,表达清晰。	能以文字或图画的方式表达具有乘法意义的数学故事,数量关系正确,但信息不够完整或语言表达不够清晰。	表达不清晰或数量关系不正确。

① 崔允漷,王少非,杨澄宇,等.新课程关键词[M].北京:教育科学出版社,2023:37.

通过"给算式讲数学故事"这项学习任务,学生可以想到买气球、买衣服、小袋鼠跳格子等丰富的生活场景或童话场景,"4×6"这个算式在有些故事里表示为4个6相加,而在有些故事里又表示6个4相加,不管是哪一种表达方式,都能够由学生的表达方式看出学生是否理解乘法的含义。将抽象的数学符号还原成有趣的生活故事,以进一步理解乘法的意义,这一过程也恰恰说明,学生正在学习运用数学的眼光观察现实世界。

总之,任务是学习的有力抓手,学习任务撬动的数学课堂,实现了从"教"向"学"的教学转型,学生在课堂上拥有了整块的学习时间,真正动起来、忙起来,在任务解决中经历知识的建构过程。教师作为学习任务的总设计师,是"学习的计划者与组织者,学习方向、指导与资源的提供者,语言与语言相关行为的示范者,开展活动的协调者,探索知识、开发学习技能和策略的指导者和同伴,为学习者提供恰当反馈的评估者和记录者"①。教师只有始终站在学生的学习立场,推进真实情境中任务的实施和活动的开展,才能促进教学目标的有效达成,有效落实学生核心素养的培育。

三 使用学习任务单的注意点

学习任务被设计并加以清晰表达,就形成了学生的学习任务单。随着新课程改革的不断深入,小学数学教学逐渐从以教师为主导转向以学生为中心,强调学生的主体地位和自主学习能力的培养。学习任务单作为学生课堂使用的工具之一,在引导学生思考、巩固学习成果等方面起到了关键作用。然而,学习任务单(也简称学习单)的使用仍存在一些需要关注的问题。

(一)合理使用"三单"

学习任务单根据使用的时间段,可以分为课前预习单、课堂学习单、课后练习单,不同阶段的学习单,其作用也各不相同。

完成课前预习单是教学过程中的先行环节,其核心作用在于激发学生的求知欲和探究精神。通过预习单,教师可以引导学生回顾与新知识相关的原有认知结构,为新课的学习搭建桥梁。精心设计的预习单通常包含开放性问题或思

---

① 转引自:吴国珍.细读语文:文本解读与教学设计策略[M].广州:花城出版社,2020:147.

考任务,这些问题或任务旨在引发学生的思考,促使他们主动探索和预测即将学习的内容。同时,预习单还能够提高学生的课堂参与度,因为它让学生在课前就对学习内容产生了一定的了解和兴趣,从而在课堂上更加自信和积极地参与讨论和学习活动。此外,预习单还能够为教师提供学生先验知识的反馈,帮助教师更好地调整教学策略,以满足学生的个性化学习需求。

课堂学习单是教学互动的催化剂,它紧扣教学内容,通过一系列层次分明的学习任务,有效地引导学生进行深入探究。这种学习工具的设计旨在促进学生主动学习,使他们能够在教师的引导下,逐步发现问题、提出假设、进行验证,并最终实现对知识的深入理解和内化。通过课堂学习单,学生能够在实践中运用所学知识,这种应用过程不仅加强了学生对知识点的记忆,而且锻炼了他们的批判性思维和问题解决能力。此外,课堂学习单还能帮助学生建立起知识之间的内在联系,形成系统化的认知结构,这对于学生长期记忆的形成和综合素养的提升具有重要意义。

课后练习单是巩固和深化课堂学习成果的重要环节,它通过多样化和层次化的练习题目,帮助学生复习和应用所学知识。这种学习工具的设计既包含了对课堂内容的基础回顾,也融入了拓展性的挑战,旨在满足不同能力水平学生的需求。通过有针对性的练习,学生能够将理论知识转化为解决实际问题的能力,从而加深对知识的理解和掌握。此外,课后练习单还能够激发学生的创新思维和自主学习能力,通过解决实际问题,学生能够体验到学习的乐趣,增强学习动机,进而促进综合能力的提升。教师可以通过课后练习单的反馈,及时了解学生的学习情况,为后续教学活动提供调整和改进的依据。

(二)开放思考与表达的时空

学习任务单的运用是培养学生独立思考和创新能力的重要手段。教师在设计学习单时,应巧妙构思开放性任务以促进学生解决问题及提升思维。也就是说,学习单中的学习任务鼓励学生运用创造性思维和批判性思考,从不同角度探索问题,从而形成独到的见解和深刻的理解。因此,在此过程中,对于学习单中的学习任务的探究应给足学生思考的时间和空间,教师应克制过早介入的冲动,更要避免直接给出答案或具体指导,确保学生能够自由地思考和自主地内化知识。学习任务单不仅是知识的传递工具,更是培养学生表达思维习惯的重要媒介、逻辑展示思考过程的有效手段。学习单中的任务,需要学生深入思考后,将知识中的重点或难点,以语言、图形、算式等方式进行表达,将思维外显。因此,使用学习任务单,应帮助学生学会如何系统地组织和表达自己的思考过程,在学习过程中逐步认识语言表征、图形表征、算式表征等各种表达自身思维的方式方法,以合适、有逻辑的方式展现自己的思考过程,在这样的过程中,学生逐步展开思路,将内在思考活动转化为可观察、可评估的外显行为、语言。

开放性的学习单中设计的开放的学习任务,往往支撑着学生尝试解决问题的思考及实践活动的关键环节,开放思考与表达的时空,不仅能够提升学生解决问题的能力,而且有助于塑造他们的终身学习意识和创新精神,为其未来的学术活动和个人成长奠定坚实的基础。

(三)构建交流与互动的时空

学习单不仅仅是传递知识的工具,更是师生、生生交流思想和展示理解的媒介。也就是说,在完成学习单的任务的过程中,教师除了应引导学生积极将自身内在思考、思维转化为可观察、可评估的外显的行为、语言外,还应构架交流互动的时空,这里的交流互动,既包含生生的交流互动,也包含师生的交流互动。在这样的时空中,引导学生学会如何清晰地表达自己的思考过程和结论,学习倾听他人的观点;通过交流互动,引导学生相互质疑、讨论和辩驳,从而深化对数学概念的理解,并在反思中提升自己的思维品质。教师在这一过程中扮演着至关重要的角色。教师需要营造一个积极、支持和包容的课堂氛围,为学生提供表达和分享自己观点的机会,激励学生通过小组讨论、课堂展示等形式勇敢地表达自己的观点,哪怕这些观点与常规答案相异。而教师在此过程中进行适时的提问和追问,这不仅是对学生思考的检验,更是对其思路的梳理和引导,可帮助学生在交流中形成更加全面和深入的认识。通过师生、生生的交流互动促进学生对数学概念的深入理解,使学生的条理变得清晰,逻辑变得严密,并在这一过程中,感受多元、多维碰撞之于学习的力量。

总之,合理设计、使用学习单,为学生提供独立思考和交流反馈的机会,对于提高学生的数学素养和自主学习能力具有重要作用。教师应关注学习单使用中的问题,构建思考与表达、交流与互动的时空,采取有效策略,促进学生思维的外显和清晰化,帮助学生深入理解数学知识的本质。

第二节　学习共同体构建及对话策略

随着学习理念的变化和技术的进步,人们意识到学习共同体独特的学习价值。它作为当前超越学校情境学习活动的社会化延伸策略被提出,并开始了大量的教育应用研究,其思想在教育中得到了新的发展。[①]知识建构的社会性、文化场域、主体互动、智慧共享、环境给养成为学习共同体彰显其价值的思想内核。而学习共同体的构建,共同体内多元、多维、多向的交流互动,为学生问题探索过程的真实体验构建了良好的基础。

一　对学习共同体的理解

"共同体"的概念最早出现在社会学研究领域中,后逐步推广到教学领域。这个概念是由德国哲学家滕尼斯提出的,他发现学习共同体与个体之间在同一组织内的合作,会形成强有力的结合,能让每个个体产生很强的归属感与认同感。[②]学习共同体是指在促进人进步成长为同一目标的指引下,学习者、助学者和课程中多种课程资源影响元素构成的一个综合体。需要强调的是,在学习共同体这一概念中,学习者不仅包括学生,还包括教师,而学生和教师又互为彼此的助学者。佐藤学将学校称为学习共同体,表示学校是学生、教师以及家长和社会人士等相互倾听、相互尊重、相互合作、相互学习和成长,实现自身价值的地方。[③]教师在教学中培养学习共同体,主要是为了突出"学"的功能,以让学生在与教师、同伴的沟通、探究中获得认知、思维、素养等的生长。因此,学习共同体是一个由学生、教师和其他相关人员组成的群体,他们共同参与并致力于学习和知识的传播。数学能发展学生的逻辑思维能力,数学学习共同体能促进教

① 张治.中职动漫专业教学中学习共同体构建的研究[D].上海:上海师范大学,2013:3.
② 蔡春雨.学习共同体:助力小学生数学思维的共同发展[J].小学生(中旬刊),2023(32):136.
③ 夏琦博.基于学习共同体视角建构初中数学生态课堂[J].考试周刊,2023(44):103.

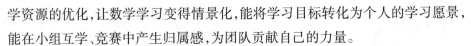

学资源的优化,让数学学习变得情景化,能将学习目标转化为个人的学习愿景,能在小组互学、竞赛中产生归属感,为团队贡献自己的力量。

学习共同体的核心理念是合作学习和互助学习。通过合作学习,学生可以共同解决问题、讨论观点和分享经验,从而加深对知识的理解和掌握。互助学习则强调学生之间的互相帮助和支持,通过互相解答问题、提供反馈和分享资源,促进彼此的学习进步。学习共同体还注重培养学生的自主学习能力和批判性思维能力。学生被鼓励主动探索和发现知识,培养独立思考和解决问题的能力。他们学会提出问题、分析信息、评估证据,并形成自己的观点和判断。这种培养方式不仅有助于学生的学习成绩提高,还能为他们未来的职业发展和社会适应能力打下坚实的基础。

在学习共同体中,教师的角色也发生了变化。他们不再是传统的知识传授者,而是成了学习的组织者、引导者和合作者。教师鼓励学生主动参与学习过程,提供必要的指导和支持,同时也从学生那里获得反馈和启发,不断改进自己的教学方法和策略。教师应该具备相关的教学技能和知识,能够有效地组织和管理学习共同体。学生则需要积极参与学习,与同伴和教师建立良好的合作关系,共同推动学习共同体的发展。

二 共同体构建存在的问题

1.成员组建不合理

组建学习共同体,一般每组4—6人,共同体成员有共同的目标,为实现共同的目标而不断努力,他们尊重约定的规则、分享彼此的观点,能在互助共学中缩短差距,实现共同成长。但是,实际分组中,共同体的组建有时并不那么合理。一方面,由于学生缺乏选择的自主性,导致共同体中部分成员较为被动,缺乏主动参与的意识和状态;另一方面,共同体之间的人际关系也较容易存在问题。例如,部分学生缺乏合作意识或不善于表达内心真实的想法或在沟通交流时有一定的心理障碍,因为担心受到他人嘲笑而不愿求助其他共同体成员等情况,在一定程度上都会造成共同体之间的人际关系不够和谐,从而影响良好的学习共同体的建立。学生只有将自己视为共同体的一员,愿意为实现小组的共同目标而不懈努力,才能全身心地投入到讨论交流之中,使得成员之间的沟通顺畅,从而建立和谐的组内人际关系。

2.共同文化尚未形成

学习共同体组建后,是需要构建共同文化的。这是因为每一名儿童的学习经验、认知水平、生活经历不同,他们学习数学的方式和结果也会千差万别,这些差异表现为学习提供了丰富资源。[1]但是这些"差异表现"需要学生用合适的方式表达才能真正成为学习资源。有时候,由于共同体内缺乏共同的文化,孩子不知道该如何表达、补充、建议。如果不能形成组内文化,让有想法的同学介绍自己的想法,没有想法的同学倾听伙伴的想法,久而久之,学习共同体就只会徒有虚表,名存实亡。

3.教师缺乏管理能力

在当前的教育环境中,教师对学生的小组共学的管理方式往往显得不够有效。这种情况可能会导致学生在小组学习过程中缺乏明确的指导和目标,从而影响到他们的学习效果和团队合作能力的培养。例如,教师对学生的小组共学缺乏有效的管理,往往会出现课堂秩序的混乱,干扰学生的学习和交流,影响小组共学的效果等。

三　构建学习共同体策略

1.合理划分小组

学习共同体是由对共同主题感兴趣的一群人聚集在一起进行交流的社会群体,其实质意义是为有相同或相近的价值取向和偏好的人提供了一种特殊的学习环境。在这个环境之中,共同体成员能感受到自己属于这个群体,能与团体其他成员一起进行学习活动,拥有自己特定的身份和身份赋予的意义,能获得群体成员的尊重和信任,拥有一种感情上的依赖和心理上的安全感。正是学习共同体营造了这样民主、平等、相互接纳的学习氛围,才使共同体成员之间能够克服心理障碍进行有效沟通、交流彼此的情感、体验和生活,才能使个人知识转变为公共知识,实现知识共享和分布认知,完成建设性的"会话"。[2]从这个意义上来说,学习共同体中小组成员的确定尤为重要。教师科学组建的学习共同

① 吴正宪,范存丽.让儿童在对话中学数学[M].北京:教育科学出版社,2017:35.
② 冯锐,金婧.学习共同体的思想形成与发展[J].电化教育研究,2007(3):75.

体,一般以4人左右为宜。依照学生的学习水平,对学生进行分组,尽量让每个小组的整体学习水平相当,同时又要保证每个小组的学生可以相互取长补短,这样在数学课堂互动时,共同体内既有同质伙伴间的思维共鸣,又有异质伙伴间的思想碰撞,共同提升,共同发展。共同体内的成员可以双向选择,但最重要的是要确定小组长,可以让学生说一说心目中的小组长是什么样的,推荐小组长;然后双向选择确定小组成员,有必要的情况下,教师可以根据学生的学习水平和男女生比例进行微调。要定期对小组长进行培训,对其工作方法和技巧进行有针对性的指导,使之更好开展小组学习活动。

2.制定合作规则

学习共同体构建后,需要共同体内成员共同探讨需要遵守的一些规则。通过建立规则,维护学习共同体内的秩序,促进成员之间的互动和合作,这是小组形成学习共同体的关键。也就是说,学习规则是经由师生的互动所产生的课堂期待,它不是由教师发布若干规定就可以的,而是由师生、生生之间的互动共同产生的,最终形成师生在课堂中共同的心智习惯。因此,规则是常态,是一系列的文化实践,最终教师和学生在"有意识"和"无意识"的熏陶下,对"以学习为中心的课堂是怎样的"产生行为和心理上的认同感。那么,如何确定学习共同体的学习规则呢?

首先,确定角色及职责。小组内需要明确每个成员的角色及职责,不同的小组可以有不同的角色及职责规定。如小组长负责控制发言时间,辅导、检查作业等;解释员负责解释学习任务,确定发言顺序等;材料员收发作业,领发学习材料等。也可以设定负责组内分工的小组长1名,负责动手操作的操作员1名,负责记录过程的记录员1名,负责发布成果的发言人1名。为了确保公平公正,活动的角色不定期进行轮换。

其次,制定学习过程中的规则。学习共同体在学习过程中,需要根据学习目标和任务灵活设计多重的参与结构,既包含学生独立学习,也需要两人或四人交流以及全班性的横向研讨。多重参与结构,使学生得到多次不同的体验与感悟,最大限度地激发学生的多样思维,同时,组内学习能力较弱的学生也有较充分的机会得到帮助。因此,需要制定独立学习的规则,如安静独立思考,用文字、算式、画图等多种方法尝试解决问题;小组交流的规则,如发言者用合适的声音轮流发言,倾听者认真倾听,不打断或插话;全班分享的规则,如成员分工共同进行完成任务后的交流,可以评价、补充或质疑。要注意这些职责或规则并不是简单由教师告知,而是和学生一起讨论得出的,要让这个过程成为小组成员互相学习、互相接纳的过程。

3.指导交流方法

在学习共同体中,每个儿童都要不断地经历思考、倾听、表达和质疑的过程。在这个过程中,儿童通过努力把自己的思维过程对共同体内成员进行分享。但是,现实的数学课堂中,学生由于数学语言表达能力不足,往往会出现缺乏条理或词不达意的现象。这时,学生需要学习一定的方法,提升运用数学语言表达数学思维过程和结果的能力。通常可以设计一个语言框架,对发言人给予引导。例如,小组内表达的时候可以依据"我是怎么想的? 依据是什么? 还有其他方法吗? 哪种方法更好?"的思路进行思考与表达;而全班汇报交流的时候则可以从提炼小组共同的方法出发进行表达,"我们是这样认为的……,因为……""我代表小组来展示探究过程……""我们交流中有不同意见……,我们是这么解决的……""我们还有这样的困难……",将小组成员的共识、争议、困难等加以表达。对于其他小组回复的语言也可以设计一个框架,"我们赞同你们小组的想法,我们小组还有以下补充……""我们不赞同你们小组的想法,理由是……"。这样,通过共同体组内、组间的差异性对话,在沟通中将探究的结论不断完善,实现儿童之间的协作学习。同时,教师可以有指向地引导儿童对学习过程中所遇到的问题、所用的方法、所积累的经验进行总结,认真审视自我,明确在数学活动中实现了哪些目标,还有哪些问题需要进一步解决,如"有什么好的看法?""有需要补充的吗?""问题好在哪里?"……互相肯定,互相补充,把互评作为彼此提升学习技能的动力,在互评中促成互相学习,共同成长。教师要有意识地引导儿童学会评价,学会与同伴分享自己的思想,让儿童从评价中完善自我,实现对自身数学学习的主体回归。

总之,学习共同体是一个以合作学习和互助学习为核心的学习模式。共同体中的成员,作为学习中的参与者,知识建构者、创造者,与其他成员交流思想、建议、想法,思考、讨论共性的话题,探索解决问题的途径,在这一过程中获得丰富、多元的知识、方法。因此,在教学中,教师应该通过学习共同体的建设,为学生提供一个积极、互动和富有挑战性的学习环境,促进他们的全面发展和成长。

四 共同体互动对话策略

叶澜教授认为:课堂教学必须突破(但不是完全否定)"特殊认识活动论"的传统框架,从生命的层次,用动态生成的观念,构建新的课堂教学观,从而让课堂焕发出生命的活力。[①]对话是提升课堂教学、使课堂焕发出生命活力的重要途径。教学中,要注意营造资源平等的学习氛围,促进儿童间展开协作学习的对话场,让儿童在交流沟通中深化数学理解,在思想的碰撞中培育思考力,增强表达力,在差异性对话中,建立起合作共赢的伙伴协作关系。小学数学"问·达"课堂追求学习的自然发生,学生在课堂上自主表达,多维互动,通过学习材料、学生、教师的互动对话,培养学生的数学阅读、数学思考、数学表达和理性思维,不仅让学生掌握数学知识、形成思辨能力、提升数学素养,更让学生在课堂上收获学习的自信与快乐,在互动对话中丰富学生的学习。因此,小学数学"问·达"课堂中的对话教学,是一个以学生个人思考探学、小组交流互学、生生对话辩学的课堂。

1.对话:以个人思考探学为基础

课堂中的对话是师与师、生与生、师生之间的多边交流,这样的交流对话需要建立在每个个体所具有的来自生活各个方面的知识和经验上,也就是说,课堂有效的对话始于每个生命个体富有生命力的经验探索及思考,每个学生深入的独立思考是课中进行交流与分享的前提。因此,课堂上,教师应为学生创造合理的思考环节,指导学生管理好思考时间,尝试解决问题。

例如教学三年级下册"谁围出的面积最大",提出"有两根铁丝,一根长 24 厘米,另一根长 20 厘米。用这两根铁丝分别围成一个长方形,哪根铁丝围成的长方形面积大?"。学生初始印象认为"周长长的长方形面积就大",但真的是这样吗? 对于这个问题的探究,如果没有给学生独立思考的时间,把问题展示出来就让学生分享交流,这时,大多数学生还没来得及审题、思考,头脑中根本没有形成自己的见解,课堂就只能沦为少数优生表演的舞台,分享对话的目的也就无法达到。而在学生经历独立思考后,学生自然例证"用 24 厘米的铁丝可以围成一个长 11 厘米、宽 1 厘米的长方形,这个长方形的周长是 24 厘米,面积是

---

① 叶澜.让课堂焕发出生命活力[J].教师之友,2004(1):50-51.

11平方厘米;用20厘米长的铁丝可以围成一个长6厘米、宽4厘米的长方形,它的周长是20厘米、面积是24平方厘米。所以,'周长长的长方形面积就大'这句话是错误的"。个体的深入思考促进分享交流,而有序的分享为儿童创造了针对同伴发言进行思考的良好环境,可见,独立思考是分享的基础。

2.对话:以小组交流互学为阶梯

对话课堂颠覆传统课堂的平静乏味,其基本价值取向就是批判思维下的创造活动。课堂中师生共同交流分享,形成批判性思维,并将对话与反思行动相结合,能够将内化的真理与个人的世界观外显为创造性行为。但日常观课中,会发现学生思考、交流、表达的时间并不多,其原因在于,一个班级通常有四五十个学生,假如每一学生都说一句话,也需要不少时间,而且大多数情况下,一个学生表达,其他学生都是听众,收效多少取决于问题或学习任务将学生"卷"入的程度,不好把握。因此,课堂教学中,教师要善于创设学生小组合作交流的平台,通过4人左右的学习小组开展组内对话,发挥每个学生的不同智慧,实现小组内成员的共同提高。

例如六年级上册"圆面积解决问题"是圆面积教学后的一节拓展课,课中设置探究任务"一座建筑物墙角 O 点处拴了一只羊,拴羊的绳长4米,这只羊能吃到多大面积的草地?"(图4-1),在学生充分独立思考、找寻解决问题思路与方法的基础上,让学生进行组内分享与交流,我们发现,学生有了解决问题的精彩碰撞:有的学生的想法是直接以绳长4米为半径,画出图4-2这样的一个图形,但经过小组交流讨论发现羊以这种方法吃草是不可取的,因为有建筑物,所以绳子不能直接从建筑物穿过。那么,羊会怎样吃草呢? 如图4-3,羊首先以绳长为半径吃出这趟的一个四分之一圆,也就是 4π 。接着继续往左走,遇到墙角 B 处这里有个拐角,绳子得拐弯,于是变成以 B 为圆心,绳长2米为半径又可以吃出一个四分之一圆。同样地往右走,在 C 点处也遇到拐角,圆心和半径发生变化,以 C 为圆心,绳长2米为半径吃出一个四分之一圆,但又发现这两个四分之一圆能够组成一个半圆,所以得到面积为 2π ,再把两部分相加就是 6π 。小组学习不仅为每一个小组成员提供了表达自己想法的机会,也提供了了解伙伴想法的机会。每一位学生的学习经验、认知水平、生活经历不同,他们学习数学的方式和结果也不同,这些差异表现在孩子们的小组交流中成为丰富的学习资源。这些资源因为小组内的有效交流,诱导学生在原有基础上再次思考、调整自己的思路,将之转化为解决问题的方法,从而促进每一个孩子在小组内的学习。

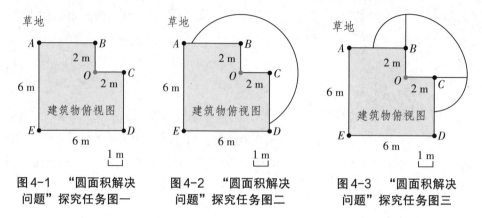

图4-1 "圆面积解决
问题"探究任务图一　　　图4-2 "圆面积解决
问题"探究任务图二　　　图4-3 "圆面积解决
问题"探究任务图三

3.对话:以生生对话辩学为提升

有效的学习"不仅强调心理学意义上的个体参与、个体建构,更强调社会意义上的个体参与,强调社会建构、历史建构"。互动对话不是观点的"拼装问题",应该是经验的"智慧集成",个体经验只有在对话交流和思维碰撞中才能走向"关联性意义理解"和有效协同,超越个人思维的浅见,走向批判性、创新性的深度理性。我们要鼓励学生在独立思考基础上善于合作探究,做有品位的合作者,在信息传递中吸纳观点,在交互启发中包容异见,在审辨思维中达成共识,让个体经验汇聚成群体共享的磅礴力量。[1]

例如教学六年级上册"圆的周长",常规教学中,教师给学生提供直径为整厘米数的各种圆片,让学生测量周长,并尝试发现周长与直径之间的倍数关系。但是在这样的操作中,学生的思维力度并不大,知道圆周率的同学往往把结果控制在3.14,而不知道圆周率的学生则有可能因为测量误差而出现偏差较大的倍数关系,但学生的操作只是在教师的要求下进行的,缺乏探究性。建构主义理论告诉我们:学习不是由教师把知识简单地传递给学生,而是要由学生自己建构,问题的答案、知识的学习如果能让学生自己在感悟中获得,学生的印象会更为深刻。因此,不妨转变教学方式,让学生经历"圆的周长和直径有什么倍数关系?"的思考与辨析后,再让学生动手验证。利用知识迁移,回忆正方形的周

---

① 党峰.互动对话:深度学习的实践样态[J].思想政治课教学,2020(3):39.

长和什么有关系,在直观感受的基础上,从而猜想圆的周长和直径对应的关系。"圆的周长和直径有什么倍数关系?",学生在独立思考、小组交流的基础上,一般能借助圆与直径的直观图(见图4-4)及"外方内圆图"(见图4-5),解释并理解为什么圆的周长与直径的倍数关系比2倍大,比4倍小:图4-4中直径是一条线段,圆的一半是一条弧线,两点之间的所有连线中,线段最短,所以圆的周长不可能是直径的2倍,而是直径的2倍多一些;图4-5圆外面的正方形的周长是直径的4倍,但借助生活经验可以直观感知直径的4倍的长度比圆的周长长一些。但是"圆的周长是直径的3倍多一些"这一认知,则需要充分调动学生的积极性,利用问题引导学生经历推理、质疑、交流等活动,在生生对话中不断分析、补充、质疑,从而理解二者之间的倍数关系:从图4-6中可以发现等边三角形的边长就是圆的半径,圆内有6个等边三角形组成的大六边形,它6条边长长度之和小于圆的周长,六边形的6条边就是6条半径,也就是3条直径,因此,圆的周长比直径的3倍多一些。通过生生对话交流,学生在表达、辨析、补充中,主动地获取和理解知识,整合、改造原有的认知,从而获得对于圆的周长与倍数关系的认知。这样的过程虽然曲折,但是学生的理解更为深刻,思维含量更大:在这一过程中,蕴含着诸多思考点,这些思考点是学生的疑惑所在,而学生在思考、表达这些思考点的同时,也在理解、辨析同伴的观点,逐渐深入、理性地思考,从而确定圆的周长和直径倍数关系的范围,认知也就更为充分。

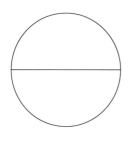

图4-4 圆与直径的
直观图

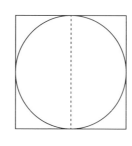

图4-5 外方内圆图

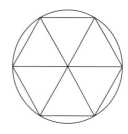

图4-6 圆内有6个
等边三角形

总之,生生对话是儿童智慧和人格发展极其重要的源泉。在多维的互动交流中,激活参与者已有的知识储备,为个体的知识建构提供支持,并在交流过程中借助相同的、相近的、相悖的观点对原有认知进行重组,激活思维潜能,促进学生的推理和判断、质疑和反思、发现与再发现，从而在相互启发、相互感染、相互学习中，共同完成相应的知识建构。数学课堂要营造一个能够让儿童自我反省的对话场，儿童通过表征，对自己思维的过程进行表达，寻找认同感，达成共识；自我对话场的营造，让儿童将内在的理解进行自主表达，在解读同伴的观点时不断修正自己，在质疑反思过程中将策略方法主动内化，这是一个不断"建构—解构—重构"的过程，促进儿童与自身对话，在数学学习中自我优化。

基于学科实践的学习与体验

《义务教育课程方案(2022年版)》指出要"变革育人方式,突出实践""强化学科实践。注重'做中学',引导学生参与学科探究活动"。具身认知理论认为:人的心智活动并不是人对外部世界客观的、真实的反映,是由人的身体经验所获得,由人的感觉运动系统所形成的。[①]认知是认知主体全身心参与的过程,是"脑-心-身"一体化心理构建过程。可见,学科实践是学科育人方式变革的新方向,像"学科专家一样"思考与行动的学习,是基于学科与实践、知与行的辩证,而这样的学习可以借助具身学习这一实践路径。因此,小学数学学习应通过丰富的体验活动,调动学生的视、听、触等系统,使其经历发现问题、解决问题、建构知识、运用知识的过程,体会学科思想方法,使数学学科实践成为看得见、摸得着的生长和创造[②],而这也正是小学数学"问·达"课堂中倡导的儿童问题探索的学习过程。

一 调动感官,通道融合

学科实践就是学习探索的过程。小学数学学习需要学生多感官的参与,通过多感官的互动与参与,形成融合通道。学生通过眼、耳、口等多种感官参与的具身学习,融合认知、情感、行为,搭建个体经验与数学本质的联结通道,形成个性化的数学理解。

首先,操作,调动多感官。具身学习要调动学生的感官参与,让学生在操作中感受、体验,积极对话。例如教学"面积单位",关键在于建立平方厘米、平方分米、平方米的面积观念,而面积是个体对物体面的大小的一种知觉,这种"知觉"的建立,需要在丰富的体验活动中才能真正构建。因此,对于"1平方厘米有

① 转引自:李曼丽,丁若曦,张羽,等.从认知科学到学习科学:过去、现状与未来[J].清华大学教育研究,2018,39(4):31.
② 袁晓萍.具身学习:打造数学学科实践的峰值体验[J].教育家,2023(36):30.

多大?""1平方分米有多大?""1平方米有多大"的探索,教师可以设计丰富的操作活动,引导学生通过找、画、撕、用、估等活动,调动触感、听感、体感等多个维度共同参与。活动1:认识1平方厘米。仔细观察1平方厘米学具,用自己喜欢的方法介绍1平方厘米,比一比,谁的方法多。活动2:寻找1平方分米。从学具中找出1平方分米,说一说,为什么你找出的学具是1平方分米。活动3:创造1平方米。想办法创造1平方米,比一比谁的方法多。在这一过程中,学生经历了观察、比较、创造过程,通过操作活动,以"物化"的方式建立实物"平方厘米、平方分米、平方米"面积单位的意义之间的关联,同时将面积度量的经验、方法、策略等融为一体,构建立体的量感。

其次,比较,促进通道融合。朱光潜在《读书破万卷,下笔如有神——天才与灵感》中提道"意识中思索的东西应该让它在潜意识中酝酿一些时候才会成熟"。[①]操作,是学生体验的开始,而思考则是体验的深化。学习过程中,学生在具身学习中得出的经验、结论,需要借助一定的比较、思考、判断,形成思维场域,提高认识的"韧性与深度",为体验活动增值。例如教学"克和千克",可以设置"在盲盒中找质量接近1千克物品"的活动。在学生认识1克、100克后,设计放有字典、苹果、梨子、铁块、海绵块、盐等物体的盲盒,学生尝试在盲盒中抓取1千克的物体。由于看不到具体的物体,这样的操作就放大了学生的体感以及对于"量"的感知。学生需要根据之前积累的经验判断抓取到物体的质量,经历比较、提取、思考、判断的过程,在多次的尝试、比较中不断丰富多维的感知。这样的比较活动,将学生的感官、情感、思维等重要的身体及内心体验,自然地嵌入操作、思考、创作的全过程,形成认知维、行为维、情感维的通道融合。

二 设计场域,沉浸体验

学科实践需要借助学科逻辑与经验逻辑的整合来创设学习场域,设计学习体验活动。一方面,学习场域要围绕学科核心概念来创设,蕴含基本的学科知识。[②]另一方面,学习体验活动要重视学生的切身感受,注重学生亲历知识发生、发展、应用等过程。因此,小学数学学习过程应注重设计真实可感的学习场

---

① 朱光潜.散文精读·朱光潜[M].杭州:浙江人民出版社,2022:105.
② 徐广华,孙宽宁.基于知识转化的学科实践表达[J].教育研究与实验,2023(4):79.

域,引导学生经历具身学习的过程,让抽象的数学学习成为"源于实践、在实践中、为了实践"的真正的学科探究。

首先,实践,让知识可感。学习需要特定的情境,将学习置于适合的实际情境中,可以提升学生的参与度、理解力和应用能力,从而建立基于理解的属于相应知识的位置记忆,而知识的发生、发展有其存在的意义及背景。源于实践,让知识可感,实际上就是要将知识重新带回其所产生的实践情境中,让学生有机会感受知识的缘起或感受知识源于生活。[①]如六年级学习"比"时,设计做馒头时的场景,提出"面粉和水的质量比是2∶1,假如请你按这个比取一些面粉和水来做馒头,你会怎么取?"在这个场景中,学生聚焦"2∶1"这个关系式,尝试提取已有的知识经验来选取合适的面粉及水,恰恰就是在这样"尝试"的过程中,学生不仅对"2∶1"的理解更为深入,同时,构建起比与分数、比与除法的关系。通过知识缘起的实践场域的设计,学生通过具身学习进行具象关联,体会到数学知识间具有关联、融通的体系,形成认知结构。

其次,实践,让知识可见。学科实践强调真实情境下的学习,学生通过实际操作与实践掌握学科知识与技能。通过具身学习,学生能够深入地理解学科概念与原理,并结合个体经验,形成个性化的认知,而在实践场域中的沉浸学习,则帮助学生形成具体可感的、具有情感的立体知识。如教学三年级"长方形、正方形面积的计算",结合实践性的学习任务,学生用8个1平方厘米的正方形测量指定长方形的面积(如图4-7)。学生在操作中探索出"铺满长方形""不铺满长方形""只度量长与宽"等多元的、有个性的度量策略,从面积的测量逐步向计算过渡,并将面积的测量转化为长度的测量,最后推导出面积计算公式。在这实践场域中,原本"静态呈现"的"长方形的面积"这一数学概念,变成学生在实践场域中进行的"可数""可想""可思"的行动与思考,从而找到作品背后一致的度量思想和方法,并形成对面积的度量工具、度量方法和度量本质等维度的深度理解。

[①] 徐广华,孙宽宁.基于知识转化的学科实践表达[J].教育研究与实验,2023(4):79.

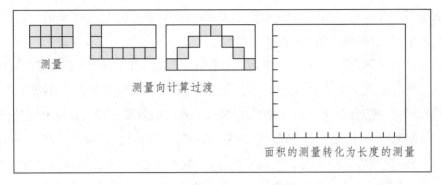

图4-7　测量长方形的面积

　　最后,实践,让知识可用。学科实践既注重学科性,也注重实践性,强调通过实践获取、理解与运用知识,倡导学生在实践中建构、巩固、创新自己的学科知识①。可以说,如果不能体会到知识的价值,并有效激活生活体验,那么学习更多只是"记忆"活动,具身学习在学习经验应用及思维深化的加持下,更具有生命力。因此,小学数学学习在学生对所学知识有一定的认识和理解后,应注意创设应用的实践场域,为学生提供具有现实意义的背景或丰富的信息,让学生合理地运用所学知识解决问题,促进学习经验的内化。如教学六年级"比",创设选择、裁剪海报的现实情境(见图4-8),学生借助比的相关知识进行判断,选择、裁剪合适的海报,在应用中加深知识的理解。

　　学校规定足球节海报的长和宽的比是4:3,有这样的三幅海报:

①②③

(1)如果你是评委,你会选择哪一幅呢? 为什么?
(2)①号海报的长是12分米,宽是6分米。要使它符合长和宽的比是4:3的要求,该如何裁剪? 请表示出你的裁剪方式?

图4-8　选择、裁剪海报的现实情境

_____

① 余维,胡斌."西方近代城市化发展进程"教学设计[J].历史教学(上半月刊),2023(7):23.

三　自主参与,丰厚理解

　　学科实践首先是学习者在实践立场的生成性学习,其主体是学生。学科实践关注学生主体,重视个体性、情境性的有意义建构过程。学生需要自主参与学习,在不断的实践与反思中解构并重构个人的观念,从而构筑作为实践主体的精神力量[①],并基于个体思考方式和行为方式背后的情感、态度、价值观,来建构对学科基础知识与基本概念的认知。因此,具身学习的过程是学生主动参与学习过程,激发多维度的自主学习能力的过程,学生通过主动融入学习场域,贡献自己的智慧,舒展自己的灵性,提升学习的成就感和获得感。

　　首先,基于学生立场,营造实践氛围。社会、历史、文化等外部情境要素对学生的学习至关重要,也就是说,具身学习,必须关注学习中良好实践氛围的创设,为学生的个性化学习提供良好的教育场域。基于学生立场,需要创造一个安全、开放的学习环境,使得学生可以主动调整自己的学习方式,积极参与学习过程。同时,教师需要引导学生有创意地生发出各种不同的、生动的研究问题,激发学生内在的探究意愿,不断提升思维深度。例如,人教版六年级上册第六单元"百分数(一)"教学中,结合前测,让学生找出"与众不同的百分数",将学生认为不同的百分数放在一起比较时,学生自然而言生发了对于百分数的认知冲突:"95.7%是什么意思?""有没有大于100%的百分数?""百分数为什么不写成分数的样子?"……这样,学习中研究的问题由学生自然生成,学生的学习自主而有意义。

　　其次,基于学生立场,展开社会性互动。学科实践不仅要求学生具有强烈的自主性,而且强调真实的社会性。[②]具身学习的过程,必须关注学生与他人、集体、社会的互动,倡导学生与同伴基于学习共同体展开社会性互动,在互动中协商、合作和探究,从而深化对学习内容的理解。如三年级"分数的初步认识"中用数字表示"一小块饼"的数量,是学生从熟悉的表达走向未曾有过的表达的过程,也是从整数表示数走向分数表示数,但大部分学生在学习之前是没有明确的分数的概念的,难以用数学语言准确表示生活中存在的这些"不完整"的物体的个数。教学中,教师创设生活情境"妈妈买了一盒馅饼,一盒有6块,吃了两天剩下3块,再吃两天剩下1块。今天,小红还想继续吃馅饼,妈妈说,只能吃

① 徐广华,孙宽宁.基于知识转化的学科实践表达[J].教育研究与实验,2023(4):78.
② 余维,胡斌."西方近代城市化发展进程"教学设计[J].历史教学(上半月刊),2023(7):23.

一小块。想一想,你能提出什么问题?"这一情境,将学生思路聚焦到"一小块饼"如何表示上,学生通过独立思考,借助"文字语言""图形语言""符号语言"表达自己认识的"一小块"。在这一过程中,学生主动反馈自己的思考与表达,在学习伙伴的表达中主动调整、卷入,从二分之一到四分之一、六分之一,主动进行学习的生长、延展,构建自己对于分数的认识。同时,教师借助"先量后率",引导学生理解"把一块饼平均分成2份,一份就是二分之一块""把一块饼平均分成4份,一份就是四分之一块"等,借助"平均分饼"的过程,建立量与率之间的关系,丰富学生的认知。基于学生立场,展开社会性互动,学生在交流中积极思考、主动尝试,分享自己的创新见解、问题解决策略等生成性资源,不仅在个体层面掌握学科知识,还在共同体的互动实践中培养合作能力、沟通能力和创新能力。

再者,基于学生立场,加强学习反思。基于学生立场,要引导学生在学习的全过程进行持续的构建和反思,形成学习的能力,让学生在未来的学习中充满后劲和动能。例如在学习了"体积和体积单位"后,教师引导学生回忆长度、面积、体积的相关内容,引导学生整体比较"长度尺、面积尺、体积尺"这三个不同维度的测量工具,有什么相同点和不同点,学生在反思中对度量工具有了更加整体的认知:"这些尺子需要确定一个单位标准,然后把相同的单位拼接、铺满或者堆满""测量长度、面积、体积都要看它们各自包含几个计量单位""有了'长度尺'就可以'测量天下'了,因为'面积尺''体积尺'都和'长度'有关"……这样的反思,强化了学生对于度量本质、意义的理解,实现了经验、方法、知识间的结构关联。基于学生立场,加强学习反思,有助于学生整体理解知识的本质,形成认知结构,构建完整、关联融通的知识体系。

综上,学科实践是学科世界、生活世界和个体内心世界相互砥砺、互构互成的学习方式,身体参与和亲身经历是学科实践的外在特征,体验和感悟是学科实践的内在属性,基于学科实践学习与体验,强调学生在场的具身学习,让学生在特定的背景下,还原、展开、建构知识原始获得的实践方式和认识过程,并加以实践运用[1],使身体与心理、感性与理性、直接经验与间接经验得到有机统一,更好地促进了学生核心素养的形成。

---

① 伍远岳,任梦娟.基于学科实践的学习体验及其优化[J].全球教育展望,2023,52(9):70–79.

第五章

小学数学"问·达"课堂之问题延展策略

第一节

注重应用迁移

实践运用与迁移是学生学习活动中重要的环节。以实践运用提升学生学习水平,是指通过让学生参与实际操作、实践活动,将所学知识应用于实际情境中,从而提高学生的学习效果和能力。这既是学生学习的延续,也是学生学习结果的检验。在小学数学"问·达"课堂中,需要教师联系学生的生活实际,精心创设真实情境,让学生在问题发现、解决中进行学习,从而获得数学的知识技能、思想方法和活动经验;同时,需要将学到的知识运用于新的情境中,进一步发展学生的数学思维。在教学中,教师应努力创造机会和条件,使学生对所学知识进行实践运用,从而提高学生的实际操作能力和创新思维。

一　学以致用:知识结构化

在当今这个知识爆炸的时代,学习已经成为我们生活中不可或缺的一部分。然而,仅仅停留在知识的积累阶段是远远不够的,还须将所学的知识加以运用,使之形成一定的结构。

例如,学习五年级上册"多边形的面积"之后,设计整理性的实践作业:"回忆一下,我们是怎么推导出平面图形的面积的。(1)请你把学过的图形面积的计算公式,按照一定的思考方式整理出来。(2)如果只能选择一个公式来计算所有图形的面积,你会选择哪一个? 请说明理由。"通过这样的回忆、整理,将多边形的面积以不同方式进行梳理,形成一个层次分明的知识体系:学生可以从学习过程开始,逐步深入,按长方形(正方形)的面积—平行四边形的面积—三角形的面积—梯形的面积的顺序进行反思回顾,搭建相应的知识框架;也可以从梯形的面积入手,关注上底及角的变化,建立梯形面积与三角形面积、平行四边形面积、长方形面积、正方形面积的联系。

二　学以致用：知识功能化

老师们往往会有这样的困扰：有时候学生做了很多题，但是解决问题的水平没有提高；很多时候学生的思维水平仅仅停留在模仿识记的水平上，对于未曾见过的问题，学生往往错误率非常高。为什么呢？某种程度上，这说明学生缺乏运用知识解决新问题的能力。这种能力的培养需要教师不断设计一些新的情境，让学生面对情境想方设法调用已有的知识，尝试解决实际问题，并在解决问题的过程中，因为理解了而触类旁通。

四年级下册"三角形的内角和"的教学中，学生通过量一量、拼一拼，折一折等活动，得出"三角形的内角和是180度"的结论，经历了三角形内角和的探究过程后，教材"做一做"通过在一个三角形中"$\angle 1=140°$，$\angle 3=25°$，求$\angle 2$的度数"这样的学习任务让学生利用"三角形内角和"解决问题。直接给出三角形两个内角的度数，让学生求未知角的度数，这是对于"三角形内角和"知识的一种运用，但是学生总觉得"意犹未尽"：对于直角三角形、等腰三角形等特殊三角形的角的度数计算，是不是又要设计相应的练习？这样学生是否某种程度上就陷入"题海"中了？那么，如何通过一定的实践运用，使学生通向理解的阶梯呢？不妨以一个探索性的作业让学生对"三角形的内角和"知识进行综合性的运用。可以设计这样的练习："有一个三角形，如果想知道三角形三个内角各是多少度，想一想，需要测量几次？"学生经过思考，出现了不同的想法及讨论：有的学生认为要测量三次，因为三角形有三个内角，测量三次就可以知道三个内角各是多少度；有的学生认为要测两次，因为三角形内角和是180度，第三个角可以运用三角形内角和的知识用180度减去两个角的度数就可以知道；有的则认为一些特殊的三角形只要测量一次，例如直角三角形只要量出其中一个锐角，用90度减去这个锐角就可以知道另一个锐角的度数，等腰三角形也是只需要测量一个角，只不过要确定测量的是顶角还是底角……在实践运用中，学生从三角形内角和相关知识出发，结合自己的认知进行思考、表达想法，通过交流碰撞，对于三角形内角和解决问题的策略有了更深的体验与理解。

三　学以致用：知识素养化

以实践运用提升学生的学习能力，实现知识素养化，可以实施跨学科作业。

教师要立足"真实问题"的情境,紧紧围绕关键能力的培养,将不同学科知识加以整合,形成适合学情的独特的学科融合性作业,增强学生发现问题、提出问题、分析和解决问题的能力。[①]要特别提出的是,开展跨学科实践运用时,需要突出数学主线,以数学主线为引领,帮助学生在跨学科的实践运用中理解、应用数学知识与生活、与其他学科的关联,发展学生的核心素养,培养其学习能力、应用意识和创新意识。

例如,学习人教版四年级上册第七单元的"条形统计图"后,可安排实践任务:"(1)调查、记录学校餐厅的一周的午餐食谱;(2)根据科学膳食搭配表,计算学校这一周午餐的营养成分情况,并绘制统计图;(3)根据调查数据及学生实际需求,分析学校餐厅这一周的午餐膳食搭配情况;(4)根据膳食营养搭配,设计一周营养午餐食谱,并进行交流、展示、投票;(5)根据深入交流、展示、投票的结果,向学校餐厅提供午餐食谱及建议。"在这样的主题研究中,学生不仅需要对数据进行收集整理、分析判断,还需要借助科学知识、美术表现、生活实际设计合理、营养、受欢迎的食谱。这样,由一个数学知识的"生长点"延伸生成了一条多学科知识的"融合链",学生由一种思维到多元思维,不仅实现了数学与各学科知识之间的联系与渗透,而且让学生主动思考,培养了学生的综合能力,促进了学生高阶思维能力的发展。[②]

总之,以实践运用提升学生学习能力是一种更加贴近实际、注重能力培养的教学方法,有助于提高学生的学习效果和能力。

---

① 郭圣涛.小学数学作业要以"质"提"效"[J].人民教育,2021(21):70.
② 郭圣涛.小学数学作业要以"质"提"效"[J].人民教育,2021(21):70.

第二节

开展学习评价

多维、全面、全程的评价,定性、定量的评价是诊断学生学习成效,进行教学反馈的有效方法之一。小学数学"问·达"课堂提倡进行真实性评价,将评价渗透到教学的每个环节,既关注学生的结果性评价,更关注过程性评价,以学生的学习效果调整教师的教和促进学生的学,通过全面、持续的评价促进学生核心素养的发展。

一 形成科学的评价观念

评价是达成目标的手段而不是目的。《深化新时代教育评价改革总体方案》在改革学生评价中提出"树立科学成才观念","坚决改变用分数给学生贴标签的做法"。教师在开展学业评价时,要充分调动学生的主观能动性,综合考量学生的学习兴趣、学习习惯和学业成果等多个维度,以评价促进学生发展。[①]

1.正确认识终结性评价

终结性评价,也被称为总结性评价或终端评价,是一种在教学过程结束后进行的评价。这种评价方式主要是对学生的学习成果进行阶段性评估,其目的是对学生在整个学习阶段的知识掌握程度、技能运用能力以及综合素质进行全面的考核和评价,以了解学生是否达到了预定的学习目标和要求。在整个评价体系中,这种方式必不可少。

终结性评价是评估学习结果的重要手段。它通常在一个单元或者一个模块的学习后,以分数或等级的形式,对学生以往的学习成果进行评估、反馈。终结性评价也可以看成一个相对的概念,例如一节课教学之后,检测学生对这一节课的掌握程度,一个单元学习之后,检测学生是否掌握了单元的内容,这是对一节课、一个单元进行的结果评价,但是相对于更长时间段的评价而言,一节

---

① 何文菲.落实"双减"要力促教学评一致[J].人民教育,2022(6):8.

课、一个单元的评价也可以视为过程。因此,对终结性评价的分析,其实也是对学生一段时间学习结果的反馈,可以帮助学生找到过去学习中的问题和漏洞,帮助学生评估目前的学习情况,指导未来的学习。但是,终结性评价也存在一些不足,如不利于发现学生学习过程中的问题,很难检测学生学习结果背后存在的个体差异,忽略对学习过程的评估等,特别是缺乏对学生学习过程中所呈现的情感、态度、方法等方面的评估。

终结性评价的方向应做出调整。新的课程标准明确提出,课程实施要以不断发展学生的核心素养为宗旨。课程目标从学科体系走向课程育人,教学目标也从知识记忆走向知识应用,因此,终结性评价的方向也应做出调整。首先,评价应与目标一致。在具体的教学过程中,教学目标的制定,依据的是落实核心素养的总目标,教学活动依次展开。[①]终结性评价也要与落实核心素养的课程目标、教学目标保持一致,实现目标、教学、评估的一致性。其次,在终结性评价过程中,应关注学生学习过程的评价。例如,在试卷中,设计"下图中长方形里每个小正方形的边长都是1厘米,请你计算长方形的面积(图5-1)","下面长方形的长边摆满了1平方厘米的正方形,它的面积是多少平方厘米?(图5-2)"的问题。这样的检测可评估学生对于长方形面积的掌握情况,可以视为一节课的结果性评价的检测,但就题目检测的方向而言,它指向的是学生学习过程的评估:长方形面积的度量,就是看长方形当中包含的面积单位的个数。长方形面积公式的本质就是面积的度量。本题既包含了对度量结果的考查,即长方形的面积就是长方形中包含的面积单位的个数(面积单位的个数=每行个数×行数),也展示了面积度量的过程,即每行个数与长方形的长、行数与长方形的宽存在着与度量标准物体的"边长"数"一一对应"的关系。在本题的考查中,沟通了二维测量与一维测量之间的联系,即将面积测量转化为长度测量。再者,终结性评价要关注学生解决问题的能力的评价。学生在学习过程中,通过学习不同的课程形成必备品格、关键能力和价值观。不同的学科设计的学科能力虽然不同,但是必须承认,这些体现素养的"能力"其实就是学生解决问题的能力,而这样的能力,很难由直接讲授教学的方式传递给孩子,需要借助问题情境,通过综合、复杂的学习任务在解决问题的过程中逐渐培养。因此,在终结性评价中,要注意对学生解决问题能力的检测,考查学生核心素养发展水平的同时,发挥评

---

① 王春易,等.从教走向学:在课堂上落实核心素养[M].北京:中国人民大学出版社,2020:195.

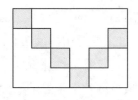

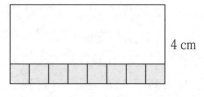

图5-1 评价检测题一 图5-2 评价检测题二

估的导向作用。例如,设计"食品厂生产一种食用油,现有三种不同包装:(1)1升装16元,2.5升装36元,5升装68元这三种食用油,哪一种的单价更便宜?(2)食品厂计划推出"1.8升装"的食用油,参考上面三种包装的价格,请你为"1.8升装"食用油定一个合理的价格,并说说你的理由"这样的问题,其结合了具体情境,既能考查学生对小数除法的掌握情况,又能考查学生是否会结合单价、容量对食用油的价格进行设计、定价。

2.正确认识过程性评价

过程性评价,也被称为形成性评价,是一种在教学过程中进行评估的方式。对于教学而言,不仅仅需要关注学生最终的学习成果,更要注重学生的学习过程和学习策略。因此,过程性评价强调对学生学习过程的持续观察和反馈,以便及时发现学生的学习困难和问题,从而调整教学策略,提高教学效果。

过程性评价是终结性评价的重要补充。这是因为只有学习结果的数据,没有学习的过程性证据,没有对结果是由何种过程所导致的解释,难以说明此学习结果就是由所实施的课程内容或者所开展的教学实践所产生的。[1]也就是说,学生在学习过程中有什么问题? 在解决问题的过程中遇到了哪些困难? 学习规划是否合理? 学习方法是否得当? 问题解决的路径是否还可以优化? 这些问题需要在学生学习过程中不断给予反馈,以帮助他们更好地学习。[2]因此,对学生学习的评价不只是对学生学习结果的评价,更应关注和评价学生的学习过程,为具体学习结果的产生提供过程性证据支持。

过程性评价贯穿学习的全过程。终结性评价是发生在教学之后的,而过程性评价则把评价看作是教学活动的一部分。首先,过程性评价是对学习过程的及时反馈,它通常包括对学生的学习态度、学习方法、学习习惯等方面的评价,

① 崔允漷,王少非,杨澄宇,等.新课程关键词[M].北京:教育科学出版社,2023:181.

② 王春易,等.从教走向学:在课堂上落实核心素养[M].北京:中国人民大学出版社,2020:7.

以及对学生的课堂表现、作业完成情况、实验操作能力等方面的评价。这种评价方式可以帮助教师更好地了解学生的学习情况,为学生提供个性化的教学指导,同时也可以帮助学生了解自己的学习进度和存在的问题,从而调整学习策略,提高学习效率。其次,过程性评价应扩展评价的参与主体,发展学生的评价能力。学生既是学习的主体,也是评价的主体。过程性评价应重视学生的评价主体意识,提升学生的评价能力,例如学生可以基于任务要求和评价标准,对自己学习过程中的作业、测验和活动等表现进行评价,实现对自己学习过程的监控,不断地发现自己的优势和劣势,及时调节、完善学习或者开展多种形式的同伴评价和小组评价,在评价他人的过程中反思自己的学习。

总之,结果检测注重结果,过程性评估关注过程,完整的评价必须要将过程评价与结果评价相结合,形成对个体学习发展的完整描述和解释。教师应用动态、发展的眼光看待学生,既关注学生的学习过程,也关注学习结果。对过程而言,关注学生在任务中表现出来的主体精神、行为习惯、思维品质、合作精神、表达和交流能力等素养,侧重鼓励和表扬;对结果而言,提高评价的科学性和客观性,侧重诊断和反馈。而当我们将目标定位于学生的成长和发展时,无论是过程性评价,还是终结性评价,都是促进学生成长的一个过程。因此,以学生的学习过程为场域,以形成性为导向,以素养发展为目的,评价在于促进学生的学习与发展,而综合、全面的评估才能更好地促进学生的全面发展。

3.正确认识增值性评价

2020年10月,在中共中央、国务院印发的《深化新时代教育评价改革总体方案》中,明确提出"改进结果评价,强化过程评价,探索增值评价,健全综合评价"的总体要求。《义务教育课程方案(2022年版)》强调在"评价促进学习的理念"下"关注学生真实发生的进步,积极探索增值评价",这明确了增值评价在学生评价中的运用。"增值"原本是经济学的概念,指的是投入与产出之间的增加量。在教育领域,这一概念被用来描述学生在接受一定阶段教育后,在学习、生活、情感、社会性发展等方面相对于各自起点或基础的进步、发展、成长和转化的"幅度"。通过这种评价方法,可以对学生个体的发展和学校的教育效能进行价值判断。增值性评价的一个显著优势是它不仅关注学生的学习成果,而且更加重视学生的学习起点和过程。与传统的过程性评价和结果性评价相比,增值性评价试图弥补两者的缺点,更加注重不同学生的起点,以此为基础来评估学

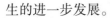
生的进一步发展。

在学生评价语境下,增值性评价并非某种具体的评价方法,而主要是一种评价方式。增值性评价甚至还是一种评价理念,它渗透于新课程所倡导的其他评价方式方法之中,为其他方式方法提供重要支撑,并为其他方式方法的有效性提供保障。①例如,结果性评价以成绩或排名的方式对学生进行横向比较,不可避免导致有些学生对学习定位发生偏差,过分地追求"成绩目标"或"超越他人",也有学生可能因为成绩不如意而对学习失去兴趣。这时,通过增值性评价,就可以帮助学生在自我成长的比较与体验中,感受自身的进步与成长,从而获得一定的"效能感",提高其学习的动力。因此,增值评价应该置于"评价促进学习"的理念下进行理解。

在实施学生的增值性评价时,首先需要确定评价的指标体系。这些指标不仅包括学生的学业成绩,还应该涵盖学生的人文底蕴、科学精神、学会学习、健康生活、责任担当、实践创新等综合素养。其次,要进行学生起点能力的测评,这是为了了解学生在接受教育前的基础情况,有助于在教学过程中,对学生的进步幅度进行定期跟踪评估、在教学结束后对学生的综合素养进行评价,从而通过对比学生起点与终点的变化,计算出教育的增值效果。此外,也可以采用学生成长百分等级模型进行评价。总的来说,增值性评价是一种以促进学生全面而有个性地发展为目标的评价方式,它强调尊重每个学生的差异,避免"绩效主义"的倾向,注重学生的学习过程和全面发展。

二 了解不同的评价方法

儿童的学习是一个持续的、复杂的过程,对儿童的学习评价则最终指向学生能否在一个真实性的情境中解决问题,因而,评价的过程也指向儿童学习的全过程。可以理解为,学生的学习评价是一个综合评价的过程,既要有记忆的测试,也要有对学习性任务完成的质量进行的考评,以及高阶思维技能或者应用能力等评价。因此,对于学生进行评价的方法也是多种多样的,而这些方法各有特点,在教学过程中,需要根据不同的教学目标和学生需求进行选择和应用。

---

① 崔允漷,王少非,杨澄宇,等.新课程关键词[M].北京:教育科学出版社,2023:206.

（1）课堂问答

课堂问答是一种最为常见的评价方法。问答在课堂上占有很大的比重,尽管许多老师可能没意识到课堂问答是一种评价,但是不可否认,通过课堂的问答,教师能全面、及时地了解学生在课堂上的理解和掌握情况。课堂问题一般用于过程性评价。课堂问答中,教师可以提出开放性问题,鼓励学生思考和表达自己的观点,从而促进他们的批判性思维和创造性思维能力的发展。

（2）知识测验和技能测试

知识测验和技能测试是对学生学习成果的直接评估。知识测试多以试卷的方式进行测试,通过选择题、填空题、解答题等形式,能帮助教师了解学生对知识点的掌握情况和运用能力。而技能测试则可以以单项评价的方式,评估学生某一方面技能的掌握情况,如需要评价学生实际操作能力或解决问题的能力,可以采用实验操作技能、编程技能、研究性项目等方面的测试。知识测验和技能测试一般用于结果性评价。

（3）表现性任务

表现性任务评价是一种综合性较高的评价方法,需要学生在特定情境下展示他们的知识和技能的掌握情况。例如,学生可以进行小组讨论、项目设计、演讲等,以展示他们的合作能力、创新能力和沟通能力。要注意,表现性任务评价是基于教学目标达成的证据搜集而进行设计的,从表现性任务完成的情况评估目标的达成程度。表现性任务评价既可以作为过程性评价,也可以作为结果性评价。

（4）结构化思维工具

结构化思维工具(也称"可视化思维工具")一般通过图表的方式使思维结构化,主要包括图和表两种形式。[①]结构化思维工具评价是一种用于帮助人们更好地组织和分析信息的方法,它通过将复杂的问题或任务分解为更小、更易于管理的部分,并使用逻辑和有序的方式来处理这些部分,从而提高效率和准确性。结构化思维工具评价的核心理念是将问题或任务分解为一系列明确的步骤或阶段。每个步骤都有其特定的目标和要求,并且与其他步骤之间存在一定的关联性。通过这种方式,人们可以更好地了解问题的全貌,并逐步解决其中的各个细节问题。结构化思维工具可以帮助学生整理和组织知识,提高他们

---

① 刘徽.大概念教学:素养导向的单元整体设计[M].北京:教育科学出版社,2022:214.

的思维逻辑和问题解决能力。例如,思维导图、流程图等工具可以帮助学生理清思路,将复杂的信息转化为简洁明了的形式。

(5)自我反思

自我反思是典型的学习式评价,同时也可以被看作学习性评价。近年来,自我反思也逐渐被开发为一种学习的评价,通过评价学生的反思质量来评定学习水平。①它通过让学生回顾自己的学习过程和成果,帮助他们发现自己的优势和不足,并制定改进计划。教师可以引导学生进行自我评价和互评,促进他们的自主学习和自我发展。比如通过让学生对比单元学习前后对知识的了解情况的思维导图,就可以让学生清晰地看到自己的问题,对自己进行一定的反思评价,从而自我改善学习方法、状态等。

综上所述,评价的方法是多样化的,可以根据教学目标和学生需求进行灵活选择和应用。通过综合运用这些方法,可以全面评估学生的学习成果和发展情况,为教学提供有效的反馈和指导。

三 实施一致性的学习评价

"教-学-评"一致是课程思维的本质要求,也是评价领域范式转型的必然。②小学数学"问·达"课堂提倡单元整体教学,尝试基于逆向设计理论,开展"教-学-评"的一体化的单元学习评价。逆向设计是格兰特·威金斯和杰伊·麦克泰格在《追求理解的教学设计》一书中提出的。传统的教学设计是先设置教学目标,再设计教学活动,在课堂教学结束后对教学效果进行评价。而逆向设计为实现"教-学-评"的一体化,在确定教学目标后,首先考虑教学效果的评价(教学目标达到的证据),再设计教学活动,同时为保证教学设计和教学活动紧紧围绕教学目标,将评价贯穿整个教学过程。小学数学"问·达"课堂的学习评价立足于课程思维设定准确的、可评估的学习目标,基于学习目标设计对应的评价任务,适当组合执行任务方式,保障呈现的结果,在课堂实施过程中基于呈现出的结果适切地反馈与调整,通过评价促进学习,实现"教-学-评"一体化。

① 刘徽.大概念教学:素养导向的单元整体设计[M].北京:教育科学出版社,2022:215.
② 李小田,刘小洁.小学英语课堂教-学-评一致的问题及其对策[J].教学与管理,2021(32):45.

1.评价有标准:确定单元学习目标

教-学-评的一体化和一致性在内涵上基本一致,"是由目标导向的学-教一致性、教-评一致性和评-学一致性三个因素组成,它们两两之间存在着一致性的关系,然后组合成一个整体"[①]。判断教-学-评是否一致、一体的核心,就是教学、学习与评估是否都围绕同一目标展开。[②]随着核心素养成为指导课程教学、评价改革的重要内核,基于教-学-评一体化的单元学习评价实践首先要聚焦学生核心素养培育目标,解决学什么和评什么的问题。可以说,清晰、恰当的学习目标是单元教学与评价的指路灯,具有统领的作用,它是开展单元学习评价的前提。只有让学生明确单元学习的目标才能保证学习过程和学习评价有据可依。单元学习目标实际上就是对三维目标的整合,需要立足课标、教材和学情分析,梳理出对学生在知识与技能、过程与方法、情感态度价值观方面的发展要求,进一步整合与重构。[③]围绕"学生的学习需要经历什么过程? 获得什么学习结果? 最终达成什么样的素养表现?"等问题,用"学生能做什么"等简短句子凝练单元总体目标。例如人教版五年级上册"多边形的面积"这一单元,《义务教育数学课程标准(2022年版)》对"多边形的面积"这一单元的内容要求、学业要求、教学提示及素养目标要求如下(见表5-1):

表5-1　新课标对"多边形的面积"单元的要求

要求方面	具体细节
内容要求	探索并掌握平行四边形、三角形和梯形的面积计算公式;会估计不规则图形的面积。
学业要求	会计算平行四边形、三角形、梯形的面积,能用相应的公式解决实际问题。
教学提示	引导学生理解长度、面积都是相应度量单位的累加;运用转化的思想推导平行四边形、三角形、梯形等平面图形的面积公式,形成空间观念和推理意识。
素养目标	含量感、推理意识、空间观念、几何直观等素养目标。

[①] 崔允漷,雷浩.教-学-评一致性三因素理论模型的建构[J].华东师范大学学报(教育科学版),2015,33(4):17.

[②] 王蔷,李亮.推动核心素养背景下英语课堂教—学—评一体化:意义、理论与方法[J].课程·教材·教法,2019,39(5):114-120.

[③] 熊梅,邓勇,袁娟.基于教学评一体化的单元学习评价实践路径[J].中小学管理,2023(7):55.

综合课程标准、教材资源及真实学情,确定学习目标:(1)能将探索面积公式的基本思路运用到对新图形面积公式的探究中,尝试解决更多图形的面积问题,发展量感、推理意识及创新意识等学科核心素养。(2)掌握平行四边形、三角形和梯形的面积计算公式,会计算组合图形的面积,会用方格纸估计不规则图形的面积,并能解决生活中一些简单的实际问题。(3)经历探索多边形面积的过程,通过度量单位的累积对面积进行测量,认识到方格图是测量面积的基本工具;通过动手操作、实践观察等方法,应用转化思想、推理等方法探索多边形面积的计算方法。(4)感受探索面积公式的乐趣和价值,在探究、反思、问题解决中形成反思、质疑等学习习惯。

确定单元评价目标是进行有效的单元学习评价的基础。首先,它为设计表现性任务和评分规则提供了重要依据。这些任务和规则旨在全面反映学生的学习情况,包括知识理解、技能掌握、态度价值观等方面。其次,单元评价目标的设定有助于教师了解学生学习目标达成的情况,从而调控学生的学习过程,并为教学改进服务。例如,如果发现学生在某个知识点上的理解程度不够深,教师就可以及时调整教学策略,提供更多的练习机会,帮助学生提高理解能力。此外,单元学习目标本身是期望学生在完成单元多个课时的学习之后应该达到的学科核心素养。这些目标包括能灵活应用的知识、技能、策略,能反映学科本质及思想的方法,解决问题的综合能力等。因此,确定合理的单元评价目标也有助于推动学生形成这些学科核心素养。

2.评价有方向:构建单元评价体系

小学数学"问·达"课堂注重评价的导向作用,突出评价的科学性与整体性。在"教-学-评一致性"的框架中,学习任务匹配学习目标,具有评价功能,因此,可以把"学习任务"称为评价任务。实施单元教学时,要立足单元整体,依据单元学习目标,设置评价任务,并为每个评价任务确定具体的评价目标,明确过程性评价的内容、标准和方法,构建单元评价体系,使"教-学-评"融为一体。[①]

人教版五年级上册"多边形的面积"这一单元在确定单元学习目标后,结构化设计教学后,构建的单元评价体系见表5-2:

---

① 刘亚雄."思辨性阅读与表达"学习任务群的教学要旨与实施策略——以五年级下册第六单元为例[J].语文建设,2023(20):64.

表5-2　"多边形的面积"单元评价体系

评价标的	评价任务	评价内容
1."比较图形的大小"	试一试并说清楚:你用什么办法获得这些图形的面积?	能通过数面积单位、割补法获得图形的面积。
	仔细观察:这些图形的面积之间存在什么样的关系?	能表达图形形状的变化与面积大小变化的关系。
2."平行四边形的面积"	请动手试一试:平行四边形面积能转化成长方形面积吗?	能将平行四边形面积转化成长方形面积。
	说一说:转化后的平行四边形和长方形有什么联系?	能推导出平行四边形的面积。
3."三角形和梯形面积(一)"	动手试一试:三角形和梯形可以转化成什么图形?	能用不同的方法将三角形和梯形转化成已经学过的图形,对比变化前后图形的关系。
4."三角形和梯形面积(二)"	转化后的图形与原来的三角形、梯形有什么联系?	能说出三角形、梯形转化前后的图形之间的关系,推导出三角形、梯形的面积公式。
	想一想:哪个面积计算公式适用所学平面图形的面积计算?	能观察、对比寻找图形之间的联系,用梯形面积公式解释不同的多边形的面积公式。
5."组合图形的面积"	请试着求出校园绿地的面积。	会用"分割法"或"移补法"求组合图形的面积。
	这个算式能求出下面涂色部分的面积吗? 请说一说其中的道理。	会通过逆向思考,解释算式与图形之间的相关性。
6."不规则图形的面积"	请尝试计算绿萝叶的面积。	能用数方格(面积单位)的方法估测不规则图形的面积,了解方格越小,估计值越接近准确值。
7."整理复习"	用你喜欢的方法整理本单元的知识。	能表达、整理多边形的面积计算公式推导过程,多角度构建它们之间的相互联系,形成知识结构。

构建单元评价体系在教学中起着至关重要的作用。它是实现教-学-评一体化的重要手段,有助于推动教、学、评的一致性,提升教学质量和学生的学习成效。首先,它有助于促进教师的专业发展,帮助教师全面准确地掌握学生的学习状况,反思和改进单元教学活动,从而提升教学质量。其次,通过评价,教师可以真实地了解学生的学习情况,进而进行个性化的教学调整,提高教学效

果。此外,构建单元评价体系也有利于引导学生实施真正意义上的学科核心素养教育,体现课程整合和探究的特点,从而促进学生学科的学习发展,提高学生的学科核心素养水平。同时,这种评价方式更符合学生学习的规律,可为学生提供充足的练习机会,让学生完整地经历知识内化迁移的过程。

3.评价有支撑:开发评价工具及量表

单元学习评价不是主观臆断,而是依据一定的标准对学生学习证据进行科学、客观、公正的判断。所以,仅仅是在评价计划中确定评价任务和内容还不够,还要开发收集证据资料的工具,辅助主体科学评价。[①]构建单元评价体系后,下一步是基于学习任务设计有效的评价工具,即给出评价工具及评价标准。只有任务而没有任务达成的相应评价规则,那任务始终只是任务,而不能有效测量学习效果。透过明确的标准,教师可以清晰了解每一位学生学习任务的完成情况,进一步掌握学生的学习情况。学生也可以通过对照评价标准反思自己的任务完成程度,更加全面地掌握自己的学习情况。[②]实施“教-学-评一体化”,要求教师把对学生的学业评价贯穿于教学活动过程,在教学前、教学中、教学后开展相应的诊断性评价、形成性评价和总结性评价。

(1)诊断性评价:揭示学习困难与问题

诊断性评价是一种在教学过程中进行的早期评估,旨在识别学生的学习困难和问题。通过这种评价方式,教师可以了解学生的知识掌握程度、技能运用情况以及学习态度等方面的问题,从而为后续的教学提供有针对性的指导。诊断性评价有助于教师及时调整教学策略,提高教学质量,同时也能帮助学生更好地了解自己的学习状况,找到解决问题的方法。

例如教学人教版五年级上册“多边形的面积”这一单元前,进行前测,开发设计前测的评价工具及量规(见表5-3):

---

① 熊梅,邓勇,袁娟.基于教学评一体化的单元学习评价实践路径[J].中小学管理,2023(7):56.

② 李勤华.开发单元评价工具有效实现“教-学-评”一致[J].中小学管理,2021(8):38-39.

表5-3　"多边形的面积"前测的评价工具及量规

评价工具	评价量规
1.你知道长方形的面积如何计算吗？回忆下你是如何推导出长方形的面积公式的？请写一写、画一画。	A:能说出长方形面积公式,并以写一写或画一画的方式表达长方形面积的推导过程。 B:能说出长方形面积公式,但对于推导过程表达不清晰。 C:不能说出面积公式,也无法表达出推导过程。
2.方格图中的平行四边形的面积你会计算吗？试一试,并说清楚你是如何计算的。 5 cm	A:能通过数面积单位获得平行四边形的面积,并能清晰地用算式、画图等方式记录求面积的过程。 B:能通过数面积单位的方法求平行四边形的面积,但是数的过程中计算格子数出现错误。 C:没有通过数面积单位求平行四边形面积的意识。
3.你知道平行四边形的面积如何计算吗？知道请写出来,并说说为什么可以这样计算;如果不知道,请想想平行四边形面积可以怎样计算？动手写一写、画一画。	A:能知道平行四边形的面积计算公式,并知道如何推导。 B:不知道平行四边形的面积如何计算,但是有转化的意识。 C:不知道如何计算平行四边形,也没有转化意识。

通过这三道题的前测及评价内容,我们发现:首先,部分学生对长方形面积公式推导过程的认识不深刻。学生们都能回忆起长方形面积公式,81%的学生能说出长方形的面积和长、宽的长度有关,而29%的学生直接表示知道长方形的面积公式,但是不知道或者忘了如何推导。可见,一些学生对面积意义的理解及对长方形面积公式这一推导过程的认识("长表示一行有几个面积单位,宽表示有这样的几行面积单位"),会随着时间的推移而遗忘。其次,学生对于数方格计算平行四边形的面积掌握较好。85%的学生都能利用数方格的方式数出平行四边形的面积,40%的学生能掌握数方格的快速方法——"移补"的方法。再者,一些学生有将新知识与旧知识建立联系的想法,但是在迁移的过程中有困难。83%的学生不知道平行四边形的面积公式,48%的学生能提出把平行四边形的面积转化为学过的图形如长方形进行计算,说明一些学生能主动将新知识与旧知识建立联系,进行迁移;但是在迁移转化的过程中,怎样建立新旧图形要素之间的联系,进而由长方形面积公式推导出平行四边形的面积公式还

缺乏思路。结合学生前测情况进行分析,我们可以确定:"度量单位的累积"与"转化思想"是本单元的大概念,贯穿整个单元的学习活动。通过数面积单位的个数确定图形面积的大小是获得面积大小的基本方法,也体现了测量的本质。在这个过程中,学生感受到即使没有面积公式,也能通过数方格求得图形面积的大小,从而理解了面积度量的本质。虽然数面积是通用方法,但推导图形的面积公式是为了更简洁地计算面积。要想推导新图形的面积公式,就需要一个基本思路,即将新图形转化成旧图形,建立旧图形与新图形要素之间的联系,根据旧图形的面积公式推导出新图形的面积公式,这可以培养学生的直观想象、推理能力及创新意识等核心素养。

(2)形成性评价:促进学习过程的优化

形成性评价是一种在教学过程中进行的持续性评估,关注学生的学习过程和学习成果。通过这种评价方式,教师可以实时了解学生的学习进度,发现学生的学习需求和兴趣,从而调整教学内容和方法,使教学更加贴近学生的实际需求。形成性评价有助于激发学生的学习兴趣和积极性,培养学生的自主学习能力,同时也能为教师提供及时的教学反馈,促进教学过程的优化。

例如教学人教版"多边形的面积"这一单元,在教学过程中开发评价工具(学习任务单,如表5-4),结合学习任务单,设计评价量表(见表5-5),将评价嵌入教学活动中,通过"附着评价标准的学习任务",开发学习过程中相应的评价工具和量表,使其在教学活动中发挥导教、导学、导评的功能。要特别说明的是,在形成性评价的过程中,要避免将标准直接告知学生——这样知识学习就不可能成为素养形成过程。要通过设计带有评价标准的评价任务,让知识在学习活动中"走个来回":提供工具与活动,组织学生讨论,引导学生得出相关结论;引导学生用这样的结论进行解释与创造,这样才能把评价与教学相结合,切实推进新课标落地。

表5-4 "三角形和梯形的面积"学习任务单

核心问题	三角形和梯形可以转化成什么图形?
探究过程	任务一:三角形和梯形可以转化成什么图形?(画一画,写一写,把你的探索过程记录下来) 任务二:想一想,还有其他方法吗?
探究结论	
我的困惑	

表5-5 学生表现及评价量规

等级	优秀	合格	仍需努力
表现	能利用拼剪、割补等方式探索三角形和梯形的面积,并且探索过程比较完整。	能想到用拼剪、割补等方式探索三角形和梯形的面积,但探索过程不够完整。	无作答,或探索过程不清楚。

(3)总结性评价:检验学习成果与教学效果

总结性评价是一种在教学过程结束后进行的综合性评估,旨在全面检验学生的学习成果和教学效果。通过这种评价方式,教师可以了解学生在知识、技能和态度等方面的综合表现,从而对教学目标的实现程度进行客观评价。总结性评价有助于教师反思教学过程,总结经验教训,提高教学质量,同时也能帮助学生了解自己的学习成果,为今后的学习和生活奠定基础。

例如,在单元教学中,可以开发设计课时、单元评价工具,检测经过学习之后,学生是否真的学会了。课时、单元评价工具的开发应对单元内各课时的作业内容、类型、难度进行整体规划,保证不同课时、类型作业之间的关联性和进阶性;同时,应体现分层,关注学习理解、实践应用、迁移创新等。如"多边形的面积"这一单元的教学,可以从不同层面设计作业,如表5-6。

表5-6 "多边形的面积"单元评价作业

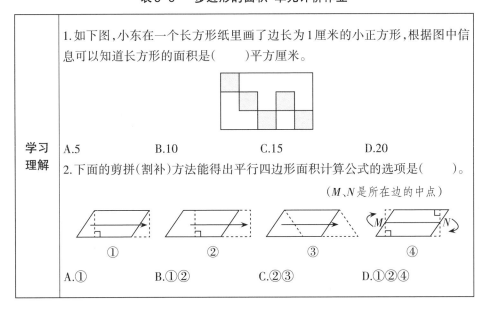

学习理解	1.如下图,小东在一个长方形纸里画了边长为1厘米的小正方形,根据图中信息可以知道长方形的面积是( )平方厘米。 A.5　　　　B.10　　　　C.15　　　　D.20 2.下面的剪拼(割补)方法能得出平行四边形面积计算公式的选项是( )。 (M、N是所在边的中点) ①　　②　　③　　④ A.①　　B.①②　　C.②③　　D.①②④

续表

实践应用	晓军在电脑上使用几何画板拉动等腰梯形的控制柄时发现向外拉到顶会变成长方形,向内拉到顶会变成三角形。于是,他想到能不能统一用其中一个面积公式来计算以下各个图形的面积。 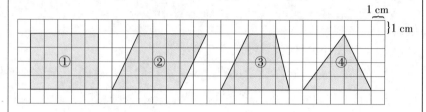 观察上图,你认为可以统一用＿＿＿＿＿＿的面积计算公式来计算它们的面积。请写出你的想法。
迁移创新	小红在探索梯形的面积时,采用如下的方法:取梯形的一条腰上的中点,剪下如(1)图的三角形,再用剪下的三角形与剩下的图形拼成一个三角形,可以求出梯形的面积。 (1)她的方法有道理吗? 请说明理由。 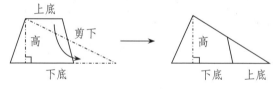 (2)乐乐选择了另一种探索梯形面积的方法(如下图所示),请你结合图说明乐乐的方法。 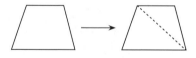

在一节课或一单元结束之后,为全方位了解学生在课堂活动过程中的表现,也可以展开学习之后的课堂表现评价。如就准备、参与、纪律、合作、探究和创新这六个维度,进行"自评、组员评、教师评"的综合评价(表5-7),让每一个学生都积极参与、思考、发表观点,让每一个学生在积极思考中重构认知、改进学习、自我管理、自我完善。

表5-7 "自评、组员评、教师评"综合评价

评价内容	评价标准(共5星)	自我评价	组员评价	教师评价
准备	能自觉做好课前准备。			
参与	积极参与,能按时完成任务。			
纪律	遵守活动纪律,秩序良好。			
合作	配合融洽,积极解决困难。			
探究	有强烈的探究欲,不断提出问题。			
创新	能提供新想法,拓宽探索路径。			

4.评价有方法:持续进行学习评价

单元学习评价实施不是一个独立的随机事件,而是教-学-评一体的有序实践过程,在实施过程中要贯彻"以评促改"的理念,从主体要素和过程要素上改进和优化评价实施。[①]

(1)自评互评:促进自主成长

评价不是目的,通过评价活动促进学生深度认知、自觉反思和切实行动才是目的,如果没有学生的参与,那么断然无法发挥评价的真正作用。[②]引导学生自评互评的重要性在于,它能够帮助学生更好地了解自己的优点和不足,从而促进他们的自我发展。通过自评,学生可以反思自己的行为和表现,发现自己的潜力和需要改进的地方。而通过互评,学生可以从他人的角度看待自己,获得不同的观点和建议,从而更全面地认识自己。

为了引导学生自评和互评,教师可以采取一些有效的方法。首先,激发学生评价动机,提升学生评价能力,帮助学生掌握评价规则,给学生提供评价工具支持等。其次,教师可以组织一些小组活动或讨论,让学生有机会互相交流和分享彼此的看法。此外,教师还可以鼓励学生写下自己的评价,以便他们能够更深入地思考和总结。例如:在"水是生命之源"的项目式学习中,教师就可以构建"学生报告-同伴评价-教师引导"的情境,帮助学生建立清晰的目标愿景,

---

① 熊梅,邓勇,袁娟.基于教学评一体化的单元学习评价实践路径[J].中小学管理,2023(7):56.

② 熊梅,邓勇,袁娟.基于教学评一体化的单元学习评价实践路径[J].中小学管理,2023(7):56.

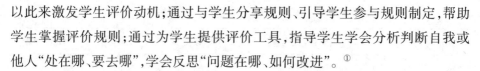

以此来激发学生评价动机;通过与学生分享规则、引导学生参与规则制定,帮助学生掌握评价规则;通过为学生提供评价工具,指导学生学会分析判断自我或他人"处在哪、要去哪",学会反思"问题在哪、如何改进"。[①]

(2)实时评价:提升学习效果

素养"是在活动中发展起来的,是在复杂问题解决的学习过程中培养形成的"[②]。也就是说,对于学生全面的考查与评价,需要将评价嵌入学生真实的学习过程中,全面考查学生完成任务的情况,只有这样,才能更好地了解学生的学习情况和能力发展,同时也能够激发学生的学习兴趣和积极性。实施实时评价,可以在课前对学生学习状况进行评价。教师通过观察学生的表现来判断学生的素养发展状况。例如,在团队报告阶段,教师可以观察学生积极参与讨论、提出问题和解决问题的能力等。通过观察,教师初步了解学生的学习情况后,为后续的教学提供参考。实施实时评价,也在课中对学生团队完成任务的表现进行评价。教师可以根据学生团队的任务完成情况,评估学生的团队合作能力、沟通能力和解决问题的能力等。例如,教师可以观察学生团队在分工合作、协调沟通和解决问题时的表现,从而评估学生的综合素质。实施评价,还可以在课末给学生发放事先准备好的评价卡,引导学生按照评价指标对自己的表现进行评价。评价卡可以包括学生在学习过程中的优点和不足之处,以及学生对自己学习情况的反思和总结。通过自我评价,学生可以更好地了解自己的学习情况,发现自己的不足之处,并制定相应的改进计划。

(3)证据收集:全面了解情况

证据是评价的基础,收集充足的优质证据是确保评价科学、客观、有效的先决条件。优质证据来源于学生真实的学习过程,需要利用多种方法与工具收集。[③]课堂问答、知识测验和技能测试、表现性任务、结构化思维工具、自我反思等都是非常棒的评价方法或手段,课堂中,在学习的不同阶段,使用不同的评价方法,开展持续性的评价。在这一过程中,获得学生学习表现的证据,并进行相应的评估,以促进学生的学习。应该充分认识到,这些评价方法并没有优劣之

① 熊梅,邓勇,袁娟.基于教学评一体化的单元学习评价实践路径[J].中小学管理,2023(7):56.

② 郭元祥.破解核心素养培育的难题[J].课程·教材·教法,2022,42(9):51.

③ 熊梅,邓勇,袁娟.基于教学评一体化的单元学习评价实践路径[J].中小学管理,2023(7):57.

分,关键是要根据评价目标和任务选择恰当的方法,开发相应的评价工具。例如,在评价学生口语表达能力时,可以采用录音评分表来评估学生的口语水平;而在评价学生数学运算能力时,则可以采用计算器评分表来评估学生的运算水平。根据主体评价能力、风格的不同选择恰当的方法,提供恰当的评价工具,确保评价切实可行。

(4)科学判断:精准评估发展

评价活动在本质上是一种判断过程,其核心目标是确保判断的客观性、公正性和科学性。为了能够更为准确地评估学生的素养发展状况,我们需要遵循"基于证据的评价"的理念和方法。这意味着在进行评价时,我们不仅要关注事实判断,还要结合价值判断,确保评价结果既真实可靠又具有指导意义。

具体来说,要实现这一目标,需要坚持事实判断与价值判断相结合的原则。事实判断是基于客观事实和数据的判断,而价值判断则是基于一定的价值观和标准的判断。两者相辅相成,共同构成了完整的评价体系。教师在评价过程中要注意:首先,以事实性证据为基础,依据一定的价值标准,对学生的每一次汇报进行评价。这包括判断学生的汇报是否达到了预期的目标,以及达成的程度如何。这样的评价可以为学生提供清晰的改进方向,帮助他们更好地调整学习策略和方法。其次,从已有的证据中把握学生学习的现状和问题,揭示背后的因果关系。这可以帮助教师更深入地了解学生的学习需求和困难,从而为他们提供更为科学的方法和策略,帮助他们更好地提高学习效果。总之,基于证据的科学判断是评价学生素养发展状况的关键。通过事实判断与价值判断相结合的方法,我们可以为学生提供更为准确、全面和有针对性的评价结果,从而更好地指导他们的学习和成长。

(5)反馈优化:实现以评促学

评价反馈在教育过程中扮演着至关重要的角色,它能够促进教师的教学改进和学生的学习进步。然而,如果评价结果不能有效地反馈给使用者,那么以评促改的目标就无法真正实现。因此,为了确保评价反馈的有效性,应关注在课堂互动中针对学生的具体问题和需求,提供有针对性的建议和指导;同时,根据学生的接受能力和接受方式,以合适的方式进行反馈,并鼓励学生自我反思和调整学习策略。每个学生都有自己的学习特点和需求,因此评价反馈应该充分考虑到这些个体差异。应充分关注到,评价反馈并非单向的信息传递过程,而是多向交互的信息加工过程,反馈的有效性不在于信息的传递,而在于信息的交流与利用。①因此,通过课堂互动、表现性任务而获得的信息,在反馈中,应关注学生个体个性化的表现、小组互学方式的呈现、全班多元交流互动的沟通,帮助学生在分享彼此的学习经验和成果,相互学习和借鉴,认识到自己的不足之处的同时,采取相应的行动来改进学习。

总之,教师应将评价看作有效教学的一部分,将其与教学相互融通。基于教-学-评一体化的单元学习评价从课程标准到学习目标、从学习目标到学习任务、从学习任务到评价工具,将评价嵌入学生真实的学习过程中,全面了解学生的学习情况和发展能力。在这个过程中,教师作为学习的参与者、促进者,给予学生自评、同伴互评、全班共评等多维的互动交流渠道,从而使学生积极参与到"教-学-评"当中,实现自主学习。

---

① 熊梅,邓勇,袁娟.基于教学评一体化的单元学习评价实践路径[J].中小学管理,2023
(7):57.

创造适宜环境

　　小学数学"问·达"课堂主张基于真实问题开展学习,问题的提出主体可以是教师,也可以是学生。但是,归根结底,学生是学习的主体,让学生自己发现问题、提出问题、解决问题,才能更好地促进学生思维的发展。那么,在小学数学"问·达"课堂中,应如何创设学习环境,助力学生问题提出呢?

一　适宜的心理环境:让学生敢提问

　　在鼓励儿童提出问题的过程中,我们需要为他们创设一个积极、开放和安全的心理环境。激发他们的好奇心和探索欲望,促使他们更愿意主动提问和寻求答案。教学中,不是教师简单地说一句"大家提问题吧"就可以引发孩子提问的欲望与激情,如果不具备开放、尊重、安全的学习环境,我们很有可能面临"鸦雀无声"的课堂。那么,如何尽可能保护儿童提问的天性呢?

1.创造开放的氛围

　　在小学数学"问·达"课堂营造开放的氛围,应该给予儿童充分的尊重和信任,鼓励儿童自由地表达自己的观点和问题。首先,我们可以和学生作一个发言约定。鼓励学生"在学习中,想到了什么,有什么发现,有什么好奇、想问的,可以大胆表达",根据情境发现问题,也可以在倾听别人想法的基础上提出自己的疑惑,或者是解决问题后进一步提出自己想研究的问题。其次,教师要相信学生有能力提出有价值的问题,并且愿意倾听学生的声音。教师对于学生提出问题的态度会直接影响学生发现问题、提出问题的主动性。儿童是天生的"问题家",但是随着年龄的增长,他们能否保持不断提问的天性,能否提出深入的好问题,很大程度上依赖于教师对学生的问题会做出什么样的回应。[1]因此,教师要努力成为倾听者和鼓励者,对学生的问题给予积极的回应。或在课堂上以

───────────────────

① 吴正宪,张丹.让儿童在问题中学数学[M].北京:教育科学出版社,2017:108.

微笑、"惊奇"的眼神和表情表达鼓励;或以评价语言及时回应,如"你是怎么想到这个问题的? 你的这个问题很有趣","你很会动脑筋,这个问题太有价值了!","谢谢你的问题,给我们大家带来了这么好的讨论话题";或让更多的学生关注这个问题,如询问"谁听明白了? 谁有和他一样的想法";或以"目光注视、点头、竖大拇指、鼓掌"等方式,表达对学生的肯定和鼓励,增强学生的自信心,从而使学生更加勇敢地表达自己的想法和疑问。

2.提供资源和机会

课堂上,如果学生只会听讲,只会回答教师的提问,那么他们所经历的学习活动更多的是记忆、领会、运用,而这种学习活动的思维含量是不高的(我们称之为低阶思维)。[①]创新意识的培养是数学教学的核心目标,如何判断一个人是否具有一定的创新精神和创新意识呢? 在一定意义上说,我们可以把发现和提出问题作为判断一个人是否具有创新精神和创新意识的前提与基础。因此,教师应该为儿童提供丰富的学习资源和机会,以激发他们的好奇心和求知欲,从而主动地发现和提出问题。如教学人教版四年级上册"路程、时间、速度",提供给孩子学习资源,让其形成感悟——"路程相同,比时间""时间相同,比路程"。这样,孩子在情境中自然而然生发了"时间、路程都不相同的时候如何比较呢?"的疑问,这是教师在课堂上创设学习资源引发的学生问题,也是教学中经常采用的方式,关键在于学习情境的创设。当然,也可以在课前、课后创设各种资源及机会,给予学生提问的素材,如引导学生阅读各种书、观看教育视频、参观展览等,让他们接触到不同的知识和观点;组织一些实践活动,如科学实验、实地考察等,让儿童亲身体验和探索,从而引发更多的问题和思考;提供各种途径和平台,如讨论会、小组活动等,让儿童有机会与他人交流和分享自己的思考。

3.给予时间和空间

课堂上,学生提出问题,问题得到教师的肯定,成为同伴共同探索的内容,最终学生获得属于自己的深刻理解。这样的学习,学生兴趣更为浓厚,参与更为积极,学习效果也更好。因此,课堂上,我们要给予儿童足够的时间和空间来

---

① 顾志能.问题点燃课堂:小学数学"生问课堂"教学模式的实践研究[M].上海:上海教育出版社,2021:148.

思考和提问,让学生找到提问的感觉。在课堂上,我们可以设置一些开放性的问题,鼓励学生自主思考和探索。例如教学二年级上册"乘法的初步认识"时,课一开始揭示课题,教师提出引导性的问题"对于乘法,你还有什么想知道的?",给予学生足够的时间和空间,学生往往能提出"乘法是什么意思?""乘法是怎么计算的?""乘法有什么用?"等各种各样的问题,这些问题指向知识的意义,有些还触及知识的本质,既能点燃学生学习的热情,又能引发思考与探究。而在第一次引出乘法算式后,学生对于乘法算式的意义往往不是很理解。

教师继续引导提问"4×3,小朋友们还有什么不明白的地方?",学生则提出了"4是怎么来的?""4×3表示什么意思?"等问题。教师的这个提问,恰恰再一次构建了学生提问的时空,并通过学生的提问引发学生对乘法算式的关注和思考,使学生更为主动地去感知解释乘法算式的意义,在学生的提问与解答中进一步明晰知识的本质。

总之,为了鼓励儿童提出问题,我们需要创设一个积极、开放和安全的心理环境。通过尊重、鼓励、提供资源和给予时间等方式,激发儿童的好奇心和求知欲,培养他们独立思考和解决问题的能力。

二　适宜的物理环境:让学生会提问

课堂只有40分钟时间,学生提出的问题常常不能在课堂上全部得到解答。对于这些不能解决的题目,如果每次总是"课后再继续研究",那么,大概率情况下,这些问题就"烟消云散"了。课后学生在学习、生活中也会产生问题,往往也会因为这些问题得不到解答而导致学生失去提问的兴趣。怎么办呢?在班级中设置"问题银行",是培养学生提问能力的一个有效的方式。"问题银行"是一个在班级中专门设立的区域,旨在鼓励学生将课堂上未能解决的问题或课外产生的问题展示在那里。通过这种方式,我们可以吸引更多的学生主动去探究和解决问题,从而培养他们的提问能力。

1.问题银行:提供交流的平台

问题银行提供了一个公开的平台,让学生能够自由地提出问题。在这个区域,学生们可以将自己的问题写在纸条上,贴在特定的区域。这样一来,其他同学就有机会看到这些问题,并且可以选择自己感兴趣的问题进行解答。这种公开的方式不仅能够激发学生的好奇心,还能够让他们感受到自己的问题是有价值的,从而更加积极地去思考和提问。

2.问题银行:促进学生的互动

问题银行鼓励学生之间的合作和交流。当一个问题被提出后,其他同学可以自愿加入进来,一起探讨和解决问题。这种合作的方式不仅能够培养学生的团队合作精神,还能够让他们从不同的角度思考问题,拓宽他们的思维。同时,学生们还可以通过互相讨论和交流,分享彼此的知识和经验,从而提高解决问题的能力。此外,问题银行还可以定期组织一些活动,例如问题分享会或者问题解决竞赛。在这些活动中,学生们可以将自己的问题展示给全班同学,并邀请大家一起来解答。这样的活动不仅能够增加学生们对问题的关注度,还能够激发他们的学习兴趣和竞争意识。通过参与这些活动,学生们可以不断提高自己的提问能力,学会如何更好地表达和解决问题。

总之,“问题银行”这个特殊的区域,可以激发学生课堂提问的热情,保持学生课后提问的动力。无论是通过公开展示问题、鼓励合作交流,还是通过组织活动来激发学生的学习兴趣和竞争意识,都能够有效地提高学生们的提问能力和解决问题的能力。这将对他们的学习和个人发展产生积极的影响。

三 适宜的语言环境:让学生爱提问

在教学过程中,通过学生提问,可以促进学生主动思考、探索知识、提高学习效果和思维能力。然而,要让学生愿意提问、会提问,需要创设一个适宜的语言环境。

1.会思考:引发提问欲望

儿童天生有好奇心,接触到新事物总会感到新鲜,这种好奇心会驱动他们去发现问题和提出问题。教学中,教师应正确选择素材,创设情境,激发学生的好奇心,让学生有问题可以问。例如三年级下册“笔算除法”教学中,通常会创设一定的问题情境,引出算式,引导学生借助学习材料进行操作,理解算理,再构建算理和算法之间的联系,掌握算法。这样的教学过程虽然清晰,也体现了计算教学"算理算法并重,以算理促进算法掌握"的理念,但是其学习活动基本上是在教师的指令下展开的,更多是为了学习而进行的系列活动,学生缺少学习的主动性。三年级的"笔算除法"是学生第一次认识除法竖式,也就是说,学生对除法竖式这个"新事物"是陌生的,而对于新符号、新形式往往充满了好奇。教师则可以抓住学生这一心理,在引出除法竖式后让学生尝试提出问题。这时,学生的注意力则聚焦在"除号在哪里?""为什么会有12?""商3余数1是怎么表示的?"等问题上。在由好奇心引发的语言环境中,学生自然迸发了属于自己体验、迫切想知道的问题,由此开始了对"除法竖式为什么这样写?"的探究。可见,把握学生的认知基础和心理特点,以适宜的提问材料激发学生的好奇心,能创设良好的语言环境,能引发提问欲望,促使学生提出丰富而又深刻的数学问题。

2.能表达:创造提问条件

传统的课堂教学中,师说生听已成为习惯,缺失了学生的主动表达、主动提问,同时也缺失了学生专注参与建构认知的环节。课堂上,学生能主动提问,则需要具备一定的"表达能力"。教师可以创设相应的语言环境,让学生从会表达到会提问。如以参与式、辩论式的"话题"引领学生表达:学生在独立思考的基础上,表达自己的意见,小组成员发表不同意见进行讨论分析,各小组之间进行意见、看法的碰撞、调整,在这样的过程中,学生学会"我补充发言……""我赞成××的观点……""我还有补充……"等表达。全方位的对话交流,使得学生思维有了更为深入的碰撞与沟通,而学生学会自主表达与交流,其提问的能力也在不知不觉中提升。

3.会分享:享受提问成果

问题分享会是学生对提出的问题进行集体分享的活动,通过反思和评价这些问题的过程来促使学生深入思考和提炼出更好的问题解决方法。在问题分享会上,学生们可以自由地交流在学习或生活提出的问题,这些问题可以是关于课程内容的疑问,也可以是关于学习方法、思维方式或个人成长方面的困惑。通过分享这些问题,学生们可以从不同的角度和经验中获取新的见解和思路。在分享问题后,学生们可以进行反思和评价。他们可以讨论问题的本质、原因和可能的解决方案。在这个过程中,学生们可以互相启发和借鉴,从而加深对问题的理解和思考。同时,学生们还可以从其他人的问题中学习到不同的思考方式和方法,拓宽自己的思维边界。通过问题分享会,学生们可以逐渐培养出深入思考和提出好问题的能力。他们会学会提问时更加细致入微,关注问题的本质和关键点。同时,他们也会学会从多个角度思考问题,寻找更全面和深入的解决方案。这些能力对于学生的学习和个人发展都具有重要意义。

第六章

小学数学"问·达"课堂之课堂教学实践

探联结之路　拓宽学生思维空间
——以"11—20的认识"教学为例

【课前审思】

突出数学本质　实现意义建构

"11—20的认识"是100以内数的认识的第二个关键阶段,在整个数学的学习体系中具有相当重要的地位。它既是10以内数的认识的延续,也是认识100以内的数乃至更大的数的基础,同时又为学习20以内的进位加法和退位减法作好铺垫。它是认数的继续和发展,对引导学生建立初步的数感有重要的意义。通过学习,学生一方面初步掌握20以内数的基本含义和读写方法,增强用数描述简单生活现象、解决简单实际问题的能力;另一方面也有助于他们进一步感受基本的计数原理,积累认数经验,为学习相应的计算以及认识更大的数提供支持。

11—20各数,学生看似在生活中积累了相当多的经验,但实际上,对于数的认知,学生往往停留在数量及数的读写法上,对于计数单位、数位以及相应的位值原则,学生缺乏相应的敏感性及认知。那么,"11—20的认识"这部分内容背后到底隐藏怎样的数学本质? 与前面10以内的数的认识有什么区别? 教学的重难点又有什么变化? 需要为后续数的认识作怎样的铺垫? 实际教学时应该如何处理,才能更好衔接知识自身发展逻辑与小学生认知规律? 这些都需要教师在教学前深入思考。小学数学"问·达"课堂注重培养学生的思维能力和深度理解,鼓励学生主动思考、提出问题,并通过探究和探索的方式引导他们深入理解数学概念和原理。在课堂中,就需要通过富有挑战性和启发性的问题,激发学生的思维活动。因此,在课堂教学中,问题的设计应指向数学知识的深刻理解,指向数学的本质。基于这样的思考,"11—20的认识"应关注以下两个问题的解决:

1.如何才能让学生真正感悟到"十"作为计数单位的必要性?

小学一年级学生的思维以具体形象思维为主,学生要通过大量的操作活动,使所学的新知识不断内化到已有的知识结构中。"11—20的认识"多是通过数与物一一对应的方法,让学生经历从具体物体的多少到抽象出数的过程,渗透着数形结合的思想。教学时,多数情况下,教师会引导学生数出十根小棒,捆成一捆认识1个"十",然后摆一摆、数一数,认识11、12等各数。这样教学看似水到渠成,但是学生对于1个"十"作为一个新的计数单位的认知体会并不深刻。

对于低年级学生来说,从将"单一的物体"作为一个单位到将"多个物体的组合"作为一个单位,认知的飞跃并没有想象中简单,学生很难接受其组合作为一个整体形成一个单位。只有让学生主动意识到引入新的组合作为单位的必要性,其才能真正接受这一新的计数单位,进而领悟现行计数时的规则:十进制。那么具体应该采取什么策略引出新的计数单位,使其自然而有必要呢?教学中,不妨设计思维含量较大的任务"数出12根小棒,想一想,怎样摆才能让大家一眼看出是12根小棒?"。在学生经历2根2根地数、3根3根地数、5根5根地数等多种方法的基础上,学生各自表达自己的看法,互相评价,从而得出数法可以不同,但是要摆得"让大家一眼就看出来"有多少根小棒,就需要先捆成1捆的结论。经历这个过程,学生将数数与用"十"作计数单位的必要性联系在一起,不仅知其然,更知其所以然。

2.如何才能加深学生对位值制的初认识?

德国心理学家艾宾浩斯说过:"知识的保持和重视在很大程度上依赖于有关心理活动第一次出现时注意和兴奋的程度。"[1]"11—20的认识"是学生首次接触位值制,是学生理解这一记数方法的开端,其教学效果决定了学生之后对十进位值制的理解程度,因此,教学中需充分关注学生对于位值制的初认识。

从实际学情来看,尽管大部分学生也知道11—20各数的读、写方法,但他们的理解往往是基于一种整体上的识别,而不会真正关注相关各数中每个数字的位置特点以及由此所形成的位置值。[2]因此,教学中,应充分遵循学生的认知

① 陈义茂.有"感"方有"思" 有"思"才有"知"——数学概念教学要强化首次感知促进表象形成[J].湖北教育,1997(11):30.
② 张晞."11—20各数的认识"内容分析与教学思考[J].小学数学教育,2018(22):34.

规律,从直观到抽象,层层深入,借助小棒、计数器、数字符号,将语言表征、图形表征、符号表征等,将小棒图、计数器上的珠以及相应的数字符号,融为一体,理解并明确:计数器十位上的几个珠表示几个十,所以在十位上写几表示的也是几个十;因为个位上的几个珠表示的是几个一,所以在个位上写几表示的也就是几个一。

　　总之,"11—20的认识",在教学中,需要突出计数单位"十"的意义,加强学生对位值制的初体验,使其从概念的源头出发感受十进制计数法,加深对数概念本质的理解,为其后续数的认识学习打下良好的基础。

【课堂实录】

一　质疑与发现:生成问题

　　1.计数故事,感受"十"

　　(课件出示:1　2　7　3　4　5　10　6　8　0　9)

　　师:谁来给数字宝宝排排队?

　　生1:0,1,2,3,4,5,6,7,8,9,10。0,7和10排错位置了。

　　生2:0是最小的,应该排在前面;10最大,要排在最后面。

　　师:大家知道古人是怎样计数的吗? 我们来听一个故事。古时候,牧羊人为了管理羊群,羊圈门口每出来一只羊,就在地上摆一块小石子,当摆到10块小石子的时候,就换成一块大石子。这块大石子表示几? 后来,古人又想到在石板、骨头或木头上刻杠计数的方法,如果刻一道杠表示1,那么两道杠就表示2。想一想,10该怎么表示? 有了10道杠怎么办?

　　2.操作小棒,理解"十"

　　师:今天我们就用小棒来表示石子或绳子帮助我们计数。请同学们用小棒表示10,想一想怎样表示最清楚? 为什么?

　　生1:1根1根数出10根。

　　生2:把10根捆成1捆更清楚。

　　师:是呀,1块大石子可以表示10块小石子,1捆里面有10根小棒,生活中经常用到这样的"十",如10瓶饮料装1箱、10根铅笔装成1盒等,看来,"以一当十"计数更方便! 今天,我们就一起来学习比10更大的数,11—20的认识。

【从数概念的历史说起,从换石子(结绳),迁移学习10根小棒捆成1捆,初步感受"十进制";再通过现实生活中的一箱等感受"十"的存在,体会十个十个数的优越性,初步理解计数单位"十"。】

二 理解与表达:探索问题

(一)摆小棒,直观认识数的组成

学习任务:动手摆12根小棒,并想一想怎样摆才能让大家一眼看出是12根小棒?

学习要求:先独立摆12根小棒,摆完后小组交流,说说你是怎么摆的?

学习过程:

(1)独立探学:孩子们独立摆12根小棒,边摆边思考。

(2)小组互学:在小组内交流自己的摆法,其他人认真倾听,有疑问或不同意见在小组成员表达后再提出。

(3)生生辩学:出示学生摆小棒的作品。

作品1: ‖ ‖ ‖ ‖ ‖ ‖

作品2: ‖‖‖‖‖ ‖‖‖‖‖ ‖ ‖

作品3: ‖‖‖‖‖‖ ‖‖‖‖‖‖

作品4: ▓ ‖ ‖

师:观察同学们的作品并思考,哪一种方法能一眼就看出是12根小棒?

生1:我觉得2根2根地数能很快数出来是12根小棒。

生2:第二种方法也很快,先数出5根,然后是10根,再加上2根就是12根。

生3:第四种方法能最快看出是12根,这里是10根,再2根就是12根。

生4:我也觉得第四种最快,1捆10根,再加上2根就是12根。

生5:2根2根地摆、6根6根地摆都要数一数才知道有多少根小棒,最后一种方法把10根小棒捆成了1捆,这样一看就知道是10根加2根,就是12根小棒。

············

师:把10根小棒捆成1捆,这样我们就可以很快看出是十几根小棒,看来,把10根小棒捆成1捆真是个好办法。

【从知识自身的发展逻辑来看,"11—20的认识"在整数认识的内容序列中具有十分重要的位置:在这里,学生将第一次使用"一"和"十"这两个不同的计数单位进行计数,孩子们需要理解12既可以是12个一累加的结果,也可以看成1个十和2个一合成的数;同时,孩子们在写数时将要初步体会"位值制",理解十位上的"1"表示的是1个十,个位上的"1"表示的是1个一,也就是同一个数字由于所在的数位不同,它所表示的数值也就不同。在这里,教师并不直接教给学生数的组成,而是通过让学生自主思考、动手操作——怎样摆小棒才能一眼看出有12根,发现可以把10根小棒捆成1捆,强化了1个十的概念,同时感受到了"捆成1捆"数数的好处。学生借助小棒,在头脑中形成了1个十和几个一的概念,初步建立数的组成的表象。"问题是数学的灵魂,问题是思维的动力。"思维活动往往源于问题的提出。将学生的大脑想象成一片宁静的湖水,那么精心设计的、具有启发性的问题犹如掷入湖中的鹅卵石,能够激起层层思维的涟漪,使得他们的思维活力达到最佳状态。】

(二)看图写数,理解数的组成

学习任务:数一数,这些小棒分别有多少根,并写在横线上;想一想,它们有什么相同的地方。

学习要求:先独立完成,然后小组内交流。

(1)独立探学:仔细观察思考这些小棒分别有多少根,并写在学习单的横线上;思考它们有什么相同的地方。

(2)小组互学:核对答案并表达自己的看法。

(3)生生辩学:出示学生作业。

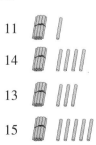

师:谁来介绍下,你是怎么数的? 它们有什么相同的地方?

生1:11,14,13,15,它们都有1捆小棒。

生2:它们前面都有1捆小棒,后面还有几根小棒。

生3:我知道1捆小棒是1个十,1根小棒是1个一。

师:谁听懂他的意思?

生4:11里面有1个十和1个一。

师:谁能像他这样介绍其他的数?

生5:14里面有1个十和4个一。

生6:15里面有1个十和5个一。

…………

师:是呀,这些数都是由1个十和几个一组成的。

【在学生发现"把10根小棒捆成1捆"的优越性与必要性之后,马上让学生用这种办法摆小棒,巩固新知,并通过观察交流,发现十几就是"由1个十和几个一"组成的。从学生的认知出发,通过有目的的操作、观察、交流、讨论,从直观到抽象,学生主动构建自己的认知结构。】

师:继续往下摆数,你会吗?

生跟着摆数:16,17,18……

师:19添上1根,是几根?

思考:20应该怎样摆呢?

比较: 和 两种摆法,怎样摆好?

生:摆成两个"十"更容易看清楚是20根小棒。

(三)内化提升,培养数感

1.多元表征数

学习任务:把小棒表示的数改用计数器上的珠子表示(图6-1),并在格子中写出相应的数。仔细观察,你有什么疑问?

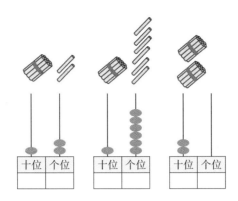

图6-1　小棒表示的数与计数器珠子对应图

(1)独立探学:仔细观察,把小棒表示的数改用计数器上的珠子表示,并在格子中写出相应的数。想一想,你能提出什么问题。

(2)小组互学:小组内交流,注意倾听每个同学的想法,可以提出疑问或补充。

(3)生生辩学:谁来介绍?

生:第1幅图表示12,第2幅图是16,第3幅图是20。

师:你们有什么疑问?

生1:图上的珠子表示什么意思?

师:谁来回答?

生2:1个珠子表示1根小棒。

生3:他说得不完整。十位上1个珠子表示1捆小棒,个位上1个珠子表示1根小棒。

师:你听懂他们的意思了吗?

生1:珠子在不同的位置表示的意思不一样。

师:说得真好! 那你们知道20和12里面都有一个数字"2",这个"2"表示的意思一样吗?

生1:不一样。个位上的2表示2根小棒,十位上的珠子表示2捆小棒。

生2:也可以说,个位上的2表示2个一,十位上的珠子表示2个十。

…………

【在1至9的数字的教学中,每个数都对应着一个特定的符号。学生在学习这些数时,通常不会接触到数位和位值的概念。然而,当涉及11至20之间的数字时,学生不仅需要了解相应的数字符号,还必须理解位值原则,这是十进制计数系统的核心。学生必须结合这一原则和逢十进一的规则,才能独立地认识和理解数字。尽管许多学生能够读写11至20之间的数字,但他们往往只是整体地识别这些数,而没有真正理解每个数字在数中的位置及其代表的位值。因此,教学中,教师使用小棒来表示数字,后过渡到使用计数器上的珠子。通过这种具体的物品,引导学生尝试理解"个位"和"十位"这两个概念:十位上的一颗珠子代表一个十,个位上的一颗珠子代表一个一。任务中,要求学生结合小棒理解计数器上的珠子数量,并转换为数字符号。例如,十位上的一颗珠子表示一个十,因此我们在十位上写"1"来表示一个十;个位上的一颗珠子表示一个一,所以我们在个位上写"1"来表示一个一。在这样逐步抽象的过程中,学生逐渐理解,计数器十位上的几颗珠子代表几个十,因此在十位上写相应的数字就表示了几个十;个位上的几颗珠子代表了几个一,所以在个位上写相应的数字就表示了几个一。这样的过程是从具体操作到抽象概念的内化,对于学生真正掌握数字的构成和培养数感至关重要。通过比较,学生初步感受到不同数位上的数表示不同的意义,适当增加难度,更让学有余力的学生尝到了跳一跳摘果子的乐趣,关注了不同程度学生的发展。】

2.认识11—20各数的顺序、大小

出示:

师:我们的老朋友来了,上面的数字去哪了,我们一起大声地把它们叫出来,好吗?

生按顺序数出20以内的数。

师:仔细观察这个直尺图,想一想,找一找,你能在上面读到哪些知识?

生1:我能从0数到20。

生2:我能倒着数,20、19、18、17、16……

生3:我会两个两个地数,0、2、4、6、8……

生4:可以倒着数20、18、16……,也可以5个5个地数。

生5:我知道14前面是13,后面是15。

生6:16在15和17的中间……

【11到20之间的数数对学生来说并不难,利用尺子图帮助学生进一步理解11到20之间的数序,同时培养学生的问题意识和良好的合作学习习惯。】

三 拓展与提升:延展问题

1.看图写数(图6-2)

图6-2 看图写数图

2.沟通联系

师:一块大石子可以表示10块小石子,如果有10块这样的大石子,这时候该怎么办? 10根小棒可以捆成1捆,那么如果有这样的10捆小棒又该怎么办呢?

生1:10块大石子可以用更大的石子来表示,10捆小棒可以再捆成一大捆。

师:可以用更大的石子来表示10块大石子,10捆小棒捆成一大捆来表示更大的数,"以一当十"可以让我们的数数更方便!

【学生理解了计数单位"十和一"后,通过不同材料的"数一数"活动,引导学生自觉用计数单位来数数;从小石子、小棒引出"一个十",再次回到小石子和小棒,引申到比20更大的数,引导学生感受数字符号的发展。】

【课后反思】

探联结之路　拓宽学生思维空间

数学是"结构的科学",数学知识的形成、演化、发展过程有很强的逻辑结构。数学也是"思维的科学",促进学生思维的发展是数学教育最为重要的目标之一。[1]"问·达"数学课堂追求有思维深度的学、有生长力度的学、有情感温度的学,实现学生个体的发展。在这一价值取向下,通过加强知识结构的整体关联教学,有利于帮助学生学会数学思维,促进学生可持续发展。结构化的数学知识,有助于学生清晰、高效地思考问题,有效地用数学思维的方式去探寻并解决生活中的实际问题。特级教师许卫兵认为:"数学知识是整体的,也是有结构的,用整体性和结构化的思维引导数学学习是一条非常重要的路径。"因此,数学教学,要为学生提供一个由已知到未知再到已知的通路,让学生了解并清楚

——————————

① 黄毕年.加强结构教学,促进思维发展[J].福建教育,2019(31):32.

知识的来龙去脉,从而建立一个具有生命力的处于运动中的思维网络。人教版一年级上册"11—20的认识"的教学,如何以知识结构化为载体,探联结之路,拓宽学生的思维空间呢?

一 追本溯源,探知识起步之路

数学知识间有着千丝万缕的关联,要将新知纳入学生已有的知识体系中,必须找到新知与旧知的联结之处,并以符合学生年龄特征的方式呈现。只有这样,才能真正走进学生的心灵,引发认知上愉悦的共鸣,进而使学生将所学知识内化成自身的认知结构,更好地拓展思维空间。因此,旧知与新知之间存在联系与区别,需要教师设置不同的教学活动,帮助学生完成知识间的过渡。

教学"11—20的认识"时,在一些教师看来,学生在日常生活中经常接触100以内的数,这部分内容很简单,在教学中只需设计各种数数、说数活动,让学生在活动中进一步提高数数的熟练程度即可。但实际上,学生会数数、写数,并不意味着学生理解数数、写数后的数学本质。对于低年级学生来说,从将"一个物体"作为一个单位到将"多个物体的组合"作为一个单位,这是学生认知的飞跃。在认识"一个十"之前,学生所见的学具,无论是小棒还是圆片,即使它们是捆在一起或是堆成一堆,对他们来说也仍是一个一个独立的个体。如何让学生认识到将其组合作为一个整体形成一个单位呢? 我们认为,在教学"11—20的认识"时,可以借助数概念产生的历史,还原数的产生过程,使学生感受到十进制产生的必要性:古人曾用手指、脚趾等来数数,用石头、木棍或者绳子打结计数,或者用硬物在地上画杠进行计数等。随着生产生活的发展,需要记录的数量越来越多,一一对应的记录方式便无法满足人们计数的需要,这时,更大的计数单位便应需而生。比如,结绳时用1个大的结代替10个小的结,用1块大石头代替10块小石头,等等。这一数概念产生的历史,对于学生来说既不难理解,又十分有趣。教学时,教师可将其设计成小故事,引入数数的教学,在理解更大的结,更大的石头的过程中让学生思考:你觉得可以怎样用小棒清楚地表示十? 教师提供生活中用"十个一组"来进行计数的例子。这样,一个新的比"一"更大的计数单位就在学生的认知中生成了。

这样的教学,在还原数概念历史的过程中,学生既学会了一一对应地用数表示物体数量,又感受到新知识与已有知识间的关系——新的"十"是10个原来的"一";既展现概念的源头,又能具体地呈现概念逐渐发展、抽象的过程,使得知识发生源于学生原有认知,并有新的发展,知识的建构更具结构性,学生对于新知的认识更为自然,思维发展建立在旧知的基础上,更为牢固。

把握本质,探知识深化之路

　　知识的思维价值往往是隐含在形成结论的过程中的,数学学习的实质,其实也就是让学生经历学习的过程,让课堂成为学生自己去"发现"看似未知的数学结果,在学习的过程中进行探索的数学学习过程,从而让原本存在于学生头脑中、但非正规的数学知识和数学体验上升为科学的结论,学生在这个过程中能感受数学发现的兴趣。这样,学生获得的知识结构更为清晰,思维空间也将得到拓展。

　　在学生认识了10块小石子用1块大石头、10根小棒用1捆小棒表示更方便,初步感知可以"以一当十"进行计数后,这样的"1个十"如何再次与学生的数数联系在一起,为数数服务呢? 学生如何完成从"用小棒数数的动作层面"到"学生数学思维的发展"的"数学化层面"的提升呢? 这就需要教师把握重点,设计组织操作问题,要关注操作活动与思维活动的紧密结合。"请你数一数,这里有几根小棒?"当课件显示12根小棒后停顿一小会儿隐去,一个一个地数无法看清有多少根小棒,那么,该怎么办呢? 这时,学生内心就会产生强烈的数数需求。带着这样的体验,教师再提出摆小棒的要求:怎样摆,才能让我们一眼就看出有多少根小棒? 学生会有不同的摆法。如1根1根地摆;2根2根地摆,摆5组和2根;5根5根地摆,摆2组和2根;10根堆在一起和2根,当然,也有学生会将10根捆在一起。通过对这些不同摆法的比较,学生可以体会到"要一眼看出有多少根小棒",可以把"10根小棒捆成1捆"。这样,捆小棒就变得合理,借助摆数,学生对于"一个十"和"几个一"的认识得到深化,学生也能再次感受到"一个十"作为新的计数单位的价值。

　　那么如何引导学生进一步理解位值制和进位制呢? 20的摆法就成了关键性的素材。学生从19过渡到20的认识过程中,教师呈现两组素材——是直接摆"2个十"还是"1个十和10个一"? 经过对比,教师可以引导学生发现:19根小棒是1捆9根,再添1根,满10根,就又可以扎成1捆,变成2个十,是20;直接摆

"2个十"比摆"1个十和10个一"要方便许多。在这一过程中,学生可以初步理解"满十进一"的进位制,同时感悟位值。

这样深层次地教学,学生完整经历10到20的过渡——知识形成的过程体验深刻而具体,并从中积累了数学活动经验,学生由此形成的数学知识深入而具体;19至20的过渡成为知识演进的关键点,从而把十、十几、二十这样多个知识点联结在一起,以实现学生对知识的整体把握,知识结构的形成也就更加具体而深刻。

三 构建系统,探知识延伸之路

教学中,学生完成了旧知与新知的联结,将新知纳入已有的知识体系中,教师还可以创设一定的思考情境,将学生的学习指向今后的学习,帮助学生初步建立一个前后联结的知识结构。

首先,教师可以通过一定形式的练习,让学生自觉用计数单位"十和一"来数数,如通过各种不同形式、不同材料的"数一数"活动,帮助学生再次直观巩固对计数单位的认识,同时再次感受计数单位"十"用来数数的优势,通过不同的表征,完善对于"十"的认识。其次,在课后总结阶段,教师可创设情境帮助学生再次感受计数单位的价值,引导学生再次回忆数概念产生的历史:1个十可以由1块大石子或1捆小棒表示的;2个十是20,可以用两捆小棒表示;继续引申,10个"十"是多少? 如果10块小石子可以1块大石子表示,那么10块大石子又可以怎样表示? 10捆小棒呢? 在这一个课堂回忆的过程中,学生形象地认识到:这1块大大的石子、1大捆小棒就是新的计数单位"百"的雏形,计数单位"一""十""百"在此构建形成学生相应认知的知识系统,同时学生也开始体悟"满十进一"的道理,从而实现知识的延伸。

其实,在小学阶段,有许多知识都和"11—20的认识"一样,学生看似懂,实则问题重重。如果只是简单以学生会或不会作为教学判断,那么,学生在后续学习中容易产生一系列错误和问题。这就需要教师整体把握知识体系,重视知识的生成、发生、发展等过程,引导学生深度学习,体悟数学本质,系统建构结构化知识,从而拓宽自身的数学思维空间,提升数学思维能力。

聚焦本质　关注数学经验的生长
——以"周长"教学为例

【课前审思】

数学理解中发展数学概念

　　"周长"是人教版三年级上册的教学内容,这是一节概念课,也是小学阶段"图形与几何"知识板块一个重要的知识节点,它是在认识了长方形、正方形的特征的基础上进行学习,旨在让学生通过观察、比较等活动丰富对周长"形"与"数"的感知,理解周长的概念,在围、量、算等活动中理解周长的概念本质,掌握测量周长的方法,了解"变与不变""化曲为直"等数学思想方法,培养空间观念,同时结合具体情境,体会周长与实际生活的联系,增强学习数学的积极情感。

　　数学概念是现实世界中物体的数量关系和空间形式本质属性的反映,它是数学知识的核心和数学思想方法的有效载体,正确理解和掌握数学概念是学生能力发展和提升的保证。小学生的思维发展主要以具象思维为主,抽象思维发展还处于起始阶段,对于抽象知识的解读能力较弱。因此,教师要基于学生的实际认知情况开展教学活动,将枯燥、抽象的数学概念融入操作活动中,让学生在操作、体验中理解数学的本质。[①]就像小学数学"问·达"课堂追求的那样努力引导学生参与学科探究活动,通过设计丰富的体验活动,放大学生在操作过程中的感官体验,调动学生的视、听、触等系统,让学生以自然的身心状态高质量地参与到数学问题的探索中,经历发现问题、解决问题、建构知识、运用知识过

[①] 李克民.关注概念本质深化概念教学——以苏教版数学三年级上册"周长的认识"教学为例[J].中小学课堂教学研究,2019(5):23.

程,体会学科思想方法,使数学学科实践成为看得见、摸得着的生长和创造。因此,作为周长的起始课,有两点我们不得不需要深入思考。

 周长到底是"周"还是"长"?

任何数学知识的学习都是循序渐进的,讲究知识的演进,周长的上位概念来自长度的认识。周长,凭借直观理解就是"物体周围的长度",属于长度单位的范畴,规则形体有周长,不规则形体也有周长。人教版教材对于周长是这么定义的:"封闭图形一周的长度,是它的周长。""周"是前提,"长"是关键。但教学中,学生往往通过"指一指、描一描图形的周长"进行直观操作活动,这样的教学,容易让学生将眼光聚焦在"周"上,而忽略了"长度"的问题。确切说,周长是"一周"的"长度","周"可以"指一指、描一描",而"长"则需要"测量"。在教学中,既要将学生的学习聚焦在"一周边线"的研究上,也需要聚焦在"这一周长度"的测量上。

二 如何强化"周长"淡化"大小"的影响?

数学学习,是一个对数学知识"真理解"的过程,是从感知、抽象到理解的体验活动,是在活动中的理解过程,是对知识本质的逐步再认识过程。在这一过程中,通过数学活动经验的不断积累、升华,最终获得对知识完整的认知。小学阶段,图形与几何领域中,"周长"和"面积"是学生经常混淆的两个概念,在学生学习周长和面积之后,经常出现这样的问题:求面积时用周长公式计算,求周长时又用面积公式,无法正确判断到底是关于周长还是关于面积的问题。为什么会这样呢? 究其根本,就是周长、面积概念的混淆。认识周长,是学生第一次从认识一维线的长度跨越到认识二维的"面"上线的长度,正确理解周长的意义,对后续图形研究至关重要。认识周长,看起来简单,实则不然。学生在生活中虽然积累了"长度"的相关认知,并以此作为"一周的长度"的认知基础,但他们观察一个图形时,看到的往往是整体的形象,而不是图形中"线"的长短或"面"的大小,并且,生活中面积涉及的知识多于周长,使得学生对于图形的"大小"的印象要远远深于对"周长"的认知。那么,如何从多样的素材中将图形的周长与大小清晰地分离出来,引导学生在"面"与"长"的直观感知争夺中,将目光真正聚焦于图形的"边线的长度"就成了教学中迫切需要解决的问题。学生只有将目光真正聚焦在"线"上,才能实现对"线的长度"的研究,由混沌走向清晰,从而走出面积的"大小"所带来的影响,实现对周长意义的理解与掌握。

【课堂实录】

 一　质疑与发现:生成问题

课前布置学生预习什么是周长,在课一开始直切主题。

学习任务:你知道什么是周长吗? 请说说你的理解,可以用文字说明,也可以画图说明。

师:孩子们,课前你们用自己的方式认识了什么是周长,谁能来说一说呢?

生1:物体边线的长度。

生2:一周的长度。

生3:周长就是一周有7天。

生4:比如桌子的周长,就是桌子的这一周。

…………

师:结合你们课前的预习,关于周长,你有什么疑问呢?

生1:我想知道到底周长是什么?

生2:我想知道和我们以前学过的知识有什么联系?

生3:周长有什么用呢?

…………

师:看来,同学们对于周长有一定的了解,也有一定的困惑,带着理解与问题,我们就一起来认识周长。

【通过课前对学生已经掌握的关于周长知识的测试与回答发现,多数学生虽然听过"周长",但不能真正理解数学上所说的周长,仅能用举例或画图的方式描出物体表面或图形的一周,对"一周的长度"并不明确;个别学生错误认为一周就是一星期。因此,在教学过程中帮助学生建立"一周长度"的表象,理解周长的本质,完成从"形"到"线"的转化是本课的核心。】

二 **理解与表达:探索问题**

(一)活动认知,聚焦周长之"线"

学习任务一:

独立探学:只留下图形的一周,可以擦去哪些线? 为什么这样擦?

生生辩学:学生依次上台擦,辨析为什么可以这样擦?

师:谁来动手擦一擦,并说说为什么可以这样擦?

(生上台擦去多余的线,并表述理由。)

生1:房子里面的线都可以擦去,因为一周指的是外面这一圈。

生2:树叶里面的线不是树叶的一周,也可以擦去。

生3:五角星的一周是指它外面一圈,所以里面的线也可以擦去。

…………

师(故意擦掉长方形的一条边):大家都擦去了那么多的线,长方形也擦去边角这么一点线,可以吗? 为什么?

生1:不可以,这一圈的线都属于长方形一周的一部分。

生2:我同意他的说法。如果擦去边角的线,这个长方形就不完整了。

生3:就算只擦去一点点,这个长方形也有开口,就不是长方形的一周了。

…………

师:是呀,同学们都找到了图形的一周,周长就藏在这一周里。

仔细想想,这一周有多长呢? 封闭图形一周的长度就是它的周长。

【周长首先是一个与"形"有关的概念,周长是指图形"一周"的"长度",但是,图形的"一周"与图形本身紧紧连在一起,要将这"一周"从具体的图形中清晰起来,并不那么容易。因此,建立周长的概念,首先要建立一周的表象,也就是"一周"在哪里?"一周"什么样儿? 为此,教师精心设计了"只留下图形的一周,可以擦去哪些线?"的数学活动,将图形的"一周"从图形中剥离出来,使学生真正"看"到图形的"边线",从而建立清晰表象。同时,教师非常注重通过追问的方式让学生明晰"封闭图形","大家都擦去了那么多的线,长方形也擦去边角这么一点线,可以吗? 为什么?"通过课堂追问让课堂对话丰富而深刻,有助于学生思维的步步深入,从而理解周长概念的本质。】

（二）动手操作,测量周长

师:那么,怎么知道一个图形的周长是多少呢? 请同学完成学习任务二。

学习任务二:下面这些图形的周长有多长? 你有办法知道吗? 动手试一试。

1.独立探学

(给足充分的探究时间)

生:想办法测量每个图形的周长。

师:有困难吗?

生:有。

师:有什么困难?

生1:这个圆有周长吗?

生2:这个圆有周长,但是它的周长不好量,该用什么工具才能得到?

生3:前面两个图形的周长,可以用直尺测量出来,但是圆的图形,我们就很难用直尺来量?

…………

师:看来,同学们有不少疑问。没关系,一个人想不出测量圆的方法,小组可以吗? 四人小组试一试。

2.小组互学

学习小组聚焦"圆的周长很难量出来,怎么办?"集思广益,展开讨论、合作。

3.生生辩学

(1)聚焦学生困难:圆的周长是多少?

师:老师发现同学们想出了不少方法,来,汇报下。

生1:我们小组把圆分成1厘米的1小段1小段(图6-3),数一数有9段,这个圆的周长就是9厘米。这是我们小组的方法,你们有疑问吗?

生2:你们这样分,那一段一段是弯曲的,不能测量的。

生3:我们小组发现圆的周长很难准确测量出来,只能大体测量。虽然这一段一段是弯弯的,但是9厘米很接近圆的周长了。

生4:我们小组也是只能量出大概,沿着圆的边线,切割成1小段1小段(图6-4),测量每小段的长度,再加起来,大约是10厘米。

生5:我们把圆绕着直尺旋转一周,也能得出圆的周长大约是9厘米。

师:那就是说,只有直尺,无法准确测量出圆的周长,只能大体测量,是吗?那么,你们需要什么工具呢?

生(异口同声):绳子。

师:如果给你绳子,你想怎么测量?

生6:我是借小组同学的纸巾,然后撕一段,把它搓成长条(图6-5),绕图形一周后把纸条拉直再进行测量。纸条的长度就是圆的周长。(学生迸发出掌声。)

…………

图6-3　圆分9段图　　　图6-4　圆切割成小段图　　图6-5　学生搓的长条纸

师:小组的力量真是让我惊叹!没想到同学们可以想出这么多办法测量圆的周长,掌声送给大家!大家想出了这么多办法,你们有什么想说的?

生7:我觉得大家方法都很不错!

生8:我原来怎么想都想不出来,可是当我一直想圆的一周在哪里的时候,我就突然想到方法了。

生9:我一开始也不知道怎么测量,可是在小组伙伴的帮助下,我就知道了。

生10:老师,我发现这些测量圆周长的方法,尽管各不相同,但是实际上都是在测量圆的边线的长度。

…………

师:是呀,圆周长实际上就藏在圆的一周中。平时,圆的周长是看不见的,但是,我们能用数学的眼光把圆的一周从圆中"请"出来。瞧,老师"请"出了什么?

生11:"请"出了一条线。

生12:"请"出了一条线段,圆的周长就是"请"出来的这条线段的长度。

【周长和面积的表象都是借助封闭图形表现出来的,只不过周长是聚焦在"长度"上,面积是聚焦在"大小"上。如果学生建立的周长和面积表象比较模糊,那么,学生后续就容易发生混淆,难以区分周长和面积,并将之应用于解决相应的实际问题。因此,周长的教学,要帮助学生建立起正确的周长的表象,即一周边线的长度,以区分将来学习的面积的表象,即图形的大小。课中设计"测量圆的周长"的活动,目的就是借助曲线图形难以用现有的工具直尺测量周长这一现实困境,帮助学生聚焦周长概念的辨析,通过一次次的思考、取舍、选择,建立周长的"形"和"长"的表象。学生经历长时间的具有思维含量的思考、交流、操作、辨析,最终发现周长其实就藏在图形的一周中,需要用数学的眼光将一周从图形中剥离出来。这样的体验,让原本看不见的"周"变得清晰可见,学生对周长的"形"的理解和对周长意义的理解也就更为深刻。】

(2)聚焦周长本质:周长是什么?

师:同学们,圆的周长在大家的合力下测量出来了,那么另外两个图形的周长是多少呢?测量有困难吗?

生1:我测量的是三角形,我用直尺量出三条边的长度,加起来就是它的周长了,3+4+5=12(厘米),也可以用线围三角形一圈,量线的长度就知道三角形的周长了。

生2:我测量的是四边形,我也是测量出每一条边的长度,然后加起来,2+3+4+5=14(厘米)。

师:谁来评价一下他们的方法?

生3:这两种方法其实都一样,都是把边的长度加起来,得出周长。

生4:我发现,测量这三个图形的周长就是在测量图形一周的长度。

生5:我同意他的看法。如果我们都把图形的一周"请"出来,再拉直,就可以看到:这些图形的一周都是一条线段,"请"出来的线段的长度就是周长。

师:说得真好,我们把掌声送给他。

【周长是需要量化的,是一个与"数量"有关的概念。因此,建立周长概念绝不能仅仅停留于建立形状的表象,而应该进一步用数值来刻画描述长度,这是建立周长概念必不可少的、关键的一步。教学中通过"下面这些图形的周长有多长?你有办法知道吗?动手试一试"这组活动,只提供直尺,聚焦问题与任务,让每位学生都经历测量每个图形的过程。看似简单而直接的任务,却让学生得以经历真实的学习。在这样的活动中,学生深刻认识到:周长的研究对象是一周的边线,周长是对这条边线长度的刻画,可以通过测量得到结果,即"周"是测量的对象,"长"是测量的结果,周长的本质即封闭图形一周长度的刻画。】

三 拓展与提升:延展问题

1.走进生活,寻找周长

师:这节课,我们认识了新朋友——周长,那么周长的知识在我们的实际生活中有哪些用处呢? 同学们想一想,找一找,看谁找得多。

生1:为手抄报作品加花边的时候,需要多长的花边会用到周长。

生2:做衣服的时候拿软尺测量腰围会用到周长。

生3:窗户上铝合金框的长度就是窗户的周长。

生4:体育课,围着操场跑一圈,这一圈的长度就是操场的周长。

…………

师:是呀,周长在我们的生活中应用非常广泛,只要我们带着一双数学的眼睛,就可以发现很多生活中的周长。

2.题组练习,对比拓展

学习任务:

小明说:"我绕着A草坪走了一圈。"小红说:"我绕着B草坪走了一圈。"

问题一:谁走的路程长? 请说明你的理由。(图6-6)

图6-6 草坪图一

问题二:在A草坪的范围内建一个占地是长方形的亭子(图6-7),A草坪的周长有变化吗? 为什么? 如果改变亭子的大小,A草坪的周长有变化吗? 为什么?

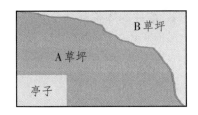

图6-7　草坪图二

独立探学:独立思考并完成练习。

小组互学:小组内交流想法。

生生辩学:

师:咱们来个辩论赛,认为A草坪周长长的有哪些同学?请举手。认为B草坪周长长的有哪些同学?请举手。嗯,谁还有不同意见?

生1:我认为两个部分的周长一样。

学生多认为A草坪周长长或一样长,选派分组进行辩论。

生2:我们认为A草坪周长长。你们看,这个部分看起来比较大。

生3:不对,两个部分的周长一样长。虽然看起来A草坪比较大,但是周长不是看谁比较大的。

师:你们理解他说的意思吗?

生4:虽然A草坪和B草坪看起来一个大一个小,但是它们的周长都是一条长加一条宽再加上中间这条线,所以它们的周长是一样长的。你同意吗?(看向生2)

生2:有点理解,就是说周长不是看大小的。

…………

师:同学们,我们请课件帮忙一下。(演示课件)我们可以看出,这两个部分的周长确实是一样的,哇,你们小组真是太聪明了。建议同学们把掌声送给他们。

师:那如果在A草坪的范围内建一个占地是长方形的亭子,A草坪的周长有变化吗?为什么?如果改变亭子的大小,A草坪的周长有变化吗?为什么?

生1:A草坪的周长可能会越来越短。

生2:A草坪的周长不会变化。

生3:我也认为A草坪的周长不会变化。大家看,不管亭子大小如何变化,

草坪这两条线可以移动下来,草坪的周长都是一条长加一条宽再加上中间这条线。(学生演示)

…………

短暂的停顿后,班级响起热烈的掌声。

【课堂中创设真实而富有挑战性的问题,引导学生对比辨析,明确"周长的长短跟图形的大小没有关系"。由于受到面积的干扰,不少同学一开始都会认为A部分的周长比B部分的周长长,在学生出现预料之中的错误认识时,通过独立探学、小组互学、生生辩学,适时引导学生进行验证,加上课件的辅助作用,不仅让学生理解了"公共边"的意义,还进一步理解了周长就是"一周的长度",从而帮助学生在周长概念建立之初就对比"周长"与"大小"这两个相似易混的概念,促进了学生对周长概念的深刻理解。教师抛出"在A草坪的范围内建一个占地是长方形的亭子,A草坪的周长有变化吗? 为什么? 如果改变亭子的大小,A草坪的周长有变化吗? 为什么?"的问题。在这个问题的解决中,一般的同学会想到前面的围、量等测量的方法,而在真正理解周长本质的基础上,思维能力强的同学却能想到不用计量,只要平移线段就能知道两个图形的周长的长短。这样,不同的策略在交流中得到共享,从而使学生比较清晰地理解和掌握了周长的概念,同时渗透了平移的数学思想和方法。】

3.回顾梳理,总结提升

师:这节课你有收获吗?

生1:我认识了周长是封闭图形一周的长度。

生2:我还知道周长不包括图形中间的线条。

生3:测量物体表面的周长,可以用直尺量,可以用线围,还可以用滚动的方法。

生4:有些不规则的图形的周长,可以用平移的方法计算。

生5:周长其实也就是图形的边线那条线段的长度。

…………

师:嗯,生活中不缺少数学,而是缺少发现的眼睛,只要你们善于观察,积极动脑,一定可以学到更多的知识。

【把握本质,是真正建构知识的前提,把握了知识的本质,才能够在万千事实中把握根本,领会知识本质的多样表现、各种变化,举一反三。在全课总结中,意在引导学生回顾本课所学,帮助学生梳理知识,促进知识内化。从学生互动辩论中,我们发现,学生能清楚知道什么是周长,用合适的方法求出周长,如化曲为直求曲面图形的周长,部分学生在理解周长本质的基础上能采用平移等灵活方式灵活解决周长问题。学生在学习中领悟到不管图形如何变化,边线长度总和不变,周长不变,从而在变与不变中深化认知。】

【课后反思】

以问题为导向　积累数学活动经验

教学"周长"一课,认识"一周的长度"是本课的重点也是难点,而造成学生认识困难的主要原因,是学生对于"周""长"分辨不清,无法将"一周的长",真正从平面图形上剥离出来,聚焦图形的"线的长"进行研究。因此,依据学生的认知冲突,设计合理的问题激发学生的思考与活动,帮助学生理解概念的本质,从而突破难点有重要意义与价值。但是,在具体的课堂实施中,特别是问题解决的推进过程中,如何更好地让难点得到突破,如何让更多的学生积极参与? 需要在教育教学中不断实践与反思。笔者从对课堂中问题的设计与提出出发,以问题为导向,在问题解决的过程中,帮助学生积累相应的数学活动经验,在让学生理解概念的同时,促使学习真正发生。

一　问学:突破思维定式,启动学生思维

课堂上,立足学生的认知,从目标入手设计好问题至关重要。恰当的导向问题,能够激发学生的好奇心和求知欲,促使学生更加积极主动地投入学习过程。纵观那些经典之课所用来导向的好问题,既能锁定学生的心理特点、学习经验及困惑点,又能统筹安排课程关系、师生关系、学习方式等诸多因素,还能不失时机地调动课堂学习氛围,创设认知冲突,激活学生思辨。[①]

认识周长,首先要建立周长的表象,也就是"一周"在哪里,进而研究"一周有多长"? 常规的教学中,老师通常让孩子指一指、描一描物体的一周,想通过这样的方式,让孩子认识一周,并告诉孩子"这一周的长度就是物体的周长"。

---

① 罗鸣亮.做一个讲道理的数学教师[M].上海:华东师范大学出版社,2017:37.

教学后，孩子看似能指、能描、能说出物体的周长在哪里，但在解决实际问题的过程中，却往往混淆了"周长"与"面的大小"带来的负面影响，无法将周长聚焦在平面图形的"线的长"的研究上。因此，教学中，将"线"从原有物体上剥离出来，让孩子真正意识到研究周长其实是研究物体周长"边线"的长度，并使之清晰、立体化，成为能够浮现在原有平面图形之上的一个清晰的"形象"，就显得尤为重要。为此，教学中精心设计了"只留下图形的一周，可以擦去哪些线？"的数学活动，通过"擦"的动作及"擦不擦"的选择，让孩子将目光聚焦到线上，使学生真正"看"到图形的"边线"，从而建立清晰表象。同时，通过追问的方式让学生明晰"一周"的内涵——"大家都擦去了那么多的线，长方形也擦去边角这么一点线，可以吗？为什么？"。通过课堂追问，让学生明白"一周的长度"的研究是建立在"封闭图形"的基础上的，课堂对话丰富而深刻，有助于学生思维的步步深入。

二　探学：进行深度加工，凸显知识本质

理解需要反复的磨炼才能达成。追求理解和自我提升的教育需要不断地重新审视那些不可能一下子就掌握的关键概念和难题，而关键概念和相应任务应螺旋式地贯穿于教学中。学生的学习，应该是一种探究式的学习过程，在探究性学习活动的过程中，对所学知识内容进行深度加工，凸显知识本质，从而真正理解所学知识。

学生对"面"的感知是显性的，对"周"的感知是内隐的，如何凸显出弱势要素"周"呢？教学中，在学生将目光聚焦到图形的"线"上，初步建立一周的表象后，直接揭示周长的概念，让学生带着对"周长"的初步的感觉，测量图形的周长。"这些图形的周长有多长？你有办法知道吗？动手试一试。"看似简单而直接的任务，其实需要调动学生已有的认知完成任务。尽管学生对于周长现在仅有一个模糊的初始认知，但是碰到三角形、四边形等直边图形，他们很容易通过"模仿""猜测"的方式，利用直尺进行测量，从而得到这两个图形的周长。而碰到"圆的周长"的时候可不一样。这个图形最大的问题就是没有办法利用孩子手中现有的工具——直尺，轻松得到周长。怎么办呢？为了完成这个学习任务，学生所有的认知高度集中、聚焦在对"周长意义"的辨析上。"这个圆有周长

吗?""这个圆有周长,但是它的周长不好量,该用什么工具才能得到?"……学生在不断进行自我思考与选择判断,并启动所有的认知渠道包括同伴互助,探寻圆的周长的测量方法,抽丝剥茧逐步感悟,建立周长意义的真正认知。学生发现:原来圆的周长可以分段测量、切割测量、将纸巾搓成长条绕图形一周后再进行测量……周长其实就是线段的长度;分析周长就是看一周的长度中包含几个长度单位;曲线图形的周长可以化曲为直进行测量……这样的测量活动,这样的测量体验,都让学生建立起了丰富的数学活动经验,"化曲为直"的数学思想得到自然渗透。学生在操作中体验到:测量一个图形的周长,需确定测量对象、测量工具、测量单位,从而获得测量结果。并感受到:测量图形的周长,不管这个图形是什么形状,其实都是测量该图形一周的那条线段的长度。学生在变与不变的思辨中,逐步"靠近"周长的本质,也构建起了关于周长的完整认知。

三 融学:开展迁移应用,促进深度思考

迁移,是知识的扩展与提升,而应用,则是将内化的知识外显化、操作化,是知识活化的一个重要的标志。数学概念的系统性很强,原始概念建立后,大多数新概念都是旧概念的发展和深化。但是在探究过程中,学生往往不善于调动原有的知识储备,因此,在学生的学习过程中,教师应善于创设一定的时空,引导学生进行知识的迁移应用,促进深度思考,从而达到"融学",这不仅仅是学生个性化学习的重要过程,更是知识在个体中内化以及重新建构的重要环节。

本课的学习任务中设置了挑战性的问题——"小明说:'我绕着 A 草坪走了一圈。'小红说:'我绕着 B 草坪走了一圈。'问题一:谁走的路程长? 请说明你的理由。问题二:在 A 草坪的范围内建一个占地是长方形的亭子,A 草坪的周长有变化吗? 为什么? 如果改变亭子的大小,A 草坪的周长有变化吗? 为什么?"。通过这两个有层次的、挑战性的问题,在学生出现错误认知的时候,引导学生进行验证、辩论,在对比辨析中明确"周长的长短跟图形的大小没有关系"。这一过程,实际上是针对周长知识关键点的一个定制化设计:通过挑战性问题,引导学生在周长概念建立之初就以形象直观的方式对比"周长"与"面积"这两个相似易混的概念,这样的过程不仅仅是对学习结果的检验,更是重要的学习体验,促进学生对周长概念的深刻理解。

　　总之，数学活动经验不像"知识"那样"看得见、摸得着"，它是个体的体验和感受，是建立在人们的感觉基础上的，又是在活动过程中具体体现的。在数学学习中，要使学生真正理解数学知识，感悟数学的理性精神，形成创新能力，在课堂中就应该让学生积极参与数学活动，积累丰富而有效的数学活动经验。以问题引领学习的方式，把学生带入数学世界，使其充分运用已有学习、生活经验体验和感悟数学，以自主探索为主旋律，不断创设有意义的问题情境或数学活动，激励学生做中悟、探中学。孩子们在学习过程中不断发现问题、提出问题、分析问题、解决问题，并在这一过程中不断体验和积累丰富的数学活动经验，这正是小学数学"问·达"课堂追求的意蕴。

<table>
<tr><td>三</td></tr>
</table>

凸显本质　促进统计
意义的理解
——以"平均数"教学为例

【课前审思】

统计学是研究"收集数据、整理数据、分析数据、由数据得出结论"的原理和方法。目前,社会已经进入"大数据"时代,统计的基础知识已经成为每一个公民都应具备的基本素养[①]。但数据不等于信息,真正有用的信息是隐藏在这些数据之后的关于数据的整体特征的描述及对其发展趋势的预测,也就是数据分析。《义务教育数学课程标准(2022年版)》明确指出数据意识为小学数学课程要培养的学生核心素养之一,将数据意识解释为:"数据意识主要是指对数据的意义和随机性的感悟。知道在现实生活中,有许多问题应当先做调查研究,收集数据,感悟数据蕴含的信息;知道同样的事情每次收集到的数据可能不同,而只要有足够的数据就可能从中发现规律;知道同一组数据可以用不同方式表达,需要根据问题的背景选择合适的方式。"由于数据意识所涉及的内容较为宽泛,教师在教学中往往难以把握。因此,平均数的教学中,如何让学生主动产生使用平均数刻画、分析数据的需要,从而凸显本质,促进统计意义的理解,就显得尤为重要。平均数的教学中,着力解决以下三个问题。

一　如何让学生深刻感悟平均数的内涵和价值?

小学阶段,"统计与概率"内容学习的重要目标是发展学生的数据意识。平均数是小学阶段该领域的一个重要内容,教学中应突出其统计意义。因此,平

[①] 付巍.数据分析观念的内涵及培养——以北师大版初中数学教材为例[J].数学通报,2015,54(8):28.

均数这一课的教学重点，应从平均数的计算转向平均数意义的理解，还包括运用平均数的知识解决问题，体会平均数统计思想，培养学生的数学核心素养。

那么，如何让学生深刻感悟平均数的内涵和价值？笔者认为，教学中，要引导学生知道用平均数可以刻画一组数据的集中趋势，知道平均数的统计意义；知道平均数是介于最大数与最小数之间的数，能描述平均数的含义；能用平均数解决有关的简单实际问题，形成初步的数据意识和应用意识，需创设真实的问题情境，让学生在解决现实真实问题的过程中，体会平均数统计思想的现实意义。

二 如何处理好平均数计算意义和统计意义的关系？

平均数是一个虚拟的数，虽然是利用平均分的方法求出，但是并不是平均分的结果，二者有着本质的区别。传统的平均数教学过多注重平均数的计算技能，使得当需要表示一组数据的总体水平时，学生往往混淆了平均数、中位数、众数。平均数教学，要处理好平均数计算意义和统计意义的关系，引导学生在熟悉的情境中理解平均数所具有的代表性，通过刻画一组数据的集中程度表达总体的集中状况。

在现行的各版本教材中，"平均数"的教学都介绍了"求和均分"与"移多补少"两种求平均数的方法，但受"平均分"的迁移，学生往往更加喜欢计算，选择"移多补少"方法的学生并不多。实际上，"移多补少"这一方法，无论是在增进学生对"平均数"这一概念本质的深度理解方面，还是在促进培养学生的数据意识方面，都承载着独特的价值，特别增进学生对平均数作为一个统计量的"虚拟性"特征的理解，尤其不可缺失。[1]

三 如何让学生在理解平均数意义的过程中发展数据意识？

平均数是小学阶段统计与概率领域的内容，与学生习惯的数学思想方法有很大不同，学习过程中，应注意创设学生"悟"的时空，引导学生不断感悟、逐步体会，品出统计的"味道"。在这一过程中，感受趋中性，在用平均数值进行分析

---

[1] 华铮.培养数据分析观念："移多补少"的价值追寻——《平均数》教学的实践与思考[J].教育科学论坛，2020(8)：42.

的过程中,逐步理解平均数作为一个统计量,能够刻画一组数据的集中趋势,介于"最大数"与"最小数"之间;感受随机性,如果改变或增加一个数据或极端数据,平均数会有不同的变化。同时,伴随着平均数的学习过程,经历数据的收集、整理、分析、推测等。

【课堂实录】

 质疑与发现:生成问题

1.创设情境

这是一幅"2023年厦门市中小学生'环境健康杯'征文绘画比赛"作品(图6-8),请同学们当评委为这幅《最后的家园》打分。

评分要求:
以满分10分制评分,
评的分数为整数分。
你的评分是:

图6-8　《最后的家园》绘画作品

2.理解要求

师:谁看懂了要求?

生1:就是为这幅画评分,满分是10分。

生2:嗯,意思就是最高只能评10分,不能评那种100分什么的,而且必须是整数分,不能评像8.5这样的分数。

师:好,那么,请你们评评分。

【课始创设情境,"请同学们为2023年厦门市中小学生'环境健康杯'征文绘画比赛作品《最后的家园》打分",让学生自主表达,将学生注意力聚焦在为作品评分上。"分数"基于每个学生的主观印象,每个学生都会认为自己的评分是有根据的,为后续"哪个分数更合理?"的讨论奠定基础。】

二 理解与表达:探索问题

(一)理解平均数意义

1.展示观点

师:好,那么我们看一看,这四个评委分别打的分数是:9分、10分、7分、6分。请同学们想一想,这幅画最终得分应该为几分? 哪个分数更合理? 把你的想法写在学习单上,说清楚你为什么选择这个分数。可以写一写、画一画。

(1)独立探学:学生独立思考,并把自己的想法写在学习单上。

(2)小组互学:小组内小组成员表达看法。

(3)生生辩学:

师:好,我们来看一看几个同学是怎么想的?

生1:我觉得是9分,因为我的评分也是9分,这张图画色彩、构图都很好。

生2:我觉得可以是7分,因为这个分数不是很高,也不是很低。

生3:我觉得是8分,因为它可以代表低的分数,也可以代表高的分数,也就等于它是个平均数。

生4:我也觉得是8分。

…………

2.反馈分析

师:很多同学都认为要选8分,那么,选其他分数为什么就不合理?

生1:10分是最高分,选高分不合适,这个分数太高了。

生2:选6分太低了,也不合适。

生3:我觉得是8分,可以取它们的平均分。

师:对于这个分数,有疑问吗?

生4:没有一个评委打8分,8分怎么得到呢?

生5:不管选哪一个分数,打分的都只有一个评委,其他评委不就白来了。所以我认为可以算平均分,打8分。

师:谁听明白了他的意思?

生6(利用黑板上的条形统计图演示):9分、10分、7分、6分,这些分数分别都只有一个评委打,如果只选择一个评委打的分作为这幅画的最终评分,其他评委会有意见。可是大家看,从9分拿1分给7分,从10分拿2分给6分,这样,四个分数都变成了8分,所以用8分最合理。

(全班爆发掌声)

师:这个分数为什么好?

师根据学生的回答,得出"移多补少"的说法,并板书。同时抓住学生回答,引导学生理解:尽管没有人打8分,但8分来自每一位评委的评分,尊重了每一位评委的意见,这个分数和每位评委的评分都有关系。引导学生感受平均分在一组数据中的位置、作用。

3.引出概念

师:8分跟每位评委的评分都有关系,把多的给少的,通过移多补少,让每一数都同样多,这样,这个同样多的数就反映了这一组数据的整体水平。像这样的数,就叫作这组数据的平均数。看来,平均数能较好地代表一组数据的总体水平,但它不一定是真实存在的。(解释课题并板书)

4.明晰方法

师:想一想,可以怎样求出平均数呢?

生1:我们小组是这么认为的,一共有4个评委,第一个评委评了9分,第二个评委10分,第三个7分,第四个6分,如果全部加在一起,一共是32分,我们要把4个评委的分数变成一样的,就可以用32÷4=8(分),所以求平均数可以用除法。

生2:我同意,可以先加再除。

生3:也可以像刚刚那样,移多补少。

小结:教师总结求平均数的方法。

【通过问题"这幅画最终得分应该为几分? 哪个分数更合理?"的探讨,给予学生探究平均数的时空,让学生经历自主思考、交流展示的过程,在动手操作中,直观演示移多补少的过程,让学生真切地感受到平均数"8"是通过"移多补少"让每个评分都同样多而出现的,这样的一个评分,跟每个评委都有关系,从而体验平均数的意义,使得抽象的概念直观化。同时,在这样的活动中逐步建构求平均数的方法模型——求和均分,在方法建构中逐步理解平均数本质,积累数学活动经验,感受数形结合思想。】

（二）理解平均数特征

1.深入探讨

情境:如果老师也参加《最后的家园》作品的打分,老师的分数会改变这幅作品的平均分吗? 请分析说明。

（1）独立探学:独立思考,完成学习单。

（2）小组互学:小组内交流看法。

（3）生生辩学:

师:谁来说说你们的看法?

生1:同学们,我们小组是这么想的,如果老师加入评分的话平均分可能变大、变小或者不变。为什么呢? 根据我们小组的计算,如果老师的分数是8分,那平均数是不变的,如果老师打的分数比8分高,那么平均分也会变高;如果老师打的分数比8分低,那么平均分也会变低。

师:其他同学的意见?

生2:我同意他的看法,如果老师评了8分,平均分就不会变。

师:老师有没有可能打8分呢?

生3:有可能。也可能打其他的分数。

［师借助电脑上的统计图进行操作（图6-9至图6-11）］

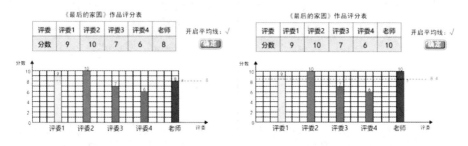

图6-9 《最后的家园》统计图表一　　图6-10 《最后的家园》统计图表二

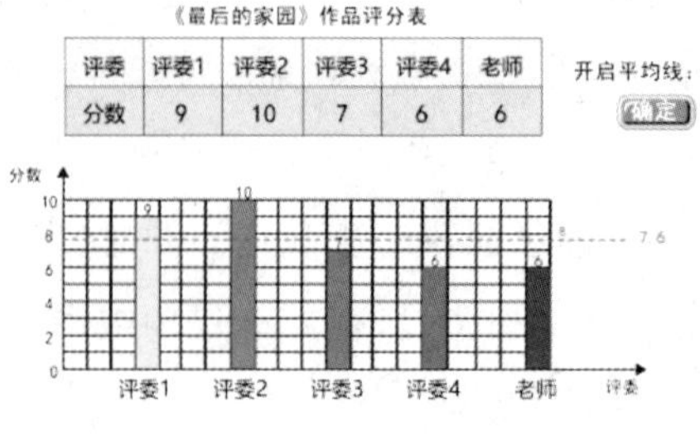

图6-11 《最后的家园》统计图表三

师:我们验证一下,老师打8分,注意看(图6-9),跟你们的想法一样吗?

生(齐答):嗯,一样。

师:老师打了8分,平均分也是8分,这两个8一样吗?

生4:不一样。

生5:不一样,一个是4个评委和老师打的分数综合起来除以5得出的平均分——8分,一个是老师自己打的分——也是8分,两个8不是一样的。

生6:平均分8分是5个数字加起来除以5得到的,老师的8分是她个人的评分。

师:是呀,平均分8分是这五个数字的整体水平,这个8分是移多补少后得到的一个虚拟的数,它可能刚好和这一组数据中的其中一个数一样,也可能不一样。

师:好,再往下说,还可以怎么变化?

生7:如果老师打的分数是大于8分的话,那这个平均数是肯定会上升的,比如10分(指老师打的分数)。

师:来看10分,瞧(图6-10),平均分就变成了8.4分。

生8:老师如果打6分,平均分就下降了。

师:看(图6-11),现在打6分已经知平均分会降低了,那么打哪些分也会降低平均分?

生9:如果老师打的分是1—7分,平均分都会下降的。

生10:我觉得应该是0到7。

师:如果老师打0分,现在的平均数怎么算?

生11:平均数是9+10+7+6之和除以5,因为老师也参与了评分,只不过他打的是0分。

生12:如果老师打的是0分的话,老师其实是参与了评分的,一定是要除以5的,评分之和是9+10+7+6+0,但是计算有简洁之美,所以可以把0去掉,但还是要除以5的。

2.学习小结

师:请把掌声送给这些善于思考总结的孩子。平均数其实代表了一组数据的整体水平,所以它具有代表性;它又具有敏感性,只要一个数据发生变化,平均数就会发生变化;同时,它又是一个虚拟的数,因为它是一组数据移多补少后出现的表示大家一样多的一个数，而不是具体存在的数。

【根据学生的讨论结果，适时用小程序展示平均数不变和变的情况，体验平均数的敏感性和虚拟性。通过创设老师也加入评分的情境，让学生感受到老师加入评分，使得数据发生变化，平均数也发生变化，感受平均数的敏感性；引导学生深入思考"这里有两个'8'，它们的意思一样吗？为什么？"，充分激活学生的已有经验，使其在交流中思维碰撞，体验平均数是一个虚拟数。在这一过程中，着重让学生体会平均数的统计意义——平均数是表示一组数据的整体水平的统计量，也就是学生儿童化表达中的"代表"。学生经历从直观到抽象的过程，体验平均数的本质，思维不断走向深入。】

 拓展与提升：延展问题

1.联系生活

师：平均数在我们生活中广泛存在，想一想你见过生活中哪些平均数？

生1：我在班级考试成绩单中见过平均数，比如说班级平均分是几分。

生2：每分钟跳绳的个数也可以计算平均数。

2.巩固拓展

我国铁路部门对免票儿童标准进行了如下三次调整：

(1)1997年12月1日起施行的《铁路旅客运输规程》规定：免票儿童的身高为1.1米以下。

(2)2010年12月1日起施行的《铁路旅客运输规程》规定：免票儿童的身高为1.2米以下。

(3)2023年1月1日起施行的《铁路旅客运输规程》规定：免票儿童的身高为1.2米(含)以下，或者未满6周岁。

> 根据以上信息，请回答以下问题：
>
> 1.免票儿童的身高标准1.1米是怎样来的？
>
> 2.你发现儿童免票标准有什么不同？
>
> 3.如果你是铁路部门领导，2035年你会怎样制定免票标准？

师：其实，同学们的身高中也有平均数。仔细阅读我国铁路部门对免票儿童标准进行的三次调整，结合以上信息，回答问题。

(1)独立探学。

(2)小组互学。

(3)生生辩学。

问题一:免票儿童的身高标准1.1米是怎样来的?

生1:我觉得这个1.1米,就是通过人口普查得出来的,因为普查的时候会统计儿童的身高,然后再把它们加起来,除以儿童的个数。

生2:我觉得全国有很多儿童,这样统计不方便。所以,可能会选取不同地区的部分学生来进行测量。

师:是的,这叫作抽样调查,这个"免票儿童的身高标准1.1米"中的1.1米就是我们今天学习的平均数。

问题二:你发现儿童免票标准有什么不同?

生1:2010年和2023年免票儿童的身高标准被提高了,从1.1米变成1.2米。

生2:第三次还增加了未满6周岁。

师:同学们知道这些变化的原因吗?

生1:我觉得2010年比1997年标准提高的原因可能是小朋友的身高变高了。

生2:我还有一种想法,就是现在的小孩可能有一些长得太快了,可能才5岁,身高1.4米了。

生3:我的想法就是现在国家富强了,吃的东西都很好,所以孩子长得也比较快。

(同学们鼓掌)

师:你看同学们都为你鼓掌了。这个同学说得很好,国家富强了,繁荣了,经济好了,所以大家身高变高了,平均身高也就变高了。甚至有些孩子未满6周岁就达到1.2米了。

问题三:如果你是铁路部门领导,2035年你会怎样制定免票标准?

生1:如果我是领导的话,我会把那个身高标准提高,因为那个时候,国家肯定变得更加富裕了,然后呢,那时候的小孩可能满没几岁,就已经很高了。

生2:2035年,我们就可以增加一些福利,可以全民免票。

…………

【联系生活,借助我国铁路部门对免票儿童标准进行的三次调整,结合三个问题,引导学生感受平均数的现实价值,渗透抽样调查方法,培养学生的应用意识,突出了平均数的应用价值,同时渗透爱国主义教育。】

3.回顾总结

师:同学们,今天我们一起研究了什么? 通过今天的学习,你有哪些收获?

学生交流。

师:关于平均数的知识还有很多很多,希望同学们能用数学的眼光找一找,用一用生活中的平均数。

【课后反思】

平均数是小学数学知识中的一个基本统计概念,也是日常生活和统计分析中不可或缺的存在。《义务教育数学课程标准(2022年版)》明确指出要重视平均数统计意义的理解,平均数的教学要从"概念理解、算法理解、统计理解"3个方面引导学生理解平均数。也就是说,在小学阶段,平均数的学习过程包括"平均分配"的计算过程、灵活使用算法解决复杂的平均数任务情境问题以及作为统计量刻画数据的集中趋势,并利用平均数进行不同组别数据的比较等方面[①]。但由于平均数概念的复杂性,学生并不能对其进行完全的理解,特别是在统计理解方面,不少学生常常把所给数据看作一些离散的点,而不是作为一个整体看待。[②]如何帮助学生真正理解平均数的多重含义呢? 笔者认为,可以从以下三个方面入手。

 一　设计学习情境

荷兰数学教育家弗赖登塔尔认为,学习数学的唯一正确方法是实行"再创造",也就是要让学生的学习过程变成发现和创造的过程,而要让学生能够"再创造",要有合适的土壤。课堂教学中,要创设适切的情境,让学生在其中萌生"再创造"的欲望和条件。

以往的教学中,有的教师遵循人教版教材编排,创设环保小队收集空水瓶的情境,让学生在计算中先认识平均数,再比较不同人数的两支队伍,哪个队伍

---

① 陈婷,孙琪琪,蔡金法.引导语对小学生数学问题提出表现的影响——以平均数为例[J].数学教育学报,2023,32(5):28.

② 陈婷,孙琪琪,蔡金法.引导语对小学生数学问题提出表现的影响——以平均数为例[J].数学教育学报,2023,32(5):28.

的成绩更好,感受使用平均数的必要性。但这样的教学,学生对于平均数价值的感受、平均数统计意义的体验明显不足。也有的教师改编教材,创设两组人数不同的队伍比赛的场景,如投篮、踢毽子等,呈现两组队伍的比赛成绩,比较"哪个队的成绩更好?"。理想的情况是,学生发现人数不同,比总数不合理,比最大数也不合理,因此需要引入一个新的比较量"平均数"。但是实际上,课堂上往往会有突发情况,如学生会提出人数不同,不能比较,那么就减少一个同学或增加一位同学再进行比较,使得新课的教学在引入环节就耗费了大量的时间。为此,本课选择了为"2023年厦门市中小学生'环境健康杯'征文绘画比赛作品《最后的家园》打分"这一情境,让学生经历数据收集(产生)、整理、分析的过程,从中了解平均数的产生过程,体验平均数作为统计量的意义及价值。在这一情境中,学生聚焦"哪个分数更合理?",在自我选择与生生对话辨析中,体悟到合理的分数的范围(在最高分和最低分之间),在尝试说服别人的过程中,"移多补少"成为"平均数"出现的最佳理由,从而感悟到:平均数可以反映这一组数据的整体水平。

可见,合理、有效的情境是知识经验最可靠的建构基地,是知识经验得以产生并保持其生命力和价值的根本条件。教学中,根据教学目标,结合学生心理发展特征和学习水平,创设具体、真实的学习情境,能有效激发学生学习的内驱力,帮助学生经历真实的学习过程。

二　提炼学习问题

真正的学习是从问题开始的。杜威的经验性学习理论强调,教育必须建立在经验的基础上,教育就是经验的生成和改造,学生从经验中产生问题,而问题又可以激发他们运用、探索知识产生新概念。[①]学生在情境中进行体验,当情境与已有经验产生冲突时会不断产生疑问;进而经过思考,这些疑问会转化或由教师提出成为可以讨论的问题。通过探索与合作交流,学生运用所学的知识和方法解决问题,并且进行反思总结。因此,恰当的问题,能使学生的学习聚焦教学的重难点和关键,使学生的学习丝丝入扣。

如"平均数"的教学中,学生聚焦"哪个分数更合理?",初步感受体验平均数

---

① 罗鸣亮.做一个讲道理的数学教师[M].上海:华东师范大学出版社,2017:48.

的统计意义；聚焦"如果老师也加入评分，平均数会发生怎样的改变？"，在这一问题的引导下，学生理解了平均数受个别数据影响具有不稳定的特性。这个问题的出现，再次打破学生的认知平衡，"如果老师也加入评分"，那么数据的个数会发生变化，平均数也会发生变化，学生的思维需要聚焦在"平均数与个体数据之间的关系"上。在尝试解决这个非常规问题的过程中，学生慢慢地领悟到平均数作为一种统计量，与每个原始数据的区别和联系。至此，学生对"数据分析观念"有了更加深刻的经历和体悟，愈发明晰"平均数代表一组数据的总体水平"，受每个数据的影响，具有敏感性。"如果老师也打8分，这个8和平均数的8分一样吗？"在这个问题的探讨中，学生则体悟了平均数的"虚拟性"特征。通过问题引领，层层递进，在比较、辨析中使学生逐步深入地理解平均数的本质，将思考聚焦于平均数的统计意义上，体会平均数的代表性、虚拟性，借助图像直观感受平均数的区间性，借助平均数进行预测；使学生对平均数的意义获得较为全面的理解，培养学生的数据意识，推动学生的思维不断走向深入。总之，学习问题提炼，能激发学生的学习兴趣，唤起其内在的认知需求，让学生实现内心参与，提高课堂教学的有效性。

 三　创设学习时空

　　学生的学习不是一次性完成的，而是来回往返、逐步递进的。无论哪种理解水平的学生，当发现自己的思想和行动与自己所面临的问题不一致时，他们往往要不断扩展自己目前的活动能力和活动空间，尝试理解相应的知识内容或解决相应问题。而由于每个学生的情况各不相同，由此产生的认知活动和可能的效果也不完全相同。因此，教师应创设充分的学习时空，为学生提供独立建构或修正个人表象的机会，即通过个人自学、小组互学、全班共学，在不同的学习团体、学习时空中，表达、交流、辩论……逐渐丰富、建构自己对于新知的理解。

　　学习平均数时，学生要理解它的意义，就要经历概念形成的过程，并在数据分析中充分体会概念。"平均数"和"平均分"两者之间在实质意义上有着本质区别：平均分重在运算，只应用于代数领域，主要用于解决除法实际问题；平均数强调理解概念的意义，在统计领域中强调突出数据特征和应用价值。由于二者在"文字命名"上的相似性,学生往往容易将二者混淆在一起。因此,学习平均数,要注意不能把"平均数"和"平均分"混为一谈,错误地认为两者之间存在"等同"关系。教学中,提出"为2023年厦门市中小学生'环境健康杯'征文绘画比赛作品《最后的家园》打分,哪个分数更合理?"的问题,教师给足学生思考的时间和空间,引发学生思考,让其在对话和思辨中,尽情表达自己的想法,迸发思维碰撞的火花,引导学生作为"评委"思考问题。学生真实地表达了自己作为"评委"的心声,说出了每个数据在现实情境中所反映的数学意义,并从中发现用已有数据表示"作品分数"的局限性,从而形成认知上的矛盾冲突,这为其探究"正好"能够代表一组数据整体水平的平均数奠定了基础。学生通过独立思考、小组交流、生生辩学,对每个数据的意义进行充分的对比、分析、表达和反思;同时,结合"移多补少"的直观表达,学生深刻感受到平均数代表这组数据的整体水平,与这组数据中的每个数都有联系,但又不同于任何一个数据,从而领悟到平均数的意义。

　　总之,平均数的教学,要让学生深刻理解平均数的统计意义,这不仅是平均数数学内涵的体现,更是学生学习平均数计算方法,感受其在生活中的应用的思想基础。为学生创设适宜的学习情境,提炼恰当的学习问题,通过个人自学、小组互学、生生共学等策略,培养学生的自主探究、合作交流、快乐分享等良好学习习惯,能促进学生创造性、开拓性的高阶思维发展,从而提升学生数学学科核心素养与数学关键能力。

(厦门海沧延奎实验小学易增加执教)

四

项目赋能　以真实问题
研究促进素养多元发展
——以项目式学习设计"营养午餐"为例

【课前审思】

　　"综合与实践"是数学课程学习的重要领域之一,是构建"数与代数""图形与几何""统计与概率"三个领域之间联系以及数学与现实生活的联系不可或缺的内容。①但对于一线教师而言,作为课程内容之一的"综合与实践"在教学目标的把握、教学内容和方式的选择上都有一定的难度,使得这部分内容的教学容易流于形式,难以取得应有的教学效果。《义务教育数学课程标准(2022年版)》指出,综合与实践主要包括主题活动与项目学习等。第一、二、三学段主要采用主题式学习,第四学段可适当采用项目式学习。那么,作为第三学段的"综合与实践"领域的项目学习内容"营养午餐",如何落实课程标准提出的教学理念呢? 设计怎样的实践活动来引导学生用数学的眼光观察现实世界、用数学的思维思考现实世界、用数学的语言表达现实世界呢? 有两个问题必须综合思考。

一　**如何设计驱动性问题?**

　　项目学习教学以用数学方法解决现实问题为主,其目标是引导学生发现解决现实问题的关键要素,用数学的思维分析要素之间的关系并发现规律,培养模型观念,经历发现、提出、分析、解决问题的过程,培养应用意识和创新意识。"问题"这个关键词,突出了综合与实践的基本特点之一,问题是引发学生思考

---

① 陈莉.问题与活动是"综合与实践"教学的关键——"掷一掷"教学实践与思考[J].小学数学教育,2018(7):24.

和实践的基本出发点,所以设计好驱动性问题是"综合与实践"教学的首要任务。学生围绕"问题"展开实践,经历发现和提出问题、分析问题和解决问题的过程,感悟数学的本质。这样的学习,是学生通过真实而有意义的问题探讨,用类似学科专家解决问题的方式参与到学习的过程中。基于此,如何根据真实问题设计"驱动性问题",驱动学生展开真实的学习,应作为"营养午餐"教学思考的重点。

二　如何设计探究性活动?

项目式学习是基于学生认知活动的"做中学",要设计出符合学生认知水平的、能启发智慧的完整的项目任务活动,采用"以学生对问题的解决为线索"的设计逻辑,强调学习活动中的合作,形成"学习共同体"。[①]"营养午餐"原本是人教版四年级下册"综合与实践"领域的内容,但是在《义务教育数学课程标准(2022年版)》中,是属于第三学段的项目学习内容。应该说,第三学段的学生在积累了一定的主题活动经验后,可以在教师的带领下,尝试开展项目式学习,综合运用数学知识解决问题,体会数学知识的价值,以及数学与其他学科的关联。[②]因此,"营养午餐"是能以项目式学习的形式进行跨学科学习的,但是,如何引导学生在问题解决的过程中运用知识,将知识的学习、理解、应用融合到一个或者一系列的活动中,就成为教学中应解决的第二个问题。

【项目设计】

一　项目的提出

2023年第34届"5·20"中国学生营养日活动主题为"科学食养 助力儿童健康成长",营养均衡的饮食影响着学生的健康,良好的饮食习惯和均衡的膳食搭配可使学生保持健康。

---

① 林瑜.例谈小学数学跨学科项目式学习的设计与实施——以"营养午餐"为例[J].新教师,2024(1):76.

② 林瑜.例谈小学数学跨学科项目式学习的设计与实施——以"营养午餐"为例[J].新教师,2024(1):75.

但是,学校午餐小助理在餐盘回收处发现仍有部分同学有剩菜剩饭的现象。通过调查,部分学生认为食物比较单一,食物搭配不佳等。研究表明,午餐提供的能量应占全天总能量的30%—40%,一顿营养均衡、分量适宜的午餐直接关系到中小学生的身体健康。如何能让学生吃上既美味又营养的"营养午餐"呢?(学校的营养午餐,每餐收费标准为每人12元。)

 项目的分析

1.需要知道的问题

营养膳食的信息问题(人体每日营养需求);食物所含的营养物质及其作用问题;如何合理搭配膳食的问题;如何合理制作学校或自己家庭的午餐食谱问题。

2.需要运用的知识

百分数、统计图表、数据分析、比例等相关数学知识,科学、营养学等方面的知识。

科学:知道人体需要不同的营养,懂得营养均衡的重要性。搭配膳食营养要做到品种多样,并保持合理数量。在评价食谱是否均衡搭配交流活动中,能对所提供的信息进行分析和运用。

数学:能运用数学知识算出一份营养午餐的价格和各种营养成分的量,借助统计图表直观表达营养午餐设计及选择。

信息:应用信息技术选择营养午餐,体验信息技术的便捷性。

3.项目学习:设计一周营养午餐食谱

聚焦驱动性问题、核心问题"能不能结合我们所学过的知识,设计出12元/人受学生欢迎的'营养午餐'食谱?",分阶段进行研究性学习,进行"营养分析师""营养调查师""营养设计师""营养规划师""营养建议师"的主题学习。

三　项目学习目标

（1）对调查的数据信息进行收集、记录、整理、分析,发展数据意识和信息素养;经历方案设计、调查、搭配、成本核算以及评价反思的过程,通过多学科知识的汇聚融合来解释午餐搭配的理由,运用信息技术来解决搭配过程中遇到的问题,创造出营养午餐作品。

（2）经历小组合作解决问题的过程,在交流讨论中提高表达能力、合作能力,获得成功的体验。感受各学科知识在问题解决中的运用,提升信息联结与整合的能力,发展应用意识,培养严谨、科学的品质及反思、质疑的精神。

（3）进一步感受数学知识和方法在解决现实问题中的作用,培养创新意识;懂得科学、合理饮食的重要性,养成良好的饮食习惯。

四　项目的设计

（1）第一阶段:我是营养分析师(学校午餐里有什么秘密?)

了解营养午餐的搭配问题,在活动探究中,体验营养搭配的必要性。通过查阅资料,进一步了解人体每日的营养需求,如"10岁儿童每日午餐中应获取的合理热量";了解如大米、面粉、青菜、马铃薯、牛肉、鸡肉等常见食材中的营养物质含量。指导学生借助图表等方式比较数据,感受均衡营养、合理膳食的重要性。学生可以分工进行调查,共享信息和数据。

问题一:初次点菜,暴露问题——你设计的午餐符合营养标准吗?

问题二:再次点菜,探索问题——怎样的午餐才符合营养标准呢?

问题三:投票选菜,解决问题——怎样的搭配方案比较适合呢?

（2）第二阶段:我是营养调查师(学校的午餐是否符合营养午餐的标准?)

问题一:学校有哪些营养午餐?

问题二:研究学校营养午餐的成分,学校的午餐食谱合理吗?

（3）第三阶段:我是营养设计师(如何设计成本为12元/人的营养午餐?)

如果要设计一份营养午餐,天天吃大餐,一顿花几百块,这样合适吗? 学校的营养午餐一餐是12元/人,如何设计这样一份健康营养的午餐呢? 请试一试。

问题一:市场上的菜都是什么价格?

问题二:你能用12元买到设计的菜谱的菜吗?

(4)第四阶段:我是营养规划师(你能选择设计合适的一周营养菜谱吗?)

设计营养均衡、价格合理的菜谱。把午餐营养统计数据与同学间达成的共识进行比较,小组之间进行交流,提出改进建议。

问题一:如何挑选12元/人的营养午餐?

问题二:我们挑选的菜谱合理吗?

问题三:你能选择设计合适的一周营养菜谱吗?

(5)第五阶段:我是营养建议师(如何向大家宣传营养用餐习惯及午餐食谱?)

各学习小组完成搭配制作后将成品集中在展示台展出,主要围绕"营养是否均衡""成本是否合理"等问题进行讲解与反思,并回答其他小组提出的问题。

问题一:如何向同学或食堂进行推荐或建议?

问题二:如何进行项目回顾与反思?(我们是怎么一步步完成项目的? 我们在项目中遇到什么困难? 我们是怎么解决的? 我们在项目中有什么收获? 怎么可以完成得更好?)

五 项目的评价

项目的评价可参考营养午餐评价表(表6-1)。

表6-1　营养午餐评价表

学习表现	评价水平			自评	小组评价
	★	★★	★★★		
实践参与	能够参与实践。	能够根据一定方法搭配午餐。	能够有自己思考并设计合理的午餐。		
交流协作	不善于表达自己的看法。	能够参与交流,与成员协作。	能够有效进行组内、组间交流。		
责任担当	能参与活动。	主动参与各类活动,并承担一定任务。	积极参与组内外活动。		
展示创新	能简单呈现作品。	能够较为恰当呈现学习过程和结果。	能及时进行反思总结,用多种形式展示自己的学习过程与学习成果。		

附:第一阶段"我是营养分析师"项目实施过程

一　**质疑与发现:生成问题**

根据前述"项目设计"部分"项目的提出"相关内容,生成问题。

(1)学生提出问题:如何设计美味又营养的"营养午餐"呢?

(2)揭题:我们首先当当"营养分析师",看看午餐里有什么秘密?

【第一阶段的"我是营养分析师",是项目的第一节课,是项目的启动部门,在这一节课中要让学生积累相应的项目开展的方法和能力,让学生通过第一阶段的活动,积累后续设计"营养午餐"的知识经验与方法。】

二　**理解与表达:探索问题**

(一)初次点菜,暴露问题——你设计的午餐符合营养标准吗?

(1)课件出示:同学们,欢迎来到四年级3班智慧小食堂,请看食堂公约——欢迎大家光临智慧小食堂,本店支持iPad(一种平板电脑)点餐,每人限点三道菜品,祝大家用餐愉快!

(2)学生操作:平板电脑上进行现场点菜(图1)。

图1　平板初次点菜程序

【利用平板电脑进行现场点菜,与传统教学中纸质点菜对比,明显更直观,更生动,更节约时间。】

(3)互动交流:你点了哪三道菜? 说说你点菜的理由。(展示学生的菜谱。)

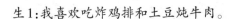

生1:我喜欢吃炸鸡排和土豆炖牛肉。

生2:我不太喜欢吃肉,所以我点的是西红柿鸡蛋和香菇油菜。

生3:我喜欢吃辣的,所以我首先选择辣子鸡丁,土豆炖牛肉看起来很不错。

生4:我建议大家在选择的时候,要考虑到营养,不能只是选择自己喜欢吃的。

…………

师:刚刚有同学提到了要考虑营养。那到底怎样的午餐才符合营养标准呢?

(4)出示:营养专家建议及"菜品热量、脂肪、蛋白质含量表"(表1)。

营养专家建议:10岁左右的儿童从每顿午餐中获取的热量应不低于2926千焦,脂肪应不超过50克。

表1 菜品热量、脂肪、蛋白质含量表(一份量计)

编号	菜名	热量/千焦	脂肪/克	蛋白质/克
1	猪肉粉条	2462	25	6
2	炸鸡排	1254	19	20
3	土豆炖牛肉	1095	23	11
4	辣子鸡丁	1033	18	7
5	西红柿鸡蛋	899	15	16
6	香菜冬瓜	564	12	1
7	家常豆腐	1020	16	13
8	香菇油菜	911	11	7
9	韭菜豆芽	497	7	3

师:认真阅读营养专家建议及"菜品热量、脂肪、蛋白质含量表",有什么问题想问或想知道什么?

生1:不低于、不超过是什么意思?

生2:"不低于"就是要等于或大于的意思,比如,营养专家建议"10岁左右的儿童从每顿午餐中获取的热量应不低于2926千焦",那就是说要等于2926千焦或大于2926千焦。

生3:"不超过"就是要等于或小于的意思。

(5)思考判断：

师：结合营养专家建议及"菜品热量、脂肪、蛋白质含量表"，思考你设计的午餐符合营养标准吗？怎样的午餐才符合营养标准呢？

【在初次点菜的时候，大部分学生根据个人喜好进行点菜，菜品选择多种多样，少部分学生想到营养问题，能够初步知道点菜时要荤素搭配；学生初步感受到菜品应根据某些要求或者条件进行科学的搭配。】

(二)再次点菜，探索问题——怎样的午餐才符合营养标准呢？

师：虽然只是搭配一份简单的午餐，可还得要讲究科学、合理呀。今天就让我们来做一回小小营养师吧！请你依据营养专家所提出的标准，调整你设计的营养午餐。[再次点菜：将营养要求写入点菜程序，由程序自动计算、自动判断。(图2)]

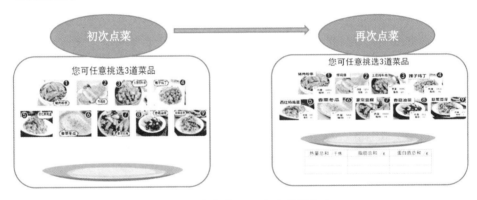

图2　初次点菜和再次点菜的程序

1.独立探学

独立调整选菜策略。

2.小组互学

(1)6人小组内交流你们的搭配，在小组内说说点菜时应该注意什么，怎样才能做到科学、合理。

(2)推选一种组内最喜欢的搭配展示(图3)。

图3　学生作品展示

3.生生辩学

生1：我一开始选择的是3个荤菜：猪肉粉条、炸鸡排、辣子鸡丁，后来发现，这三道菜加起来热量够了，但是脂肪超了12克。如果我把辣子鸡丁换掉，就要换一个脂肪为6克的食物，图上没有；如果把炸鸡排换掉，就要换一个脂肪为7克的食物，这里只有韭菜豆芽，我又不爱吃韭菜，所以我选择把猪肉粉条换掉，那就要挑一个脂肪小于或者等于13克的菜；最后我选择了香菇油菜，这样，既满足营养需要，又是我爱吃的。

生2：我和×××刚好相反，我平时爱吃素，所以我一开始选择的是素菜家常豆腐、香菇油菜、韭菜豆芽，发现脂肪没超过50克，但是热量不够，只有2400多千焦，所以我把热量最低的一个韭菜豆芽换成了土豆炖牛肉，这样一调整，我的午餐也符合营养标准了。

生3：刚刚我一直在想，怎么样才能既符合营养的标准，又能让脂肪最少，这样也不至于让人变胖。所以我在配菜的时候兼顾了这两点，选择了"猪肉粉条＋香菇油菜＋韭菜豆芽"，既让热量满足要求，又使脂肪尽可能少一些。一荤两素做到营养均衡。

【这个环节利用了信息技术强大的编程自动计算、点击录入、自动累计、自动生成的功能，有效简化了菜式调配过程中烦琐的计算，让学生将课堂宝贵的时间用于思考和总结，有助于学生感受信息技术的快捷性，极高程度地提高课堂效率。同时，学生在方案调整的过程中深刻体会到条件变化，变量改变，方案就要改变，在不断"变化"的数据中提高思维的灵活度。】

(三)投票选菜,解决问题——怎样的搭配方案比较适合呢?

1.网络投票,数据分析

师：下面，咱们准备从大家的午餐方案中投票选出男生女生最喜欢的搭配，作为本次秋游的午餐方案，你有什么想法？

生1:我们可以分别投票生成统计表。

生2:还可以把统计表绘制成复式条形统计图,这样可以看得更清楚。

生3:对,这样不仅可以清楚地看到男生、女生最喜欢的是哪种搭配,还可以比较同一种搭配男生女生的喜欢人数!

师:看来同学们已经达成统一意见了,那就行动吧!

线上投票生成复式条形统计图,进行数据分析。

2.学生了解营养均衡

(1)观看视频《营养均衡的重要性》。

(2)学习食物金字塔(图4)。

图4　食物金字塔

【统计与概率的核心是数据分析。传统的教学中,现场统计和画复式条形统计图用时12—15分钟,费时费力。在这个环节,借助人工智能投票系统,极大地缩短了人工操作的时间(我们仅花费2—3分钟就完成了统计和画图),有利于我们将更多的时间用于数据分析,高效培养孩子数据分析观念。】

三　拓展与提升:延展问题

师:所有的人都一定要严格按照同样的搭配吗?

出示一胖一瘦的学生图片,问:你想对他们说什么?

生1:胖的同学少吃热量高的食物,少吃糖,多吃水果蔬菜,但要达到健康标准。

生2:瘦的同学多吃含有脂肪的食物,但脂肪含量也不能超标。

生3:要身材适中就需要适当补充各方面的营养,做到营养均衡。

生4:是的,饭菜的营养对人体健康非常重要,营养足够身体好,学习才能跟得上。

总结:不同的人群,要进行不同的搭配,视情况而定。

【活动反思】

跨学科实践:成长的重要力量

《义务教育数学课程标准(2022年版)》中,"综合与实践"领域强调以解决实际问题为中心,进行跨学科的主题学习。特别指出,第三学段的学生在积累了一定的活动经验后,可以在教师引导下尝试项目式学习,以此体会数学知识的价值和数学与其他学科的关联。"营养午餐"就是以项目式学习的形式进行跨学科学习的课题。在项目式学习的过程中,应关注学生能力的发展与素养的生成,让其感受"营养午餐"这一知识内容背后的思维价值。

一 寻求学科助力

"营养午餐"知识跨数学、科学、信息技术等学科,学生通过多学科知识的汇聚融合来解释午餐搭配的理由,运用信息技术来解决搭配过程中遇到的问题,创造出全新的营养午餐方案。以上任何一个环节都要指向核心素养的培养和知识网络的构建,这是在一个独立学科活动中无法实现的。但项目的实施并不是为了跨学科而跨学科,也不是将多种知识随意地拼凑,而是对各学科的知识进行清晰的整理,形成知识网络,充分利用各学科的学科优势,展现各学科的核心素养。这就要求教师要做到:选择合适的主题,巧妙设计融合点,关注内容与形式的有效融合,培养学生解决问题的关键能力。那么它们的融合点在哪里呢?

数学与科学:从实际情况看,本节课的科学知识其实是数学学习的情境和载体。科学课中的食物金字塔、10岁儿童的营养需求、膳食均衡等知识是学生进行合理搭配的基础,这些科学知识也是学生在课堂中进行数据分析的基础。学生已经具有相当的科学课关于营养搭配的知识储备和生活经验,这是实现目标的有利条件,应该加以充分的应用,这是数学与科学的融合点。

数学与信息技术:课堂中,我们用平板点菜代替传统教学中的纸质点菜,有助于学生感受信息技术对于生活的便利性;利用信息技术强大的编程自动计算、点击录入、自动累计、自动生成的功能,有效解决菜式调配过程中的相应计算,有助于学生感受信息技术的快捷性;不仅如此,我们还使用网络投票统计,展现信息技术辅助教学的便捷性。以上环节巧妙突破本节课中投票难、画图难、计算多等难点。尤其是利用网络投票自动累计并自动生成复式条形统计图的功能,更是体现了数学与信息技术的深度融合,实现了信息技术辅助下数学课堂教学的高效性。这也是教学内容与教学形式的一个高效、巧妙的融合点。

科学与信息技术:课堂上,学生在二次搭配中,通过信息技术设置营养搭配的"约束",简单来说,就是把营养要求编入点菜程序,把科学的语言,转化成信息技术的语言,免除了烦琐的计算,有助于孩子感受程序为生活带来的便利。在配菜环节利用计算机的"拖动"功能,放手让学生自行搭配,不断调整,直至科学合理。全程放手,让孩子实现真正的实践学习。

从图6-12中,我们可以发现,学科间有目的的整合,发展了学生的关键能力:让学生利用数学、信息技术解决营养午餐的搭配问题;在数学推算的过程中,发展学生的数感;在选菜的过程中,潜移默化地进行健康教育。学生懂得了如何搭配实现膳食均衡,也能够根据不同的情况进行不同的搭配。

图6-12　各学科的融合点

二　经历问题创生

项目式学习活动以学生的真实疑问与好奇为起点,学生首先提出想要研究的问题,然后筛选问题并确定想要研究的方向,在自主规划探寻研究路径的过程中,自然地将知识学习融入解决问题的过程中。学生只有真正经历问题的创生过程,才能提炼属于自己的研究活动主题。

以第一阶段"我是营养分析师"为例,根据2023年第34届"5·20"中国学生营养日活动主题"科学食养 助力儿童健康成长",创设延奎实小面向学生征集午餐搭配方案这一情境,学生自然萌生"营养午餐"搭配的想法。在班级的"智慧小食堂"中,借助"问题一:初次点菜,暴露问题——你设计的午餐符合营养标准吗?"的思考,学生自主经历观察、计算、比较、分析等数学学习过程,感受到按个人喜好设计套餐不一定科学,发现荤素搭配更合理,引发思维冲突。聚焦"问题二:再次点菜,探索问题——怎样的午餐才符合营养标准呢?",学生经历自主搭配营养午餐的实践活动,调一调、估一估、算一算、检一检、说一说,针对不同菜品所含的各种营养元素,对选择的套餐进行调整或重新设计,在思辨中感悟设计营养午餐的智慧。通过"问题三:投票选菜,解决问题——怎样的搭配方案比较适合呢?",学生进行现场投票,评选自己最喜欢的套餐,运用相关的统计知识解决实际问题,同时延伸探究活动,为不同人群搭配营养午餐,体现"科学来源于生活,又应用于生活"。通过这样的过程,学生的问题提出、目标拆解、组织规划等多方面的能力得到提升。

三 亲历项目实施

小学数学跨学科项目化学习应遵循"整体设计,分步实施"的原则,在问题的引领下,分解任务,开展活动,领悟学习的意义。

"营养午餐"这一项目,聚焦驱动性问题、核心问题"能不能结合我们所学过的知识,设计出12元/人受学生欢迎的'营养午餐'食谱?",分阶段进行研究性学习,进行"营养分析师""营养调查师""营养设计师""营养规划师""营养建议师"五个阶段的活动与学习,鼓励学生探索身边的数学信息,明确学习方向,提出要解决的问题,并通过小组讨论研究路径和步骤,制定计划。在项目结束后,提供结构化的反思指导引导学生进行反思,帮助学生掌握问题解决的策略和方法,归纳经验教训,促使学生在解决实际问题的过程中学会如何策划和运用知识,进而全面提升学生的综合素养。

总之,运用数学知识及其他学科知识的"综合与实践"主题活动,是修订的课程标准中重要的内容。采用项目式学习的方式进行跨学科设计与实施,需要跳出传统教学的"知识学习—习题训练"思路,找寻与活动相关联的学科知识的联结,设计以真实问题引领的学习路径,将知识的学习、理解、应用融合到一个或者一系列的活动中,帮助学生在复杂、综合的情境中习得知识、提升素养。

(厦门海沧延奎实验小学谢美兰执教)

<table>
<tr><td>五</td></tr>
</table>

融合与延展　于真实情境中建构知识结构

——新课标视域下"多边形的面积"单元整体教学设计

《义务教育数学课程标准(2022年版)》强调："适当采用主题式学习和项目式学习的方式,设计情境真实、较为复杂的问题,引导学生综合运用数学学科和跨学科的知识与方法解决问题。"但目前,学生学习更多停留在虚拟的任务情境。情境认知理论强调:学习的设计要以学习者为主体,内容与活动的安排要与人类社会的具体实践相联通,最好在真实的情景中,通过类似人类真实实践的方式来组织教学,同时把知识的获得与学习者的发展、身份的建构等综合在一起。[①]素养导向的教学,同样强调让学生在真实的任务情境中获得和应用知识。那么,如何创设真实情境,让学生体验真实学习,从知识走向素养呢?以人教版五年级上册第六单元"多边形的面积"为载体,引导学生于真实情境中建构知识。

本单元结合目前环保热点"碳中和",围绕大任务"校园绿地面积是否符合标准"("学校的绿地面积是否达到总面积的30%"),开展以"校园绿地面积的测量"为大情境的学习实践活动,激发学习需求,进行5个子任务进阶探索,最终指向大任务的完成。(图6-13)

[①] 潘小明.潘小明:数学生成教学[M].北京:首都师范大学出版社,2012:54.

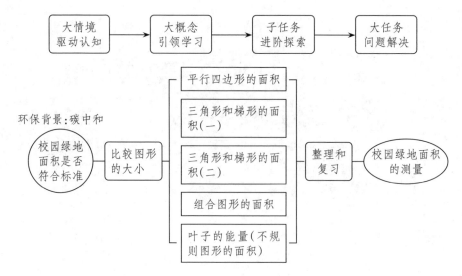

图6-13 "多边形的面积"教学框架设计

在这一学习探索过程中,情境是真实的。基于学校"校园绿地面积是否符合标准"这一问题的引领,学生置身于真实的情境中,提取相应的生活经验,理解与运用知识,由此激发学生理解与探究的积极性与主动性,实现知识与实践的融合、数学学科领域知识的融合、跨学科知识的融合,课内课外学习方式的融合,从单项能力向综合能力延展。

一 单元学习内容

人教版五年级上册第六单元"多边形的面积"。

二 单元教学目标

义务教育阶段"图形与几何"领域的学习,图形的认识、图形的位置、图形的运动指向空间观念、几何直观、应用意识等核心素养的培养,在推导一些常见图形周长、面积、体积计算方法的过程中,同时注重引导学生感悟数学度量方法,逐步形成量感和推理意识。厘清"图形与几何"领域各部分学习内容的素养指向,对本单元的学习及学生的发展至关重要。具体见图6-14:

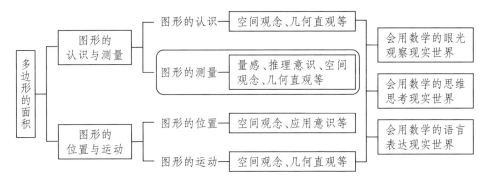

图6-14　"图形与几何"领域各部分学习内容的素养指向

《义务教育数学课程标准(2022年版)》对"多边形的面积"这一单元提出了相关的内容要求、学业要求、教学提示及素养目标要求(见本书表5-1):

基于这些要求,确定如下单元教学目标:

1.能用方格图测量图形的面积;掌握平行四边形、三角形和梯形的面积计算公式,会计算组合图形的面积;会用方格纸估计不规则图形的面积,并能解决生活中一些简单的实际问题。

2.在运用方格纸测量面积的过程中,理解面积就是面积单位的累积;通过动手操作、实践观察等方法,应用转化思想、推理等方法探索多边形面积的计算方法。

3.体会探索面积公式的基本思路,能将探索面积公式的基本思路运用到对新图形面积公式的探究中,发展量感、推理意识及创新意识等学科核心素养。

4.感受探索面积公式的乐趣和价值,在探究、反思、问题解决中培养学生的求真态度。

三　学情分析

学生对面积并不陌生,在学习"多边形的面积"之前,学生经历了统一度量单位的过程,理解了长方形、正方形的面积概念,会进行长方形、正方形的面积计算。本单元的核心目标是渗透转化思想,那么,学生具备怎样的转化水平呢?为了能更好地把握学情,了解学生的转化水平,我们有必要进行一定的前测,从而了解:学生学习本单元的知识基础如何? 在解决问题的过程中,学生有怎样的思维? 学生是否具有转化意识? 如果有,他们可能采取哪些转化方法?

通过对五年级2个班102名学生进行学前检测(学前检测单如图6-15),可以发现:大部分学生能知道长方形的面积公式,但对其推导过程印象不深刻,24.5%的学生能以图表或文字的方式表达出长方形面积公式推导,但绝大多数学生只能回忆出长方形面积公式,而无法表达如何推导。那么,学生能否利用已有的知识经验得出新图形的面积呢? 80.4%的学生能利用方格图计算出平行四边形、三角形的面积,但只有34.3%的学生能继续尝试想出不同的方法得出平行四边形、三角形的面积。可见,从利用原有知识解决新图形的面积而言,学生对于面积是面积单位的累加这一体验的经验仍然存在,但是缺乏主动迁移、类推的主动思路。因此,如何引导学生形成转化的思想、掌握转化的方法是本单元的关键内容。

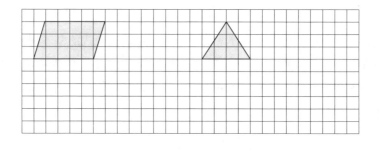

前测单

1.长方形的面积怎么计算? 请你说说长方形的面积公式是如何推导出来的?

2.下面图形的面积是多少? 你能用几种方法得出下面图形的面积呢?

图6-15 "多边形的面积"前测单

四 单元内容解析

"多边形的面积"是人教版小学数学五年级上册的内容,属于"图形与几何"领域中"图形的测量"的相关内容,本单元以图形内在联系为线索,以转化、推理的思想方法让学生开展学习,探索并推导多边形面积的计算方法,感悟数学思想方法,最终指向学生量感、推理意识、空间观念、几何直观等核心素养的培养。

教材具体编排结构如图6-16：

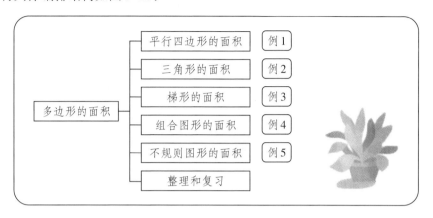

图6-16 "多边形的面积"编排结构

1.教材分析

小学阶段关于"线面体"度量的学习分布渗透在各年级的学习中，从"一维线的度量"到"二维面的度量"，逐步走向"三维体的度量"，多边形的面积属于二维面的度量。本单元的主要内容有：平行四边形的面积、三角形的面积、梯形的面积、组合图形的面积、不规则图形的面积以及解决问题。具体如图6-17：

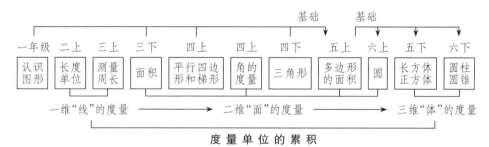

图6-17 小学阶段关于"线面体"度量的学习内容

2.教材比较

不同版本教材对于本单元的内容编排如表6-2：

表6-2 不同版本教材对于"多边形的面积"的内容编排

人教版	苏教版	北师大版	浙教版
		比较图形的面积	图形的拼摆
		认识底和高	
平行四边形的面积	平行四边形的面积	平行四边形的面积	平行四边形的面积

续表

人教版	苏教版	北师大版	浙教版
三角形的面积	三角形的面积	三角形的面积	三角形的面积
梯形的面积	梯形的面积	梯形的面积	梯形的面积
	公顷和平方千米		
	不规则图形的面积		
组合图形的面积	组合图形的面积	组合图形的面积	组合图形的面积
不规则图形的面积		成长的脚印 (不规则图形的面积)	公顷和平方千米
整理和复习	整理与练习	公顷、平方千米	
	综合与实践: 校园绿地面积		综合与实践: 净化空气

分析对比不同教材,我们有如下发现。

(1)学习内容和学习方法相同

四个版本教材都是从"平行四边形→三角形→梯形→组合图形"依次开展教学,将"转化"思想贯穿整个单元的学习,体现单元知识结构化。

(2)学习过程有差异

人教版和苏教版均以"平行四边形的面积"为起始课,北师大版与浙教版在单元伊始,分别设置了"比较图形的面积"和"图形的拼摆",引导学生先学习"剪拼"与"复制"两种不同的转化方法,再探索不同平面图形的面积,意在帮助学生以"转化"为思想展开图形面积的研究。苏教版和浙教版都在进行完本单元的教学后,增加一个综合与实践活动,分别通过校园绿地面积的测量和净化空气的数据研究,综合应用本单元的知识解决实际问题。

综上,可以确定"度量意义的理解"和"转化思想方法的掌握"作为本单元的核心概念,并以此统领整个单元的学习内容:"度量单位的累积"是求面积的基本方法,而这也正是度量的意义;"转化思想"是研究图形的方法,要推导新图形的面积公式,就需要将新图形转化成旧图形,并建立二者对应要素之间的关系。而不同版本的教材在学习过程的编排上虽有差异,但各有其值得借鉴的地方。基于本单元的核心概念,对本单元的教学进行重构(表6-3):

表6-3 人教版教材内容整合

整合前		调整模式	整合后			课时
课时	教学内容		教学内容	课型	整合说明	
1	平行四边形的面积	新增	比较图形的大小	起始铺垫课	思想方法整合	1
1	练习十九		平行四边形的面积	核心技能课		1
1	三角形的面积	整合	三角形和梯形的面积(一)	方法迁移课	方法策略整合	1
1	练习二十		三角形和梯形的面积(二)	模型建立课	模型提炼整合	1
1	梯形的面积		组合图形的面积	能力拓展课		1
1	练习二十一	整合	叶子的能量(不规则图形的面积)	跨学科主题活动	跨学科整合	1
1	组合图形的面积		整理和复习	整体建构课	知识体系整合	1
1	不规则图形的面积	应用	综合实践:校园绿地面积的测量	综合实践活动	能力素养提升	2
1	整理和复习					

五 单元设计思想

1.凸显数学本质

"度量单位的累积"与"转化思想"是本单元的大概念,贯穿整个单元的学习活动。通过数面积单位的个数确定图形面积的大小是获得面积大小的基本方法,也体现了测量的本质。在这个过程中,学生通过数方格求得图形面积的大小,在实际操作中感受面积度量的本质。那么,通过数方格获得的面积和面积公式之间有什么联系呢?面积公式与面积本质在学生探究学习的过程中,应统一于"度量单位的个数",使学生感受到"面积公式就是在转化之后'数'图形的面积",从而在对数学本质深刻的理解中,在图形面积公式的抽象与概括中感受数学之美。

2.体现知识结构

新增"比较图形的大小"作为单元起始课。这是基于北师大版"比较图形的面积"、浙教版"图形的拼摆"的教材编排,把这节课作为单元起始课,聚焦图形的变化,把图形转化的普适性方法和转化思想落到实处。"度量单位的累积"和"转化思想"能够更好地渗透在多边形面积的探究中,以体现单元知识的结构化,引领单元整体学习。

整合"三角形的面积"和"梯形的面积"为"三角形和梯形的面积(一)"和"三角形和梯形的面积(二)"两课时。第一课时聚焦转化方法的多样化,学生对图形的转化有了一定的活动经验,而且三角形的面积与梯形的面积在推导方法上具有内在的一致性,凸显了图形面积推导之间的内在联系;第二课时聚焦模型的建立,三角形和梯形均以不同的方式实现同一种转化,可以从中提炼由特殊到一般、具有普适性的面积公式。

构建多边形面积的逻辑结构。本单元学习主线以"平行四边形的面积"为核心技能课(种子课),用"度量单位的累积"方法和"转化思想"将相关知识迁移至三角形、梯形等多边形面积;同时各多边形面积的计算方法之间存在内在联系,可以用梯形面积计算的公式统整长方形、正方形、平行四边形、三角形等多边形的面积计算公式,关联各图形面积的计算方法。

3.转变学习方式

（1）情境式体验真实学习

《义务教育课程方案（2022年版）》指出:强化学科实践。加强知识学习与学生经验、现实生活、社会实践之间的联系,注重真实情境的创设,增强学生认识真实世界、解决真实问题的能力。本单元的教学,不再像传统教学那样传授知识,而是把知识渗透在真实的情境中,让孩子在解决真实任务的过程中完成数学学习。本单元的教学核心措施如图6-18。

图6-18 "多边形的面积"的教学核心措施

以"校园绿地面积的测量"为单元学习情境,学生在真实情境的需求中展开真实学习,最后应用所学的知识完成"校园绿地面积的测量"任务。让学生走出教室,进入真实情境中体验真实学习的乐趣,有利于培养其创新精神和实践能力。

(2)任务式引领主动学习

从以教为主的"小环节"走向以学为主的"大任务"是学习方式转变的关键。本单元的学习以社会热点"碳中和"为背景,围绕大任务"学校的绿地面积是否达到总面积的30%",开展"校园绿地面积的测量"实践活动,引发学生对"多边形的面积"的探究驱动,把大任务拆解成课堂的子任务,引领学生主动学习,综合应用所学知识进行校园绿地面积的测量,最终指向问题解决。(图6-19)

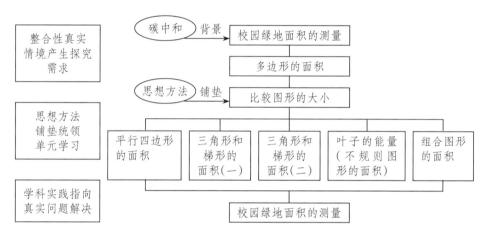

图6-19 "校园绿地面积的测量"教学设计与实施

学生在任务驱动下,经历个人探学、小组互学、全班共学的过程,完成每一个子任务。子任务的完成,顺利推进单元大任务的完成。以"学"为中心的"大任务"助力学习方式的转变,将课堂还给学生。

(3)主题式促进融合学习

新课标提倡跨学科主题学习,采用主题式学习和项目式学习的方式,设计情境真实、较为复杂的问题,引导学生综合运用数学学科和跨学科的知识与方法解决问题。

苏教版和浙教版在单元学习的末尾均设置了一节综合实践课,这样的设计符合新课标的要求,让学生在实际情境和真实问题中,运用数学等学科的知识与方法,提高解决实际问题的能力,形成和发展核心素养。

本单元将"不规则图形的面积"的学习与综合实践活动整合成项目式学习内容"叶子的能量"(图6-20),意在让学生在主题学习中,运用多学科知识融合解决实际问题,在学习方式转变的过程中,进一步提升素养水平。

🌱 **研究主题:** 《**叶子的能量**》

🍃 **研究任务:** 一片绿萝墙一天可以释放多少氧气呢?
小组合作探究,完成研究记载卡。

　　研究背景:"鱼植共生循环系统"是我校环保教育理念下推行的一种新型的复合耕作体系,它把水产养殖与水耕栽培两种原本完全不同的农耕技术,通过巧妙的生态设计结合起来,实现科学的协同共生——养鱼不换水而无水质问题,植物不施肥而正常成长的生态共生效应。

　　研究表明,"鱼植共生循环系统"中的绿萝墙,每平方厘米的叶子一天可以吸收 10 毫克左右的二氧化碳,可以释放出 20—30 毫克的氧气。人体细胞利用氧气产生能量,维持身体的各项生理活动,如心脏跳动、大脑活动等。因此氧气对于维护人体健康和校园生态环境的可持续发展都具有重要的作用。

图6-20　"叶子的能量"研究内容

六 单元教学流程图

进行单元整体教学,设计单元每课时的核心问题如图6-21:

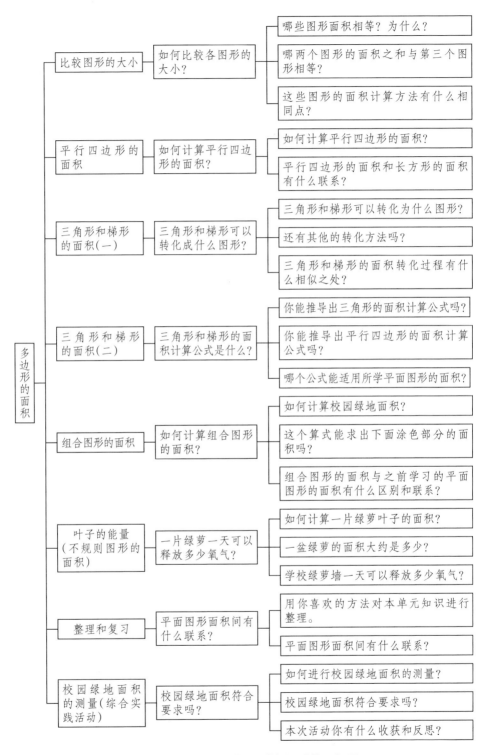

图6-21　"多边形的面积"每课时核心问题

七 指向"融合与延展"的分项等级单元评价设计

1.指导思想

为贯彻立德树人的育人宗旨,落实《义务教育数学课程标准(2022年版)》的理念和要求,通过分项评价和等级评价,改变原来重知识、重结果、重甄别、重纸笔的评价方式,引导教师聚焦核心素养,关注学习过程,树立科学的质量观,更好地发挥评价的诊断改进功能,促进学生全面可持续发展。

2.设计思路

学生的发展应是可持续的。评价的根本目的在于促进学生的发展,不应窄化在考试分数的层面,而应渗透在学生的日常学习中。应开展分项评价,实施等级增值评价,实现学习过程与内容的全覆盖,全面评估学生各方面的发展,以改进教师的教与学生的学,实现教-学-评一致。

3.单元评价目标

"多边形的面积"单元评价目标见表6-4。

表6-4 "多边形的面积"单元评价目标

序号	单元评价目标	核心素养	认知类型
01	通过观察、操作、想象、推理,推导平行四边形、三角形和梯形的面积计算公式,并能正确计算相应图形的面积,了解简单组合图形的面积计算方法,能估测不规则图形的面积。	量感 空间观念	应用
02	经历探索平行四边形、三角形和梯形的面积计算公式的推导过程,能条理清楚、有理有据地表达自己的想法,培养观察、比较、推理和概括能力。	推理意识	理解
03	能用有关图形的面积计算公式解决简单的实际问题,在解决问题的过程中感受数学和现实生活的密切联系,体会学数学、用数学的乐趣。	量感 几何直观 应用意识	应用 创新
04	了解数学史,了解古今中外数学家的探索过程,感受数学文化的魅力。在了解数学史、重走数学家探究之路的过程中培养民族自豪感和科学严谨态度。	推理意识 应用意识 创新意识	应用 创新
05	用自己的方式整理和复习单元所学内容,从多角度理解和构建多边形面积计算方法之间的联系,灵活运用知识综合解决问题。	几何直观 模型意识 创新意识	应用 分析 创新

4.单元评价设计方案

指向"融合与延展"的分项等级单元评价设计方案(表6-5),关注过程与结果的融合、多方评价主体的融合、学科知识的融合、跨学科知识的融合,改进传统的知识评价,向能力素养延展(从单项能力评价向综合能力评价延展)、情感态度延展,重视学科实践评价。

表6-5　"多边形的面积"指向"融合与延展"的分项等级单元评价设计方案

评价项目			等级评定
过程性评价	课堂表现	准备	
		参与	
		纪律	
		合作	
		探究	
		创新	
	作业表现	基础性作业　按时完成	
		基础性作业　正确率高	
		基础性作业　书写端正	
		基础性作业　及时订正	
		主题类作业	
		跨学科作业	
学业质量评价	知识技能	了解	
		理解	
		掌握	
		运用	
	能力素养	量感	
		推理意识	
		空间观念	
		应用意识	
		创新意识	
	情感态度	会学习、爱生活、有信心	
		会思考、能探索、敢质疑	
		责任担当、爱国精神	
单元总评			

续表

单元寄语		
同学对我说:	老师对我说:	爸爸妈妈对我说:

我对自己说:

（厦门海沧延奎实验小学谢美兰执教）

参考文献

[1]崔允漷,王涛,雷浩.义务教育课程方案(2022年版)解读[M].北京:北京师范大学出版社,2022.

[2]崔允漷,王少非,杨澄宇,等.新课程关键词[M].北京:教育科学出版社,2023.

[3]崔允漷,雷浩.教-学-评一致性三因素理论模型的建构[J].华东师范大学学报(教育科学版),2015(4):15-22.

[4]陈超.赫尔巴特与怀特海教育目的观之比较[J].教育探索,2016(12):6-8.

[5]陈曦.回归数学本质,从概念源头出发——以"11—20各数的认识"为例[J].小学数学教育,2017(19):7-10.

[6]陈莉.问题与活动是"综合与实践"教学的关键——"掷一掷"教学实践与思考[J].小学数学教育,2018(7):24-25.

[7]蔡春雨.学习共同体:助力小学生数学思维的共同发展[J].小学生(中旬刊),2023(11):136-138.

[8]崔珍珍.网络学习共同体交互策略研究[J].继续教育研究,2014(5):7-9.

[9]党峰.互动对话:深度学习的实践样态[J].思想政治课教学,2020(3):38-41.

[10]樊晓东."问学AI"翻转课堂:实现高质量课堂的有效途径[J].新课程评论,2023(6):27-32.

[11]范勇,田汉族.我国教育目的人本内涵的诠释与演化[J].教育理论与实践,2017,37(13):3-7.

[12]付巍.数据分析观念的内涵及培养——以北师大版初中数学教材为例[J].数学通报,2015,54(8):28-31.

[13]冯锐,金婧.学习共同体的思想形成与发展[J].电化教育研究,2007(3):72-75.

[14]高迎爽,郑宜帆.中国共产党关于教育目的问题的百年探索[J].清华大学教育研究,2021,42(4):28-39.

[15]郭元祥.破解核心素养培育的难题[J].课程·教材·教法,2022(9):50-52.

[16]郭应曾,高青春.问题推进教与学:小学版[M].南京:江苏凤凰科学技术出版社,2014.

[17]顾志能.问题点燃课堂:小学数学"生问课堂"教学模式的实践研究[M].上海:上海教育出版社,2021.

[18]格兰特·威金斯,杰伊·麦克泰格.追求理解的教学设计(第二版)[M].闫寒冰,宋雪莲,赖平,译.上海:华东师范大学出版社,2017.

[19]怀特海.教育的目的[M].徐汝舟,译.北京:生活·读书·新知三联书店,2002.

[20]教育部基础教育课程教材专家工作委员会.义务教育数学课程标准解读(2011年版)[M].北京:北京师范大学出版社,2012.

[21]加涅,韦杰,戈勒斯,等.教学设计原理(第五版修订本)[M].王小明,庞维国,陈保华,等,译.上海:华东师范大学出版社,2018.

[22]孔企平,许自强,陈志辉,等.近十年来国际数学教育研究趋势[J].全球教育展望,2015,44(12):96-104.

[23]刘兼.关于中学数学教育目的的思考[J].数学通报,1987(3):3-6.

[24]刘徽.大概念教学:素养导向的单元整体设计[M].北京:教育科学出版社,2022.

[25]吕传汉,汪秉彝.论中小学"数学情境与提出问题"的数学学习[J].数学教育学报,2001(4):9-14.

[26]罗鸣亮.做一个讲道理的数学教师[M].上海:华东师范大学出版社,2017.

[27]李诗悦.我国近二十年数学问题提出教学研究综述——基于CiteSpace知识图谱分析[J].佳木斯职业学院学报,2022,38(11):112-114.

[28]李欣莲,宋乃庆,陈婷,等.小学数学教师"问题提出"表现研究[J].数学教育学报,2019,28(2):1-6.

[29]李玉鸽.儿童教育智慧根植于教育者的儿童立场——评《儿童立场》[J].语文建设,2022(16):81.

[30]李松林,贺慧.整合性:核心素养的知识特性与生成路径[J].教育科学研究,2020(6):13-17.

[31]刘明阆.小学数学课程中的"问题提出"研究[D].武汉:华中师范大学,2023.

[32]刘晓东.儿童哲学:外延和内涵[J].浙江师范大学学报(社会科学版),2008(3):48-51.

[33]刘映娟.儿童立场:基于多元智能理念下的数学教学[J].江苏教育研究,2014(4):68-71.

[34]来玉超.我国2011年版数学课程标准中"问题解决"的关注点[C]//全国数学教育研究会.全国数学教育研究会2014年国际学术年会论文集.上海:华东师范大学课程与教学系,2014:9.

[35]马云鹏.深度学习的理解与实践模式——以小学数学学科为例[J].课程·教材·教法,2017,37(4):60-67.

[36]马愿愿,许华,王伟,等.基于学科核心素养的化学教学目标生成研究[J].天津师范大学学报(基础教育版),2019,20(4):51-55.

[37]潘文彬.探寻儿童问学课堂之道[J].小学语文教学,2016(15):10-13.

[38]潘文彬."问""学"相生,让儿童学习更有意义——关于儿童"问学课堂"的再思考[J].语文教学通讯,2018(15):50-52.

[39]钱兵.困惑及思考:教育目的的实现逻辑[J].教育导刊,2014(12):6-9.

[40]孙佳威,张晶.数学提问力:促进儿童提问的活动设计[M].北京:教育科学出版社,2021.

[41]孙蓉鑫.儿童哲学课与儿童之显现[J].上海教育科研,2023(5):15-21.

[42]田慧生.落实立德树人根本任务全面深化课程教学改革[J].课程·教材·教法,2015,35(1):3-8.

[43]文冬,杨九民.基于人本主义学习理论的教学设计原则[J].电化教育研究,2002(12):58-60.

[44]王春易,等.从教走向学:在课堂上落实核心素养[M].北京:中国人民大学出版社,2020.

[45]吴正宪,张丹.让儿童在问题中学数学[M].北京:教育科学出版社,2017.

[46]吴正宪,范存丽.让儿童在对话中学数学[M].北京:教育科学出版社,2017.

[47]王蔷,李亮.推动核心素养背景下英语课堂教-学-评一体化:意义、理论与方法[J].课程·教材·教法,2019(5):114-120.

[48]夏琦博.基于学习共同体视角建构初中数学生态课堂[J].考试周刊,2023(44):103-106.

[49]肖骁.数学教学中的"情"与"智"[M].福州:福建教育出版社,2015.

[50]夏小刚.关于"情境问题"教学中几个问题的思考[J].贵州师范大学学报(自然科学版),2005(1):91-94.

[51]熊梅,邓勇,袁娟.基于教学评一体化的单元学习评价实践路径[J].中小学管理,2023(7):54-57.

[52]叶澜.让课堂焕发出生命活力[J].教师之友,2004(1):49-53.

[53]杨龙,曹明.以学习为中心的课堂范型[M].上海:华东师范大学出版社,2022.

[54]杨九俊.新课程三维目标:理解与落实[J].教育研究,2008(9):40-46.

[55]张奠宙,宋乃庆.数学教育概论[M].4版.北京:高等教育出版社,2023.

[56]张亚娟.建构主义教学理论综述[J].教育现代化,2018,5(12):171-172.

[57]周若虹,吕传汉.学生提出数学问题能力的评价[J].贵州师范大学学报(自然科学版),2002(2):24-30.

[58]赵永攀."问学课堂"的构建与实施[J].小学语文教学,2021(20):3-5.

[59]郑雪静,汪秉彝,吕传汉.中小学生提出数学问题能力评价探究[J].数学教育学报,2007(3):49-52.

[60]张丹,于国文.问题引领数学学习:内涵与实践策略[M].北京:教育科学出版社,2021.

[61]张玲,宋乃庆,蔡金法.问题提出:基本蕴涵与教育价值[J].中国电化教育,2019(12):31-39.

[62]钟启泉.从"知识本位"转向"素养本位"——课程改革的挑战性课题[J].基础教育课程,2021(11):5-20.

[63]朱丰良.教育目的的历史考察与现实思索[J].江苏高教,2014(4):137-140.